21 世纪高职高专院校会计专业联编教材

统计学原理

姚忠云　陈世文 主编

华南理工大学出版社
·广州·

内 容 简 介

本书是21世纪高职高专院校会计专业联编教材之一，以高职高专学生为主要对象，围绕培养实用型人才的教学需要，系统阐述了统计学的基础知识、基本原理、基本概念和基本方法。主要内容有：统计设计与统计调查、统计整理与统计显示、静态分析指标、动态分析指标、统计指数、抽样推断、假设检验、相关与回归分析、统计预测等。本书在选材上注重应用普遍的方法，数学知识要求适度，淡化统计方法的推导和计算，重点突出统计方法的思想，配合实例进行通俗易懂的阐释。

图书在版编目（CIP）数据

统计学原理/姚忠云，陈世文主编. —广州：华南理工大学出版社，2005.8（2012.7重印）
21世纪高职高专院校会计专业联编教材
ISBN 978-7-5623-2237-5

Ⅰ. 统…　Ⅱ. ①姚…②陈…　Ⅲ. 统计学-高等学校：技术学校-教材　Ⅳ. C8

中国版本图书馆CIP数据核字（2005）第073162号

总 发 行：华南理工大学出版社（广州五山华南理工大学17号楼，邮编510640）
营销部电话：020-87113487　22236378　87111048（传真）
E-mail: scutc13@scut.edu.cn　http://www.scutpress.com.cn

责任编辑：袁　泽
印 刷 者：佛山市浩文彩色印刷有限公司
开　　本：787mm×960mm　1/16　印张：13.75　字数：435千
版　　次：2005年8月第1版　2012年7月第9次印刷
印　　数：25 001～26 000册
定　　价：33.00元(含配套习题集)

“21世纪高职高专院校会计专业联编教材”

编 委 会

序

随着我国改革的不断深入，市场经济的不断发展，人们越来越深刻地认识到，经济发展需要的人才是多元化、多层次的，既需要大批优秀的理论型、研究型的人才，也需要大批的应用型人才。高职高专教育是我国高等教育的重要组成部分，担负着为国家培养并输送生产、建设、管理、服务第一线高素质技术应用型人才的重任。进入21世纪后，我国高职高专教育得到了迅速发展，学校约有600多所，其学生规模已占我国高等教育的半壁江山，成为我国高等教育的一支重要的生力军。

为国家培养和输送生产、建设、管理、服务第一线所需要的高素质财务会计应用型人才，是高职高专教育的重要任务。因此，各类高职高专院校普遍都设立了会计专业。广东省的65所高职高专院校中有40多所设立了会计专业。同时，随着我国社会主义市场经济的不断发展和各项改革的不断深化，我国会计改革的步伐明显加快，重大改革措施相继出台，会计规范体系正在逐步成熟和完善。自1992年财政部颁布《企业会计准则——基本准则》以后，从1995到目前为止，财政部已颁布了16份具体会计准则；1999年，第九届全国人民代表大会常务委员会第十二次会议重新修订了《会计法》；2000年12月财政部颁布了统一的《企业会计制度》；2001年与2004年，财政部又分别颁布了《金融企业会计制度》和《小企业会计制度》。为了适应新形势下高职高专会计专业的教学要求，使高职高专会计课程的教学与我国会计理论的巨大变革和会计实践的深刻变化相适应，华南理工大学出版社根据我国会计制度改革不断深化及会计改革实践所取得的最新成果并结合广东省的实际情况，组织广东农工商职业技术学院、深圳职业技术学院、广东培正学院等十多所高职高专院校的一线教师、专家、学者联合编写出版本套会计专业系列教材。

该系列教材，贯彻了教育部关于“高职高专”的教育思想和指导方针，从体系到内容都充分体现了理论与实践相结合的原则，以“应用”为主旨，基础理论“以必需、够用为度”，注重培养学生的实践能力和动手能力。同时，在内容上紧扣我国颁布的《企业会计准则》、《具体准则》和《企业会计制度》，反映了会计实践中出现的一些新问题，吸收了会计研究的一些新成果。内容详尽，语言通俗易懂，并配有实操实训的实例，深入浅出，重实务，便于操作，实现了科学性、实践性、实用性的统一。

我认为：该系列教材填补了广东省高职高专会计专业教材的空白，扭转了我省高职高专院校会计专业教材滞后于会计专业迅速发展的局面，对我省高职高专会计专业教学质量的提高将发挥重要作用。

宋献中

2005年8月于暨南园

前　言

统计学是一门广泛性、多科性的独立学科。它所建立的数据信息理论和方法，几乎在各种科学研究领域中得到应用，与外语、计算机技术一样，将成为各种科学领域中进行信息交流和数量分析的基础。

本书以高职高专学生为主要对象，满足培养实用型人才的需要。为此，我们对本书的写作大纲进行反复讨论，几易其稿，充分将高职高专的教学特点凝结在本书中，形成本书的两大特色：

1. 统计学的原理性。本书系统阐述统计学的基本原理、基本概念和基本方法，同时充分注意知识的完整性，在编写上力求深入浅出，简明扼要。

2. 方法论的实用性。在统计方法应用上选择数学知识要求适度，应用普遍的方法。在编写上力求淡化统计方法的推导和计算，重点突出统计方法的思想，配合实例进行通俗易懂的阐释。

本书共分十章，各章执笔人是：张蔚文、姚忠云（第一章）、冯昀（第二章）、罗汉鸿（第三章）、蔡火娣（第四章）、陈世文（第五章）、彭晓红（第六章）、姚忠云（第七章）、黄志标（第八章）、邱志德（第九章、第十章）。由姚忠云、陈世文担任主编，负责写作大纲的设计、书稿组织和编纂。全书由姚忠云负责最后总纂与修改。

本书写作时参考了大量同类教材和文献，在此，向这些专著和文献作者表示感谢。

在本书编写和出版过程中，得到了华南理工大学出版社的热情支持和帮助；统稿中黄志标老师协助主编做了大量的工作，在此一并表示感谢。

为了配合教学的需要，同时编写了《统计学原理习题集》，供学生巩固理论学习之用。

尽管我们很想奉献给读者一本满意的教材，但由于水平有限，书中难免有不当或疏漏之处，恳请读者批评指正。

编 者

2005年6月8日于广州

目　　录

第一章 总　论

第一节 统计与统计学

一、统计与统计学的涵义

统计作为一种社会实践活动具有悠久的历史，自有了国家就有了统计实践活动。由于统计工作、统计数据和统计学三者具有密切联系，人们习惯将这三者称为统计。或者说，统计一词在不同场合人们赋予了统计工作、统计数据和统计学三种涵义。统计工作是指统计数据的搜集活动，统计数据是统计活动取得的成果，统计学是指导搜集、整理和分析统计数据的方法论科学。显然，统计工作与统计数据是活动过程与活动成果的关系，不论何种统计活动，都必须取得数据并存入各种载体，以供统计整理和分析。统计学与统计工作的关系是理论与实践的关系，统计学产生于统计实践，反过来又指导统计实践。

史料证明，统计实践远远早于统计学的诞生。中国可以追溯到公元前 1 000 多年的殷代，西周就有人口数字，东周及其以后的各个朝代，关于人口、土地的数字不绝于史册。埃及公元前 3 000 年已有人口、财产数字；据说古希腊公元前 600 年就进行过人口普查，古罗马在公元前 400 年就建立了出生、死亡登记制度。这些统计数据都是为了满足奴隶主和封建王朝实行征税、服兵役、服劳役的需要。随着社会生产力的发展，计算范围和管理需求不断地扩大，统计学这门科学就应运而生。

二、统计学的产生与发展

统计学的产生有 300 多年的历史。统计史学家把 17 世纪中叶出现的初始的统计学称为古典统计学，引进概率论后的统计学称为近代统计学。回溯统计学的发展史有三个起源，即记述学派、政治算术学派和概率论。

（一）记述学派

统计学的记述学派，亦称国势学派。所谓国势学就是记述国家显著事项之学。主要是用文字记述的形式，把国家重大事项系统地记录、整理罗列出来。当时并没有什么理论指导，更谈不上对规律性的探讨。国势学的发源地是德国，创立的主要代表人物为康令（H. Conring，1606—1681 年）和稍后的阿痕瓦尔（G. Achenwall，1719—1772 年）。

阿痕瓦尔把国势学定为实际政治学，1749 年他最先把国势学定名为 Statistik，即统计学，因此被誉为“统计学之父”。事实上，它虽有统计学之名，但无统计学之实，阿痕瓦尔的所谓统计学不过是历史学的一部分，时至今日再也没有人把不研究数量关系的社会调查和历史资料搜集视为统计学了。这个学派相对于近代统计学来说，只留下一个名称——统计学。

（二）政治算术学派

政治算术学派，主张一切论述都通过数量的表述，以数字、重量和尺度来进行，并开始利用朴素的图表形式概括数字资料。政治算术学派的发源地在伦敦，严格地讲，这个学派才是统计学的正统，即统计学的真正开端。其主要代表人物有约翰·葛朗特（J. Grant，1620—1674 年）和威廉·配弟（W. Petty，1623—1687 年）。配弟所著《政治算术》一书在他死后的 1690 年才在伦敦出版。主要内容是概述用数据分析论证英国可能超过荷兰和法国的财富和力量而称霸世界。这种用计量和比较的方法研究社会经济现象的实质及其相互关系，即标志着统计学的创立，也为古典的政治经济学奠定了基础，尽管当时他未采用“统计学”之名，但已有统计学之实。马克思对配弟的评价很高，说他是“政治经济学之父，在某种程度上也可以说是统计学的创始人”（《资本论》第一卷）。

政治算术学派从一开始就从数量上探索社会经济现象，然而在当时社会条件限制下，难以达到完善的程度，最大的困难是关于数量关系准确性问题，尤其是抽样调查中不能解决抽样误差问题，客观上要求统计学向更高层次发展。

（三）概率论

概率论是作为数学的一个分支引进统计学中的，是统计学发展史上的一个重大事件，所以，它也是统计学的起源之一。

关于概率论的研究，在 16 世纪已见端绪，最初是探讨赌博输赢的问题而发展起来的，其发源地在意大利。有许多数学家在这个领域里进行过长期研究，不断开拓进取、贡献较大的如瑞士数学家雅各布·贝努里（Jocob.Bernoull，1654—1705 年）创立了大数定律中最早的一个定律——贝努里大数定律，但当时对统计学并没有发生很大的影响。到 19 世纪初，法国数学家拉普拉斯（P. S. Laplace，1749—1827 年）在概率论与统计学之间架起桥梁，正式将概率论引进了统计学。

对近代统计学贡献最大的要数多才多艺的比利时数学家凯特勒（L.A.J.Quetelet，1796—1874 年），他把概率论、大数定律、误差理论视为统计学的理论基础，并通过他提供的方法对数量变化规律进行研究，使统计学发生了质的飞跃，走上了近代统计学的道路。他是统计学史上继往开来的人物，是近代统计学的奠基人。

关于统计学的产生与发展，有的学者认为其发展过程始终沿着两条主线展开：一是以“政治算术学派”为开端形成和发展起来的以社会经济问题为主要研究对象的社会经济统计；二是以概率论的研究为开端的并以概率论为基础形成和发展起来的以方法和应用研究为主的数理统计。如果以上统计的形成和发展脉络是客观的，那么现代统计学原理似乎使这两条线又合二为一了。

第二节 统计学性质及其研究对象

一、统计学性质及其研究对象

对于统计学性质及其研究对象的认识，历史上有两种对立的学派，争论的核心问题是：统计学究竟是实质性科学，还是方法论科学。这个问题至今可以说尚无定论。因此，统计学从她诞生到现在，从来没有一个明确、统一的定义。有的学者形象地说，有多少统计学家就有多少定义，即使是最精明的统计学家也统计不清。由此可见，我们对统计学所作的有关定义也是百家争鸣中的一家之言。可喜的是，统计学在争论中不断发展，人们的认识逐步接近。我们认为，统计学性质是研究数量关系的方法论科学。

关于统计学研究对象，统计学家有的认为是社会经济现象总体的数量特征和数量关系；有的认为是社会现象和自然现象的数量关系；有的则认为是客观事物的数量特征和数量关系等。我们认为，后两种认识比较全面，统计学研究的对象是社会现象和自然现象的数量特征和数量关系。

二、统计学研究对象的特点

（一）数量性

数据是贯穿统计工作始末的研究对象，离开数据，统计工作就是无米之炊。数量性是统计研究对象的基本特点。研究事物的数量问题包括量的规模、量的关系以及质与量互变的界限。例如，考核学生学习效果的优差，通常以考试成绩为标志，考分高的为优。一般赋予优秀、良好、中等、及格和不及格 5 个层次代表分数，体现各层次数量关系，如果以 60 分为及格，则不及格与及格的分界点就是 60 分，是量变到质变的极限。可见，研究事物的量是从现象的定性认识开始，以质的规定性为基础。

（二）总体性

统计所研究的不是个别数量关系，它观察个体是为了达到研究总体的目的，虽然说没有个体数量就没有总体数量，但统计所表示的却是总体数量的综合特征。个体现象具有偶然性，只有总体现象才具有普遍性。

（三）具体性

统计研究的是自然和社会领域中具体现象的数量，而不是抽象的数量。这是统计与数学的分水岭。统计学研究的数量是客观存在的数量表现，它独立于客观世界，不以人们的意志为转移。统计资料作为主观对客观的反映，必然是存在第一性，意识第二性，存在决定意识。统计资料只有如实反映具体的已经发生的客观事实，才能为统计分析提供可靠基础。背离具体存在的虚假数字不能称为统计数据资料。

第三节 统计学中的基本概念

一、统计总体和总体单位

统计总体，简称总体，就是根据统计目的确定的所要研究对象的全体。总体是一种集合，是由许多具有共同性质的基本单位集合的整体。总体单位是元素，是集合成总体的基本单位。确定总体，就是确定研究对象的范围，如我们要调查某市国有企业经济效益情况，全市所有国有企业组成一个总体，非国有企业不在研究的范畴内。确定总体，才能确定总体单位，在国有企业总体中，每个国有企业都是需要调查研究的总体单位。

理解统计总体和总体单位要注意下列几点。

1．总体具有同时存在、相互依赖的三个基本特征

（1）同质性。同质性是指总体内各单位至少有一个相同标志，或称不变标志。如上例国有企业的总体中，所有企业的所有制都是国营的。总体同质性是相对的，是根据统计研究的目的确定的，研究目的不同，确定的总体不同，同质性的意义也就变了。如研究某班学生的学习情况，全班所有学生组成总体，凡属该班学生都是同质的；如果我们组织该班学生补考，60 分为分界点，60 分和 60 分以下的学生是不同质的，此时的总体只能是 60 分以下的全部学生。

（2）大量性。统计学研究的对象是现象总体数量特征，个别单位特征不能代表总体特征，只有对大量单位进行观察，才能消除个别现象的偶然因素，呈现出总体的一般数量特征和变化规律。

（3）变异性。现象总体内各单位尽管以某不变标志作为同质性基础，但其他标志表现是不同的，如研究某市国有企业经济效益情况，尽管它们的所有制相同，但诸如职工人数、生产能力、管理水平等是不相同的，其经济效益也是不同的。

2．总体可分为有限总体和无限总体

（1）有限总体。是指其包含的单位数量是有限的统计总体。在社会经济现象中大多数是有限总体，如人口、土地、商店、企业等。可以对有限总体进行全面调查，也可以进行抽样调查。

（2）无限总体。是指其包含的单位数量是无限的统计总体。无限总体中包含单位可以计量，而不能穷尽。无限总体在自然界广泛存在，如太空星球数量。对无限总体不能采用全面调查。

3．总体单位

总体单位是由统计研究的目的确定的基本单位，它可以是人、物或现象。如在人口现象中，每个人是总体单位；在工业设备总体中，每台设备是总体单位；在自然灾害总体中，每一次自然灾害就是一个总体单位。

4. 总体与总体单位具有相对性

总体范围是根据统计研究目的确定的，可大可小，总体范围发生变化，对总体和总体单位界定也会发生变化。如研究某市普通高校的教学情况，全市普通高校组成一个总体，每所普通高校就是一个总体单位。如果研究某一普通高校的情况，该校就不再是总体单位了，而是总体范畴。如该校全体学生组成总体，每个学生则是总体单位；该校全部教学设备组成总体，每台教学设备就是总体单位等。统计研究目的不同，同一种环境中作为总体单位的事物在另一种环境中可以作为总体，反之亦然。

二、标志与指标

（一）标志

所谓标志，就是说明总体单位特征的名称。按照标志所反映的单位的特征不同，标志可分为品质标志和数量标志；按照标志在总体中各单位的具体表现不同，标志可分为不变标志和可变标志。

（1）品质标志。品质标志是说明总体单位属性的名称，一般不能用数量来表示的，如人的性别分男、女，企业所有制分国有、集体和私营等，这些标志只能用文字表述而难以量化。

（2）数量标志。所谓数量标志，就是说明总体单位数量特征的名称。这种标志可用数量来表示，如人的年龄大小、企业的工人数量多少等，都可以量化。

（3）不变标志。不变标志是指在总体各单位表现相同的标志。如在国有企业组成的总体中，企业所有制就是一个不变标志，即总体中各个企业所有制都是国有企业。一个总体中，至少有一个不变标志，才能将各单位结合成总体。可见，不变标志是构成总体同质性的基础。

（4）可变标志。可变标志是指在总体各单位表现不同的标志。可变标志是变异现象的体现，所以，也称变异标志。如上例国有企业组成总体中，尽管它们的所有制相同，但其他标志如职工人数、固定资产规模、注册资本金等可能不同，存在差异。就是这些差异的存在，使各个企业经济效益不同，我们才有统计研究的必要。可变标志存在是统计研究的前提。

从总体单位和标志的关系中，可以看出，总体单位是标志的承担者，标志是对总体单位特征的显示。

（二）指标

所谓指标，是反映总体数量特征的概念和数值。如我国 2000 年国内生产总值为 89 404 亿元，国家财政收入为 13 380 亿元，这里国内生产总值和国家财政收入为指标名称，89 404 亿元和 13 380 亿元为指标数值。可见统计指标必须具有名称和数值两个基本要素。

统计指标按其反映内容不同，可分为数量指标和质量指标；按其数值表现不同，可分为总量指标、相对指标和平均指标；按其反映时间状况不同，可分为时期指标和时点指标。统计指标是用来描述总体数量特征的，在统计中具有重要地位。

指标与标志是两个既有联系又有区别的概念。标志是指标的统计基础，没有标志就没有指标；指标是标志综合数量化的表现。由于总体和总体单位是相对的，所以指标与标志也是相对的。两者的主要区别是：①标志是说明总体单位特征的，而指标是说明总体特征的；②标志不一定可量化，而指标则一定可量化。③标志一般只具有单一性，而指标具有综合性特点。

（三）变异、变量与变量值

变异是指标志在总体各单位具体表现上的差别。如人的性别表现为男、女，各工厂职工人数有多有少等。变异包括质的差异和量的差异。变异是统计研究分析的前提，没有变异现象也就用不着统计研究。

变量是指可变的数量标志。其具体表现为变量值。人的身高不尽相同，是一个变量，如某人的身高为 175cm，“身高”是变量，而 175cm 则是变量值。

变量可以分为连续变量和离散变量，任意两个变量之间取值无限的称连续变量，如人的身高体重、汽车耗油量、农作物的亩产量等都是连续变量，它的数值可用测量和计算方法取得。任意两个变量之间以整数分割是离散变量，如一个人、一辆汽车、一台机器，用小数表示一般没有意义。

在统计实践中为了简化计量工作，有些理论上的连续变量也作为离散变量处理，如成绩以分为单位，在分以下不取小数；统计年龄时，一般以岁为单位，不再计算月日时分秒。

第四节　统计学的方法

统计方法论就是关于以大量的数据研究为基础的统计方法的理论。统计学特有的方法主要有大量观察法、综合指标法和归纳推断法。

一、大量观察法

大量观察法是大数规律的作用结合综合指标运用而产生的，它是指对所研究总体的全部单位或足够多数单位进行观察，使事物非本质的偶然因素的影响相互抵消或削弱，从而显示总体数量特征和变化规律。如男女出生比例为 105∶100，就是大量观察的结果。日本统计学家横山雅男在他的《统计通论》中写道：“一勺之水无色可辨，而大海则蔚然而绀碧；少量之气无迹可寻，而太空则穹然而青苍。”大量观察终会发现现象其间普遍之规律。

二、综合指标法

综合指标法是指运用各种综合指标，对现象总体的数量进行对比、分析的方法。统计反映的不是个别事物的量，而是通过一定指标反映综合的量。这种方法是与大量观察法相辅而行的，从总体上认识事物的数量特征是统计研究的根本原则，因而综合指标法在统计学中具有重要地位和作用。

三、归纳推断法

在统计研究过程中，从观察总体各单位特征，得到总体某种信息，这种从个别到一般的推断，逻辑上称为归纳法。但是观察总体单位是有限的，往往是少量的，我们用少量的样本来判断总体特征存在着置信度问题，以一定置信度要求，根据样本资料来判断总体特征称为统计推断法，也是逻辑归纳法在统计推断中的应用，所以称为归纳推断法。归纳推断法有静态推断和动态推断两种，前者根据同一时间的样本指标来推断总体指标，后者根据当前指标推断未来指标，后面将在抽样推断和时间序列中讨论这两种推断。

此外，还有些具体方法，诸如统计分组法、统计模型法等，也很重要，我们将在有关章节中进行讲解。

第五节 统计学的分科

随着统计学的发展，统计方法已被广泛应用于自然科学和社会科学领域。根据统计方法的构成，可将统计学分为描述统计学和推断统计学；根据统计方法应用和研究的领域，可将统计学分为理论统计学和应用统计学。

一、描述统计学和推断统计学

（一）描述统计学

描述统计学是研究如何取得反映客观现象的数据，并通过图表形式对所搜集的数据进行加工处理和显示，说明现象总体数量特征。描述统计学的主要内容包括资料的搜集、数据的加工处理、数据的显示、数据分布特征的概括与分析等。

（二）推断统计学

推断统计学是指利用抽样调查获得的样本信息科学地推断总体数量特征。统计推断可以用于对总体数量特征的估计，也可以用于对总体某些假设的检验。

从描述统计学到推断统计学，是统计方法理论发展的前后两个阶段。描述统计学是整个统计学的基础；推断统计学则发展为现代统计学的主要内容，其地位和作用越来越重要。在统计实践中，由于所获得的数据大部分为样本数据，所以推断统计学已成为统计学的核心。当然我们不能漠视描述统计学，如果没有描述统计搜集可靠的统计数据并提供有效的样本信息，即使再科学的统计推断方法也难以得出准确的结论。

二、理论统计学和应用统计学

（一）理论统计学

理论统计学主要是指统计学的数学原理，研究统计学的一般理论和统计方法。没有理论统计学的发展，整个统计学也就难以发展。这里所讨论的理论统计学，在统计学研究领域里，可以称为“统计学原理”。“统计学原理”就是论述统计学最基本的原理原则的，即统计学的研究对象、特点以及据此提出统计方法。它既适用于社会经济统计，又适于数理统计。

（二）应用统计学

统计学是一门多学科的科学，它实质上是作为统计科学体系而存在的，各种应用统计学则是这个科学体系上的各个分支。所谓应用统计学，就是研究如何应用统计方法去解决实际问题。由于统计方法在自然科学和社会科学领域广泛应用，形成了各个科学领域的专业统计学，如社会统计学、生物统计学、农业统计学、医疗统计学、经济管理统计学等。由于各个科学领域都有其特殊性，不同应用统计学又形成了不同的特点，但它们的原理部分是相通的，那就是理论统计学。

三、统计学与其他学科的关系

（一）统计学与会计学的关系

统计学和会计学都是方法论科学，两者都以数据为语言，来揭示所研究对象的数量特征，但这两门学科都有自己特定的研究对象、理论体系和研究方法。两者不能互相代替，主要区别有：

1. 研究对象不同

会计学研究对象是会计主体的资本运动的数量方面，即资产、负债、所有者权益、收入、费用和利润六大会计要素的增减变动及其结果；统计学研究对象是社会现象和自然现象的数量关系和数量特征。

2. 理论体系不同

会计学的理论体系是以单个事实（每笔经济业务）为起点，对会计主体经济活动进行核算，在特定会计准则下对每一单个事实进行确认、计量和报告，显然其理论体系以单个事实为核心。统计学是以现象总体为目标，采用特定的方法进行描述和推断，达到认识现象数量规律，显然其理论体系是以总体为核心。

3. 研究方法不同

会计学研究方法是将核算对象按会计要素分类，采用复式记账，以会计等式为基础研究数量平衡关系等。而统计学是根据统计研究目的，采用大量观察法、统计指标法和归纳推断法等。

统计学与会计学是两门互相联系、互相渗透的学科，会计核算、统计核算和业务核算共同组成企业核算体系。在财务分析中大量运用统计分析的方法，而在国民经济核算体系中也应用了会计复式记账原理和账户体系核算。一般来说，在企业核算体系中，会计核算占据比较重要的地位；而在宏观核算中，统计核算占据比较重要的地位。

（二）统计学与数学的关系

统计学与数学都是研究数量的学科，但两者存在本质差异，这个差异就反映在两者研究数量的性质上。统计学运用数学方法是对具体对象的计量，从客观实际中搜集数据，都是有具体实物或计量单位的数据。统计学根据大量个别现象观察加以归纳来判断总体情况，使用的是归纳和演绎相结合的方法。而数学研究的数量是抽象的数量规律，没有量纲或单位的抽象数据，它撇开了具体对象，探索数量的联系和空间的形式，使用方法主要是逻辑推理和演绎论证的方法。所以数学家可以坐在屋里从假想命题出发推导结果，而统计学家必须深入实际搜索数据并通过科学归纳才能得出客观的结论。

统计学是一门应用性很强的学科，由于几乎所有学科都要研究和分析数据，因而统计学与这些学科都有一定的联系。统计学可以帮助其他学科探索学科内在数量规律性，但对这种数量规律性解释并进而研究各学科内在的规律，只能由各学科研究来完成。如通过大量观察发现婴儿男女性别比例为105:100，为什么会形成这个比例，其原因应由人类遗传学或医学来研究和解释，而非统计方法所能解决的。

【思考题】

1. 怎样理解统计一词的不同涵义？它们之间构成什么关系？
2. 统计学的产生和发展有哪几个起源学派？
3. 统计研究对象是什么？有什么特点？
4. 统计总体有什么基本特征？
5. 什么是总体单位？举例说明。
6. 什么是标志？有哪些种类？
7. 什么是指标？有哪些种类？
8. 标志与指标有何区别和联系？
9. 什么是变量？有哪些种类？
10. 统计方法主要有哪些？

第二章　统计设计与统计调查

第一节　统计设计

一、统计设计的原则和内容

（一）统计设计的原则

统计工作的全过程包括统计设计、统计调查、统计整理和统计分析四个阶段。统计设计是统计工作的第一阶段，它是根据统计研究的目的和研究对象的特点，对统计工作的各个方面和各个环节进行通盘考虑和安排，设计出具体实施方案的工作阶段。统计设计是一个独立阶段，只有通过统计设计才能保证统计工作的协调、统一和顺利进行，避免统计标准的不统一。只有通过统计设计，才能按需要与可能，分清主次，采用各种统计方法，避免重复和遗漏，使统计工作有秩序地进行。为此，统计设计必须遵循两项基本原则：

（1）统计设计方案要全面、系统。统计设计工作的最终成果是各种方案，这些方案必须是系统完备的，不能出现重复和重要项目的遗漏。

（2）统计设计要理论联系实际，兼顾需要与可能，要注重实效性，防止华而不实。

（二）统计设计的内容

统计设计所涉及的内容非常广泛，包括整个统计工作的全部内容。然而，许多内容不可能在统计工作开始阶段就能设计妥当，要根据工作的进程适当地进行调整和充实。同时，统计设计的内容又由于设计的种类不同而有所不同。尽管如此，它们却有许多共同之处。这里仅就统计设计中属于共性的内容作一概略的说明。

1．明确规定研究的目的

统计设计的首要环节是明确规定研究的目的，这是确定研究内容和方法的出发点。任何一种现象，都可以根据不同的目的，从不同的角度进行统计研究。如果目的不清，就无法确定研究什么和怎样研究，也就无法正确地确定统计总体和总体单位、统计内容和统计方法，进一步的统计研究工作也就无从进行。

2．确定统计指标和指标体系

确定统计指标和指标体系是统计设计的中心内容。任何一项统计研究，在目的明确之后，就要确定了解研究对象哪些方面的数量状况，用什么样的指标反映这些数量状况。统计指标和指标体系是统计的“语言”，有了这些语言就可以进行统计描述，还可以作进一步的统计分析。

3. 确定统计分类与分组

与统计指标和指标体系相联系，确定统计分类和分组也是统计设计的重要内容。这里所说的分类和分组，指的是现象本身的分类和分组。例如，国民经济行业分类，企业规模分类，城乡分类，动植物分类，等等。统计分类是一项很重要的工作，有些分类是很复杂的，需要统计设计人员具有广博的理论和实践知识。统计分类实际上是一种定性认识活动。实际工作中为了方便和统一，各国都制定适合一般情况的标准分类目录，如我国在社会经济统计领域里，制定了《国民经济行业分类目录》、《工业部门分类目录》、《产品分类目录》等。联合国为便于各国的国际比较，还制定了国际通行的有关分类标准。

4. 制定统计调查方案

统计调查是一项系统工程，是一项繁重复杂、高度统一和严格的科学工作，应该有计划、有组织地进行。统计调查的方式多种多样，搜集统计资料的方法也很多，在着手调查之前应该制定一个周密的调查方案，使得调查过程有统一内容、统一认识、统一方法、统一步调，顺利完成任务。（具体内容参见本章第二节。）

5. 统计各阶段工作的协调

统计工作的全过程，是由若干个大阶段和许多小环节、细节构成的。在设计时要对各个阶段的工作进度和时间要求做出严格规定；同时还要充分考虑各部门和各阶段的配合与协调，保证统计调查、统计整理和统计分析各个环节有条不紊地进行。

6. 统计力量的组织与安排

统计力量的组织和安排是保证统计工作顺利进行的一个重要的统计设计内容。如何组织、如何分工，各安排多少人，各负什么职责，怎样既有分工又有合作，是否有必要定期轮换，等等。这些都需要在统计设计阶段做出具体安排。

二、统计指标与统计指标体系的设计

统计指标由指标名称和指标数值两部分组成。指标名称反映总体某一方面质的规定性，是对总体本质特征的一种概括，要言简意赅，同时，必须以一定的理论为依据做出解释。例如，企业职工工资总额，它是指企业在一定时期（一个月或一年）按全部职工提供劳动的数量和质量所支付的劳动报酬总额，包括规定的生产性奖金及津贴，而不包括各种非生产性奖金、职工从企业股份中分得的利息、红利以及各种福利性货币和实物收入等。这种计算范围就是统计指标量的规定性。指标数值是量的规定性在一定时间、地点、条件下的具体表现。同一指标名称，因具体的对象（总体）以及统计的时间、地点、条件不同而有不同的指标数值。

（一）统计指标特点和种类

1. 统计指标的特点

(1) 数量性。统计指标用数据来反映客观现象的数量特征，因此，它一定可量，不存在不能用数量表现的指标。

(2) 具体性。统计指标是总体某一方面质和量的具体统一，说明总体在具体时间、地点、条件下的数量特征。

(3) 综合性。它是通过对总体单位进行调查登记并加以汇总整理而得到的数值，说明的不是个别单位或部分单位的数量特征，而是说明构成总体的全部单位的综合数量特征。

2. 统计指标的种类

统计研究与实践中应用许许多多的指标，这些指标可以从各种角度进行分类，下面介绍的是其中两种最常用的分类。

(1) 统计指标按其反映的数量特点不同，可以分为数量指标和质量指标。凡是反映现象总规模、总水平或工作总量的统计指标称为数量指标，如人口数、销售额、降水量等。由于这类指标反映的是总体的各种总量，故也称为总量指标。所谓质量指标，是指反映现象的相对水平或工作质量的指标。例如，有反映相对水平的指标，如平均工资、劳动生产率、商品价格等；反映工作质量的指标，如资金利润率、工时利用率、合格品率等。

(2) 统计指标按其指标数值的表现形式的不同分为总量指标、相对指标和平均指标。总量指标是反映现象规模、水平或总量大小的指标，其数值表现是绝对数。相对指标是表明两个有联系的统计指标数值之比，是反映数量关系的指标，其数值表现为相对数。平均指标是同质总体内标志总量与总体单位总量之比，表明同类现象在一定时间、地点、条件下所达到的一般水平，是总体各单位参差不齐的标志值的代表值。

(二) 统计指标体系

单个指标只能反映总体某一方面的数量特征。客观事物和现象错综复杂，统计总体往往具有多种特征。为了全面反映事物和现象的数量特征，就要用一整套的统计指标。这种具有内在联系的一系列指标所构成的整体，称为统计指标体系。例如，为了全面反映工业企业生产经营的全貌，就要设立产量、品种、质量等生产成果指标体系；原材料的收、发、存、消耗及生产设备、劳动力等生产条件的指标体系；固定资产、流动资金的占用、周转以及利润、税金等财务指标体系；此外，还有企业市场状况及科技创新等指标体系。

统计指标体系就其社会经济统计范畴而言大体可分为基本统计指标体系和专题指标体系两类。基本统计指标体系是反映国民经济和社会发展基本情况的指标体系，包括社会指标体系、经济指标体系、科技指标体系等。专题指标体系是针对某项社会经济问题而制定的专项指标体系，如社会经济效益指标体系、价格指标体系、小康生活水平指标体系等。指标体系不可能不随着事物的发展变化而变化。但是，指标体系一经制定，就要力求保持相对稳定，以便积累历史资料，进行系统的比较分析。

（三）统计指标体系设计的原则

设计统计指标体系是一项科学性很强的复杂工作。设计时要通盘考虑设置哪些指标、名称、涵义、内容、指标反映总体的时间和空间、计算方法和计量单位，等等。设计时必须遵循的原则是：

（1）目的性原则。统计指标要能充分反映统计研究的目的要求，要能反映事物或现象的各个方面、各个环节。

（2）联系性原则。统计指标的设计要从整体上全面考虑各指标之间的联系。要从口径、时间、空间和方法等方面考虑整体的有机联系性。

（3）统一性原则。统计指标体系的设计既要考虑内部联系，又要考虑外部联系。外部联系主要指统计指标体系在计划、统计、会计和业务核算上要统一。

（4）可比性原则。设计统计指标体系要考虑各地区、各部门、各时期和国际间对比的要求。统计指标体系要保持一定的稳定性，要注意与旧有资料的衔接。

第二节　统计调查

一、统计调查的概念与组织方式

（一）统计调查的概念

统计调查是根据统计研究的目的和要求，有组织有计划地搜集资料的过程。它在统计研究中占有重要地位，是对总体数量特征和数量关系进一步描述和推断分析的基础。统计研究对调查资料的基本要求是准确、完整、及时。统计调查所涉及的资料有两种：一种是直接向调查单位搜集的未经加工、整理的资料，一般称为原始资料，又称为第一手资料；另一种是根据研究目的，搜集经过初步加工、整理过的、能够在一定程度上说明总体现象的资料，一般称为次级资料，或称为第二手资料。统计调查一般指的是对原始资料的搜集。

（二）统计调查的组织方式

统计调查的方式多种多样，按调查范围的不同可分为全面调查和非全面调查。通常以调查对象为主要特征，将统计调查的组织方式分为以下几种。

1．普查

普查是为某种特定目的而专门组织的一次性的全面调查，用以搜集重要国情国力和资源状况的全面资料。普查大多是在全国范围内进行的，所搜集的通常是处于某一时点状态上的资料，调查工作量大，时间性强，需要动用大量的人力和财力，因此不宜经常进行，而是每隔若干年进行一次。例如，我国现行的普查制度是人口普查、农业普查，每隔 10 年进行一次，经济普查每隔 5 年进行一次。

由于普查的调查面广，工作量大，工作人员多，因此，周密的计划组织和工作规程、人员培训、规范的调查项目、标准统计时点和工作期限等是普查的主要特征。

2. 统计报表制度

统计报表制度是社会主义国家所特有的一种以全面调查为主的调查方式。它是由政府主管部门根据统计法规，以统计表格形式和行政手段自上而下布置，而后由企事业单位自下而上层层汇总上报的统计报告制度。它要以一定的成熟数据为基础，按照统一的表式、统一的指标、统一的报送时间和报送程序进行填报。

在我国几十年的政府统计工作中，已形成了一整套比较完备的统计报表制度，它已成为国家和地方政府部门统计数据的主要来源。统计报表所包括的范围比较全面，项目比较系统，分组比较齐全，指标的内容和调查周期相对稳定。但是，这种方式也有许多局限性。比如，它要求基层单位有专门的机构或人员来搜集、整理需要上报的资料，以保证数据的准确性和报送的及时性，这就限制了它的使用范围。又如，由于存在个别经济利益或领导者的个人利益，基层上报的统计数据极容易因人为因素而不准确。由于种种局限性的存在，统计报表制度在统计调查方法中的地位正在变弱。

3. 抽样调查

抽样调查是按照随机原则从总体中抽取部分单位组成样本，对样本指标进行测定，并根据样本指标来推断总体数量特征的一种调查方式。抽样调查是现代推断统计的核心。

4. 重点调查

它是专门组织的一种非全面调查，是在总体中选择个别的或部分重点单位进行调查，借以了解总体的基本情况。所谓重点单位，是指在总体中具有举足轻重地位的单位。这些单位虽然数目较少，但就调查的标志值来说在总体标志总量中占有绝大部分的比重，通过对这些单位的调查，就能掌握总体的基本情况。例如，要了解全国原油生产的基本情况，只要调查占全国原油产量比重很大的大庆、大港、胜利等油田的原油产量即可，虽然只有几个单位，但原油产量却占了很大比重。当调查目的只要求掌握调查对象的基本情况，而在总体中又确有部分单位能较集中地反映所要研究的问题时，进行重点调查是比较适宜的。

根据调查的目的和内容不同，重点调查可以是经常性调查，也可以是一次性调查。通常情况下，可以与统计报表制度相结合，采用统计报表取得所需要的资料。

5. 典型调查

它也是专门组织的一种非全面调查，它是根据调查研究的目的和要求，在对总体进行全面分析的基础上，有意识地选择其中有代表性的典型单位进行深入细致的调查，借以认识事物的本质特征、因果关系和发展变化的趋势。所谓典型单位，是指那些最充分、最集中地体现总体某方面共性的单位。因此，只要客观、正确地选择典型单位，通过对典型单位深入细致的调查，就可以获得对总体数量特征的深刻认识；特别是对一些复杂的社会经济问题的研究，典型调查可以了解得更深入、更具体、更详尽。

典型调查的中心问题是如何正确选择典型单位。选择典型单位必须依据正确的理论进行全面的分析，切忌主观片面性和随意性。它不仅要求调查者有客观的、正确的态度，而且要有科学的方法。根据不同的研究目的和要求，有以下三种选择典型单位的方法：

（1）“解剖麻雀”式的方法。它适用于总体内各单位差别不太大的情况。通过对个别代表性单位的调查，即可估计总体的一般情况。

（2）“划类选典”的方法。总体内部差异明显，但可以划分出若干个类型组，使各类型组内部差异较小。从各类型组中抽选一两个具有代表性的单位进行调查，即为划类选典。这种调查既可用于分析总体内部各类型特征，以及它们的差异和联系，也可综合各类型对总体情况做出大致的估计。

（3）“抓两头”的方法。从社会经济管理和指导工作的需要出发，可以分别从先进单位和落后单位中选择典型，以便总结经验和教训，带动中间状态的单位，推动整体的发展。

（三）数据的搜集方法

数据的搜集方法可分为询问调查法和观察实验法两大类。

1．询问调查法

询问调查法是调查者与被调查者直接或间接接触以获得数据的一种方法。具体包括：

（1）访问调查。访问调查又称派员调查，是调查者与被调查者通过面对面的交谈从而得到所需统计资料的调查方法。其调查的方式有标准式访问和非标准式访问两种。标准式访问又称结构式访问，是按照调查人员事先设计好的、有固定格式的标准化问卷或表格，有顺序地依次提问，并由受访者作出回答。非标准式访问又称非结构式访问，是由调查人员给被调查者一个题目或提纲，由调查人员和受访者自由交谈，以获得所需的资料。

（2）邮寄调查。是通过邮寄或宣传媒体等方式将调查表或调查问卷送至被调查者手中，由被调查者填写，然后将调查表寄回或投放到指定收集点的一种调查方法。它是一种标准化调查，其特点是，调查人员和被调查者没有直接的语言交流，信息的传递完全依赖于调查表。邮寄调查的问卷或表格发放方式有邮寄、宣传媒介传送、专门场所分发三种。

（3）电话调查。是调查人员利用电话同受访者进行语言交流，从而获得信息的一种方式。它具有时效快、费用低的特点。电话调查所提问题要明确，问题数量不宜过多。

（4）电脑辅助调查。电脑不仅可以完成调查数据的处理，而且整个调查过程，包括问卷的设计和显示、样本设计、数据处理等也多可以由电脑来控制和完成。电脑辅助调查也称为电脑辅助电话调查，是在电话调查时，调查的问卷、答案都由计算机显示，整个调查过程，包括拨号、调查记录、数据处理等也都借助于计算机来完成。

（5）座谈会。也称为集体访谈法，是将一组被调查者集中在调查现场，让他们对调查的主题发表意见，从而获取调查资料的方法。这种方法适用于搜集与研究课题有密切关系的少数人员的倾向和意见。参加座谈会的人员不宜太多，通常为6～10人，并且是所调查问题的专家或有经验的人员。

(6) 个别深度访问。深度访问是一种一次只有一名受访者参加的特殊的定性研究。它要求不断深入受访者的思想当中，努力发掘其行为的真实动机；是一种无结构的个人访问，常用于动机研究。

2. 观察实验法

观察实验法是调查者通过直接的观察或实验获得数据的方法，包括观察法和实验法。

(1) 观察法。是指就调查对象的行为、状态和过程，调查人员边观察边记录以收集信息的方法。由于调查人员不是强行介入，因此常常能够在被观察者不易察觉的情况下获得信息资料。

(2) 实验法。是一种特殊的观察调查方法，它是在所设定的特殊实验场所、特殊状态下，对调查对象进行实验以取得所需资料的一种调查方法。实验法又包括室内实验法和市场实验法两种。

二、统计调查方案

统计调查，特别是规模大的统计调查，需要投入大量人力、物力和财力，整个调查过程就是一项系统工程。因此，事先必须进行周密设计，拟订好提挈全局的指导性文件，这个文件就是调查方案。

（一）调查方案的主要内容

不同调查目的的调查方案在内容和形式上会有一定的差别，但总体上看，一个完整的统计调查方案，至少应回答或解决以下几个方面的问题。

1. 确定调查目的

调查目的也就是调查研究所要解决的问题。调查目的必须十分明确，中心突出，这样才能有的放矢地确定调查什么、向谁调查、用什么方式方法调查等一系列问题。

2. 确定调查对象和调查单位

调查对象是指需要进行调查的现象的总体。确定调查对象就是要明确规定该总体的范围或统计的界限。例如，某市失业人员的调查，显然只有把“失业人口”界定清楚，才能保证统计数字的准确性。调查单位是指总体单位，即需要进行登记的标志的承担者。例如，要调查某校的学生的学习成绩，该校的全体学生就是调查对象，该校的每一名学生都是调查单位。

统计调查必须有填报单位，填报单位与调查单位有时一致有时并不一致，当调查单位自身能回答调查提问时，两者就是一致的，否则就不一致。如进行工业设备调查，每台工业设备就是调查单位，而填报单位则是工业设备所属的企业。

3．确定调查项目

调查项目是指需要调查登记的具体内容。调查内容必须切合调查目的，力求少而精，与调查目的无关，或可有可无的项目应予舍弃。同时，还要考虑调查项目是否能够得到确切的回答，凡得不到答案或得不到圆满答案的项目就应淘汰。

4．确定调查时间

调查时间有两种含义：一是指资料所属的时间。例如，我国第五次人口普查的人口数、年龄等，都是指 2000 年 11 月 1 日零时的状态；又如要调查某地区商业企业利税总额，那就要明确是哪一年、哪一月的利税等。调查时间的另一种涵义是指调查工作的起讫时间，即搜集资料和报送资料整个工作中所需要的时间。为了使两种时间概念不混淆，后者一般称调查工作期限。

5．编制调查的组织实施计划

调查的组织实施计划是保证调查工作顺利进行的重要依据。内容包括：确定调查工作的组织领导，明确调查的方式方法，规定调查的工作步骤、工作程序和工作内容，以及组织培训调查人员，制定调查经费开支计划等。

（二）调查表与问卷设计

1．调查表

调查表是将调查提纲拟订的项目按一定的顺序排列的表格，以便填写和登记调查单位的具体特征和情况。其用途是作为搜集资料的载体，通过调查表可以清晰地看出需要调查的内容以及项目之间的关系。

调查表一般有单一表和一览表两种形式。单一表是供调查单位单独登记的表格，有多少个单位就要用多少份表格。它可详细列示调查的项目，甚至一份表格可以由几张表格组成。例如，我国工业企业的定期统计报表、职工登记表均属此类。单一表适用于调查项目多而登记单位（同时也是调查单位）分散的情况。一览表是可同时登记若干个调查单位的表格，适用于登记项目相对较少，且可对若干个调查单位集中登记的情况。例如，我国人口普查所用的调查表。

无论是单一表或一览表，都只限于列示调查提纲所要求的项目，力求简洁明了，排列有序，便于前后对照检查。对于表列项目必须向登记者提示或解释的内容，则可另附填表说明。

2．问卷设计

调查问卷是一种特殊形式的调查表，其特点是在表中用一系列按照严密逻辑结构组成的问题，向被调查者调查具体事实和个人对某问题的反应、看法，它不要求被调查者填写姓名。一份完整的调查问卷通常应包括开头部分、正文、调查情况的记录三个部分。开头部分包括标题和说明词。标题是概括说明调查的研究主题。确定标题应简明扼要，易于引起被调查者的兴趣。说明词列于问卷的前面，用来说明调查目的、内容和要求，请求被调查者给予合作等。正文即用来搜集资料的一系列问题，是问卷的主体。调查情况的记录是问卷执行和完成情况的记录，由调查者最后填写。

问卷设计的基本要求是：主题明确，形式简明，文字通俗易懂，便于回答。问题的内容必须十分具体，措辞要客观，不带任何倾向和暗示，而且设计的问题应该是可以测定的。问题的编排应该体现调查提纲要求的逻辑结构，层次分明，先易后难，先问事实性资料，后问态度和意向方面的资料，最后问理由方面的资料。根据不同的调查内容和要求，问题可以选择以下几种形式。

(1) 开放式问题。即提出问题，由被调查者自由回答，不受限制。这种问题的答案可能是漫无边际的，不容易汇总进行统计分析，因此在问卷中不宜多用。

(2) 两项选择问题。这类问题要求被调查者在两个可能的答案中选择一个，它通常是判断“是与否”的问题。容易发问，也容易回答。但其所含信息量较少，且不能反映被调查者中客观存在的不同层次。

(3) 多项选择问题。即列举出几个可能的答案，由被调查者选出符合自己情况或意见的一个或几个答案。其优点是答案有一定的范围，便于被调查者取舍。但是，备选答案不可能穷尽所有的情况，因而也容易使被调查者作出随意应付的选择。

(4) 排序问题。即列出对某一问题不同层次的答案，由被调查者排出顺序，表示自己的态度和倾向。

(5) 等级评定问题。这是一种直接测定被调查者主观感觉和意见强弱程度的问题。它有两种常见的形式：

①单项分级标示。它是问句下面用一个横轴标示一个方向的强弱程度，由被调查者根据自己的感觉和意见在上面圈注。其形式为：

0　1　2　3　4　5　6　7　8　9　10 →

这种形式适用于对一事物只有一种看法的情况。

(2) 两极间分级标示。它是在问句下，用一个横轴标示具有两个对立方向的不同强弱程度，由被调查者圈注。其形式为：

← 非常满意　满意　既非满意又非不满意　不满意　非常不满意 →

这种形式适用于对事物有两种极端态度的情况。

三、统计数据计量与类型

测量是我们比较熟悉的概念。一般意义上的测量指对物理量的测量，即“用仪器确定空间、时间、温度、速度、功能等有关数值”。测量的前提是客观事物数量表现的差异性，因此，测量也可以视为是对事物的分类。而对事物分类的依据如时间、重量等可以称为测量尺度。测量的结果是形成具有不同取值的变量。比如，在同一时点上，不同地区的温度是有差异的，我们可以使用某种度量温度的方法确定各地的温度值，最终形成该时点上的温度变量，如 2004 年 2 月 5 日 14 时我国主要城市的温度，这个变量可以有不同的取值，可能是长春 -10℃、长沙 8℃、广州 20℃，等等。

统计测定与上述对物理量的测量有许多共性，但其含义要更为广泛。对统计数据的属性、特征进行分类、标示和计算，称为统计测定或统计度量。例如，对工业企业经济效益的统计，对居民生活水平的统计，也可以说是对工业企业经济效益的测定，对居民生活水平的测定，等等。由于客观事物有的比较简单，有的比较复杂；有的特征和属性是可见的（如人的外貌体征），有的则是不可见的（如人的偏好和信仰）；有的表现为数量差异，有的表现为品质差异，因此，统计测定也就有定性测定和定量测定的区别，并且可分不同的层次。根据计量学的一般分类方法，按照对事物计量的精确程度，可将所采用的计量尺度由低级到高级、由粗略到精确分为四个层次，即定类尺度、定序尺度、定距尺度和定比尺度。统计数据是采用某种计量尺度对事物进行计量的结果，采用不同的计量尺度会得到不同类型的统计数据，而不同类型的统计数据又适用于不同的统计分析方法。

（一）数据的计量尺度

1. 定类尺度

定类尺度也称类别尺度或列名尺度，是最粗略、计量层次最低的计量尺度。它只能按照事物的某种属性对其进行平行的分类或分组。使用该尺度对事物所作的分类，各类别之间是平等的并列关系，无法区分优劣或大小，各类别之间的顺序是可以改变的。例如，对人口按性别划分为男性和女性两类；对中国企业按所有制性质划分为国有企业、集体企业、私营企业、外资企业，等等。

以定类尺度对事物进行计量称为定类测定，所形成的变量称为定类变量。定类测定必须遵循互斥和穷尽两个重要的方法原则（对两个原则的阐释见第三章统计分组原则）。

2. 定序尺度

定序尺度又称顺序尺度，是对事物之间等级差别或顺序差别的一种测定。它不仅具有定类尺度的特点，可以将事物分成不同的类别，而且还可以确定这些类别的优劣或顺序，从而形成一种确定的排序。例如，对企业按经营管理的水平和取得的效益划分为一级企业、二级企业等；对青年职工所受正规教育划分为大学毕业、中学毕业、小学毕业等。这种排序是确定的，对所研究的问题有特定的意义。但是，它并不能具体测定各等级之间的间距大小，例如不能计算一级企业和二级企业的有实质意义的量的差距。类似地，也不能计算一级作家和二级作家的差距。

3. 定距尺度

定距尺度也称间隔尺度，它不仅能将事物区分为不同类型并进行排序，而且可以准确地指出类别之间的差距是多少。它是对事物类别或次序之间间距的测度，通常使用自然或度量衡单位作为计量尺度，计算结果表现为数值。由于这种尺度的每一间隔都是相等的，只要给出一个计量单位，就可以准确地指出两个计数之间的差值。例如，学生考试成绩按 0、10、20、30、40、50、60、70、80、90、100 分排序，不仅可以测定出各人的考试成绩、排名顺序，而且还可以测定出具体差距大小。例如，某门课程考试成绩 90 分的同学比 70 分的同学高 20 分。定距测定有相等的计量单位和假定的计量原点，但不存在绝对零点。例如，某一学生在某门课程的考试中只得 0 分，但这并不能说明这名学生有关这门课程的知识为 0。定距测定不仅具有定类尺度和定序尺度的特性，其结果还可以进行加、减运算，但不能进行乘除运算，因而不能运用相对数来反映事物的差异程度。例如，我们不能说 40℃ 比 20℃ 暖和 2 倍一样。没有确定的标准的“零”位，但有基本的确定的测量单位，这是定距测定的显著特点。

4. 定比尺度

定比尺度也称为比率尺度，是比定距尺度更高一级的定量测定，它不仅可以进行加减运算，而且还可以进行乘除运算。定比测定与定距测定的显著区别是它有一个绝对固定的、非任意的零点，即在数值序列中，零值是有实质意义的。例如，人的年龄、体重，都没有负值，以零值为绝对极限，一个人的年龄不能比零岁更年轻，体重也不能比零更轻。几乎所有的物理量都可以进行定比测定，绝大多数经济变量也可以进行定比测定，如产量、产值、利润等。正因为如此，对社会经济现象不仅可以用总量指标测定其总规模、总水平，而且可以用相对指标测定其数量对比关系，用平均指标测定其一般水平和集中趋势。例如，某市 2004 年度国内生产总值为 548 亿元，为上年的 115%，“九五”期间国内生产总值平均增长速度为 9.2%。这里所列举的 115% 和 9.2% 都是定比数据。相对指标和平均指标都是加减乘除运算的结果。

定距尺度和定比尺度的区别可以形象地比喻为：定距尺度是从桌面上开始测量高度，定比尺度则是从地面上开始测量高度。定比尺度中由于“0”表示不存在，因而其数值不仅可以比较大小、计算差值，还可以计算数值之间的比值。它可以进行加、减、乘、除运算。

上述四个层次的统计测定可概括为表 2－1。

表 2－1　计量尺度的四个层次

测定层次	运算功能	特征	举例
定类尺度	计数	分类	产业分类
定序尺度	计数，排序	分类，排序	企业等级
定距尺度	计数，排序 加、减	分类，排序 有基本的测量单位	产品质量差异
定比尺度	计数，排序 加、减、乘、除	分类，排序 有基本的测量单位 有绝对零点	产品销售额

（二）数据类型

统计数据是采用某种计量尺度对事物进行计量的结果，采用不同的计量尺度会得到不同类型的统计数据。主要有以下四种类型。

定类数据：表现为类别，但不区分顺序，是由定类尺度计量形成的。

定序数据：表现为类别，但有顺序，是由定序尺度计量形成的。

定距数据：表现为数值，可进行加、减运算，是由定距尺度计量形成的。

定比数据：表现为数值，可进行加、减、乘、除运算，是由定比尺度计量形成的。

前两类数据说明的是事物的品质特征，不能用数值表示，其结果均表现为类别，也称为定性数据或品质数据；后两类数据说明的是现象的数量特征，能够用数值来表示，也称为定量数据或数量数据。由于定距尺度和定比尺度属于同一测度层次，因此可以把后两种数据看作是同一类数据，统称为定量数据或数值型数据。

必须指出的是，适用于低层次测量数据的统计方法，也适用于较高层次的测量数据，因为后者具有前者的数学特性；反之，适于较高层次测量数据的统计方法，则不能用于较低层次的测量数据，因为低层次数据不具有高层次测量数据的数学特性。

（三）统计调查误差

统计调查误差通常是指统计数据与客观实际之间的差距。统计调查误差主要有登记性误差和代表性误差两类。

登记性误差又叫调查误差，它是由于调查过程中各个有关环节的失误造成的，主要有计量错误、记录错误、计算错误、抄录错误，在逐级上报过程中的汇总错误，被调查者所报不实或调查者有意瞒报或虚报以及调查方案的规定不明确等等。登记性误差在全面调查和非全面调查中都会产生。代表性误差，只有在非全面调查的抽样调查中才会出现，全面调查不存在这类误差。抽样调查从总体中抽出一部分单位进行观察，并用样本指标来推断总体指标，样本是总体的一部分，不能涵盖总体的所有信息，必然会产生误差，这就是代表性误差产生的原因。代表性误差又可分为两种：一种是偏差，它是由于从总体中抽取样本时没有遵循随机原则造成的。另一种是抽样误差，它是抽样调查这种方法本身固有的，既无法避免也无法消除，但可以控制这类误差的大小。

附：调查方案计划书实例

一汽大众广告与促销战略市场研究项目计划书①

一、项目背景分析

根据预测，1997 年的汽车市场需求仍将相对不足，总需求为 45 万辆左右，其中排量在 2.0 升以下的轿车为 27 万辆；而与此同时，国内外汽车厂商都要拼命扩大自己的地盘，排量在 2.0 升以下的

① 杜子芳．市场调查实务．北京：中国财政经济出版社，2004．11～14

轿车供给估计在32万辆左右，竞争将空前激烈。为增强竞争优势，国内主要汽车企业在加大市场营销与广告宣传力度的同时，都将加强广告宣传的科学性、准确性。捷达将成立统一的专业销售公司，为建立起一个足以同国外同行媲美的现代化的营销管理体系提供了契机。

科学的营销管理体系的基础是及时准确地把握市场，这就需要进行市场研究。对一汽大众来说，市场研究目前至少有助于实现以下目标：

1. 准确定位新产品的市场细分，尽快抢占市场，扩大一汽大众的市场份额。

2. 准确把握消费者的心理，提高营销活动与广告活动的效率。

3. 通过市场研究，为公司中长期战略调整提供参考数据。

二、研究目标与内容

1. 了解当地捷达车和其他主要竞争牌号的轿车保有量。

2. 了解当地消费者对轿车的接受程度、价格认同以及购车的可能性。

3. 了解不同城市购车者的消费心理倾向与地方交通条件、经济发展水平的关系。

4. 估计有多少人可能选择购买捷达车（其他牌号）轿车。

5. 了解当地消费者购买轿车的决策程序，以及购买行为的主要影响因素。

6. 了解当地消费者对捷达产品的印象（熟悉程度/优势/劣势）。

7. 了解人们对主要竞争牌号特别是桑塔纳普通型的印象。

8. 了解哪种品牌的广告人们印象最深。

9. 了解价格因素对牌号选择的影响。

三、目标城市

北京、大连、广州、南京、西安5个城市，其中第一阶段为西安。

四、研究方案与方法

本项目包括5个子项目：在目标城市的每一个城市中，具体方案如下：

1. 捷达拥有量及相关资料调查　对象是交通管理部门、控办、行业管理部门。旨在得到捷达的比较准确的保有量和行业分布。

2. 一场座谈会　对象是有10辆以上汽车的单位购车决策参与人（8～10）人，这里的单位是指（使用公车的）机关/事业单位、（使用商务车的）企业、（使用汽车做主要经营工具的）出租汽车公司/运输公司等。

3. 深访40个单位购车决策参与人　这里的单位是指（使用公车的）机关/事业单位、（使用商务车的）企业、（使用汽车作主要经营工具的）出租汽车公司/运输公司等。配额为拥有捷达车的为50%，拥有其他品牌轿车的为50%。参加座谈会的单位不在此例，不得重复访问。要求采用配额控制的选择样本方法。

这项深访的内容与座谈会基本一致，但方式灵活，有受访者彼此互不干扰的特点。

4. 深访100个出租车车主/司机/私车车主　其中25人有捷达车，其余为其他车型。驾龄须在3个月以上。要求采用配额控制的选择样本方法。配额控制条件有性别、年龄。

5. 街访/户访100个潜在购车者　对象是20～50岁的、在过去12个月内访问过一个销售点或者曾系统收集汽车资料的城市居民。配额控制条件有性别、年龄。要求采用配额控制的选择样本方法。允许在集中售卖区遴选受访者。

五、质量控制

1. 外聘数名专家指导/协助——来自国务院研究室公交司和国家统计局城调队。
2. 严格执行公司的培训程序。
3. 直接派员到外地进行现场监督。
4. 安排一定的内线客户。
5. 保证回访一定比例以防止舞弊。
6. 实施双录入。
7. 运用预制程序进行计算机逻辑检查。
8. 与客户密切沟通/配合。

六、工作时间表

第一阶段：

2月20日前确定项目方案并签订合同。

2月21日—3月15日完成现场调查和数据搜集。

2月10日—3月18日完成数据处理。

3月19日—3月26日完成分析报告。

3月27日—4月15日征求客户意见后提交正式报告。

第二阶段：时间待定。

七、项目预算

税前金额总计　　　　×××万元

八、付款方式

合同签订后××广告公司预付××元人民币，余款待提交成果之后7日内一次全部付清。

【思考题】

1. 统计设计的原则是什么？
2. 统计指标有什么特点？
3. 统计指标体系设计的原则是什么？
4. 统计调查有哪些组织方式？
5. 什么是重点调查单位？举例说明。
6. 什么是典型调查单位？如何选择？
7. 数据搜集方法有哪些？
8. 统计调查方案的主要内容有哪些？
9. 调查问卷的问题设计有哪几种形式？
10. 统计数据计量有哪些尺度？

第三章　统计整理与统计显示

第一节　统计整理的概念和原则

一、统计整理的概念和意义

统计整理是根据统计研究任务的要求，对统计调查所搜集到的原始资料进行分组、汇总，使其条理化、系统化、标准化，得出能反映现象总体特征的综合资料的工作过程。

统计调查所取得的大量原始资料一般是分散的、零碎的、不系统的个体资料。它们只能说明总体各单位的具体情况，而不能说明总体特征，难以反映总体的全貌。因此，必须对这些分散的、零碎的、不系统的个体资料进行加工、整理、汇总，使之成为条理化、系统化、标准化的能反映总体特征的综合统计资料，并以此计算出各种能反映总体特征的综合指标，以认识现象的总体特征和发展变化的规律性。

可见，统计整理不是单纯的数字汇总，而是运用科学的方法，对调查资料进行分类和综合，从感性认识上升到理性认识。它是从对现象个体量的认识到现象总体量的认识的连接点，是统计调查的继续，是统计显示与分析的前提和基础，在整个统计工作中起着承前启后的作用。统计整理工作的质量，直接影响着统计工作的成果。

二、统计整理的原则和步骤

（一）统计整理的原则

统计整理的目的，是通过对事物个体的研究来认识事物的共性，揭示事物的发展规律。所以，在统计整理工作中，应坚持以下两项原则：①根据调查目的汇总，计算出所设计的各项基本统计指标；②充分利用所得原始资料，以取得大量的统计指标。

（二）统计整理的步骤

统计整理是一项十分复杂而细致的工作，要做好这项工作，必须有计划、有组织地采用科学的方法进行。统计整理的基本步骤是：

（1）设计方案。就是设计统计资料整理方案，按照统计整理的原则，对资料整理的各个环节做出具体的安排与规定，保证整理工作顺利进行；明确规定统计分组的方法和设置汇总的统计指标；选择资料的汇总形式；确定与历史资料的衔接方式等。

（2）审核资料。就是在统计整理之前，对搜集到的原始资料进行审核。主要是审核原始资料的完整性、准确性和及时性。完整性审核，包括调查对象中每个单位是否包括齐全，所有的调查项目或指标是否完整，报送单位是否齐全等。准确性审核，一方面检查数据资料是否真实地反映客观实际情况，内容是否符合实际；另一方面检查数据是否有错误，计算是否正确。及时性审核，主要检查是否在规定的时间内按时、全面完整报送资料。

如果在审核过程中发现有差错的地方，应根据不同情况分别进行处理。对肯定性的差错要及时进行更正；对可疑但又不能肯定的差错要及时查询；对无法予以纠正或不符合要求又无法弥补的统计数据，要进行筛选或在条件允许的情况下重新组织调查搜集。

(3) 统计分组。是采用科学的方法，对审核后的原始资料进行分组。

(4) 统计汇总。对统计分组后的资料进行汇总和计算，计算出各组指标和综合指标。

(5) 编制统计表，绘制统计图。将汇总的结果编制成统计表或绘制成统计图，反映现象的数量特征。

这五个步骤中，设计方案和审核资料是统计整理的前提，统计分组是统计整理的关键，统计汇总是统计整理的中心，统计表、统计图是统计整理的成果显示。

三、统计整理的内容和方法

(一) 统计整理的内容

在某一次调查中，对搜集来的资料应该整理些什么内容，应依据事先拟定的整理纲要的要求（整理表）进行。整理表对报表系统来说，就是汇总表或综合表。对专门组织的调查来说，也应该有事先拟好的综合表。一般地，在一次调查中，它的整理表或综合表都应该在调查之前就制定、设计好。

整理表或综合表的基本内容包括两部分：一部分是分组，一部分是相应的统计指标。

(二) 统计整理的方法

统计整理的方法，一般有分组、汇总和编表，这里仅作简要说明。分组、编表的具体方法将在第二、三、四节进行详细叙述。

1. 分组

统计整理的第一步，是按照统计研究任务的要求，对大量的统计调查资料进行科学的分组；在分组的基础上，确定应该汇总得到哪些综合指标。

2. 汇总

汇总是继分组之后的一个重要步骤。一项统计活动，绝非把所有单位分了组就算了结，更大量的任务，是把总体单位各种标志的变量值汇总起来。这时必须选择适当的汇总组织形式和汇总技术，按分组要求对原始资料分组汇总，既要计算出各组和总体的单位总量，也要计算出各组和总体的标志总量。统计汇总包括汇总组织形式和汇总技术两个方面。

(1) 汇总组织形式。统计资料汇总的组织形式主要有逐级汇总、集中汇总和汇审汇编三种。

逐级汇总，是根据统一的汇总表，按照一定的统计管理体制，自下而上逐级汇总资料。我国现行的统计报表制度主要采用这种汇总方式。这种方式便于就地审查、核对与改正原始资料的差错，有利于为各级管理部门提供统计资料。不足之处是，由于汇总层次较多，容易产生汇总误差，同时费时较多，影响资料的时效性。

集中汇总，是将全部调查资料集中起来，由统一布置资料的机构一次汇总。特点是汇总速度快，便于计算机汇总，提高汇总资料的准确性和及时性。不足之处是，不便于审核和订正原始资料，同时，汇总资料不能及时满足各地区、各部门的需要。

汇审汇编，是将逐级汇总和集中汇总结合起来，一方面将一些最基本的统计指标实行逐级汇总，另一方面将全部调查资料实行集中汇总。即由所属单位的统计人员自带报表和有关资料集中到综合单位，分工协作，共同审核，并且汇总和编表。

(2) 汇总技术。要使汇总准确、迅速，节约人力物力，一定要讲究汇总技术。汇总技术主要有手工汇总和电子计算机汇总。

①手工汇总，就是利用算盘和小型计算器进行的汇总。手工汇总方法主要有划记法、过录法、折叠法和卡片法。

划记法，是在预先设计的汇总表上，划点或划线为记号的汇总方法。适用于对总体单位数的汇总。一般在总体单位不多，而且只要求汇总单位数，不要求汇总标志值时才采用。

过录法，是先将调查资料过录到预先设计的汇总表上，然后计算加总，得出各组和总体的单位和标志值的合计数，最后填入统计表。过录法可以汇总单位数，又可以汇总标志值，且便于校对和计算。但工作量比较大。在总体单位不多、分组简单的情况下，采用过录法比较适宜。

折叠法，是把调查表中需要汇总的同一横行或纵栏预先折好，按顺序叠在一起，进行汇总计算，并将结果直接填入统计表。折叠法适用于对标志值的汇总，方法简单易行，也不需设计汇总表。缺点是：若在汇总过程中发现有错，必须从头返工，无法从汇总过程中查明差错的原因。

卡片法，是利用特制的摘录卡片，将调查表中的资料摘录到卡片上，然后根据卡片进行分组和汇总计算。在调查资料多、分组细的情况下，采用卡片法进行汇总。其优点是比划记法准确，比过录法和折叠法简便，可以保证汇总质量，提高时效性。其缺点是如果调查资料不多，采用卡片法就不是很经济。因此，一般在整理大规模专门调查材料时，才采用卡片法。摘录卡片的一般格式如表 3-1 所示。

表 3－1　摘录卡片的一般格式

<table>
<tr><td rowspan="5">经济类型</td><td rowspan="5">经营情况</td><td></td><td></td><td></td><td></td><td></td><td></td></tr>
<tr><td>工业部门编号</td><td>主管系统编号</td><td>地区编号</td><td>大小型编　号</td><td>工人数编　号</td><td>动力编号</td></tr>
<tr><td colspan="6">企　业　编　号</td></tr>
<tr><td>工人总数</td><td>生产工人数</td><td>原动机能力（kW）</td><td>发动机能力（kW）</td><td>电动机能力（kW）</td><td>能力总和（kW）</td></tr>
<tr><td></td><td></td><td></td><td></td><td></td><td></td></tr>
</table>

②电子计算机汇总，这是统计汇总技术的新发展，也是统计现代化的一个重要标志。利用电子计算机汇总的步骤是：编程序、编码、数据录入、逻辑检查、制表打印。运用电子计算机进行资料汇总，速度快、精确度高、存储量大，且便于联网，实现统计信息资源的共享。

3. 编表

经过汇总，得出了表明现象总体和各个组的单位数及一系列标志总量的资料，用简明扼要的表格形式来显示统计汇总的结果，反映现象在数量方面的具体表现和有关联系。

第二节　统计分组

一、统计分组的概念和作用

（一）统计分组的概念

统计分组，是根据统计研究任务的要求和现象总体的内在特点，把统计总体按某一标志，划分为若干性质不同又有联系的部分。

例如，我们把学生按某门课程的考试成绩分为及格、不及格两组。又如将企业内不同生产单位按执行计划程度分为没有完成计划、刚好完成计划、超额完成计划三个组。在整理人口资料时，可按性别分成男、女两个组，还可按年龄、民族、文化程度等分成若干组。

统计分组是在总体内进行的一种定性分类，它把总体划分为一个个性质不同、范围更小的总体。统计分组的目的，是将同质总体中有差异的单位区别开来，同时又将性质相同的部分单位集合在一起，以便通过相应的指标，对总体中所有单位在质量上、数量上、空间上存在的差异进行分析，进而认识事物的本质特征及其发展的规律性。统计分组是统计整理的主要方法，是一切统计研究的基础。统计分析的各种方法，总离不开对现象总体的分组、分类。

（二）统计分组的作用

统计分组在统计研究过程中的作用是多方面的，其主要作用包括以下三个方面：

（1）划分现象的类型。通过分组，确定总体内部的各种类型，以便进行比较、分析和综合。例如，将工业企业按生产要素组合特征划分为资金密集型、技术密集型和劳动密集型，便可以分析各种类型企业的生产组织特点和在生产体系中的作用。

（2）研究总体的结构。在划分类型的基础上，计算各类型在总体中的比重，可以说明总体的结构和基本性质。例如，将人口总体按年龄分组，说明人口的年龄构成，并且据此判断该人口总体属于增长型、稳定型还是减少型。

（3）研究现象之间的依存关系。在分组基础上，计算有关指标，可以观察这些指标之间存在何种关系。例如，将一个地区的水泥厂按规模大小分组，计算它们的产量和劳动生产率指标，若看出随着规模扩大、劳动生产率呈现提高的趋势，这就显示出生产经营的规模效益。

二、统计分组标志的选择

统计分组的关键，在于正确选择分组标志和划分各组界限。分组标志，是确定将统计总体区分为性质不同的组的标准或依据。划分各组界限，是根据分组标志来划定各组的属性界限和数量界限。如果分组标志选择不当，分组结果就难以正确地反映总体的特征及其变化规律；如果划不清各组的界限，就将失去分组的意义。

因此选择分组标志是统计分组的核心问题，必须考虑以下几点：

（1）根据统计研究的目的选择分组标志。任何事物都有许多标志，按照不同的标志分组，会得出不同的结论，所以在选择分组标志时，必须符合统计研究的目的。以工业生产统计为例，如果目的是了解企业规模，即大、中、小企业的生产情况时，应该选择产品数量或生产能力作为分组标志。如果目的是在于确定工业内部比例及平衡关系时，就要按部门分类，划分为重工业和轻工业，或者冶金、电力、化工、机械、轻工等工业部门。

（2）选择最能反映现象本质特征的标志作为分组标志。在一定的研究目的下，往往会有若干个标志与研究目的有关联而可供选择，这就要围绕统计研究的目的和任务，选择最能反映现象本质特征及内在联系的标志作为分组标志。例如，研究工业企业总体规模构成时，固定资产价值、厂区面积、职工人数、生产能力、工业总产值等都与企业规模有关，在当前的科学技术水平下，应选用生产能力或固定资产价值作为分组标志。

（3）要结合现象发展的历史条件和经济条件来选择最具有现实意义的分组标志。现象和事物随着时间、地点、条件的变化而变化，历史条件不同，事物特征也会发生变化。因此，随着历史条件的变化，分组标志也要相应改变。如对于人口的分类，革命战争年代是按阶级成分分组的，但随着社会主义市场经济的发展和剥削阶级的消灭，人口再按阶级成分分组就没意义了，可按文化程度、职业、职称、收入等标志分组，更具有现实意义。

三、统计分组的原则和方法

（一）统计分组的原则

统计整理的关键是统计分组，分组时必须遵循以下原则：

（1）组内同质性和组间差异性原则。从统计分组的概念中，我们知道它包括“分”与“合”两层含义。把总体内不同性质的资料分别归入不同的组内，表现出组与组之间资料的差异性，这是统计分组的出发点，而这种“分”的结果，必须要把总体内性质相同的资料“合”在一起，使组内资料保持同质性。这就要求我们采用科学的分组方法，反映出所研究问题的本质特征，才能进一步计算和分析，得出正确的结论。

（2）穷举性原则。穷举性是指总体的任一单位都有所归属，也都能归属到某一组，或者说各组的空间足以容纳总体各单位的全部标志表现。统计分组遵循了穷举性原则，分组的结果就能把全部资料包括进去，做到没有遗漏。例如，居民按文化程度分组，若分为大学、中学、小学三组，则不符合穷举性原则。因为居民还有文盲和半文盲，还有大学以上文化程度者。

（3）互斥性原则。互斥性是指总体中任何一个单位只能归属一个组，而不能同时属于两个或两个以上的组。也就是说，同一资料只能属于一组，而不能既属于这一组，又属于那一组，甚至于在不同的组别间重复出现。例如，将工人分成男性工人、女性工人、中年工人和青年工人四组，就不符合互斥性原则。因为男女工人中都有青年工人，而青年工人中又有男女之别，组与组之间并不互相排斥，而是相互包含的，这就会出现一些工人重复统计的现象。

（二）统计分组的方法

分组标志确定之后，必须解决分组方法问题。根据统计研究的目的和任务以及统计对象特点的不同，统计分组的方法也不同。

1. 按照分组标志的性质不同，可分为品质分组和变量分组

（1）按品质标志分组，是按品质标志进行的分组，简称品质分组。也就是从属性上区分各种类型组。例如，人口按性别分组、企业按经济类型分组等。按品质标志分组，有些比较简单，界限容易分清。分组标志一经确定，组名称和组数也就确定。例如人口按性别分为男性、女性两组，不存在组与组之间界限难以划分的问题。但有些分组则比较复杂，界限不易划分清楚。例如，对某些产品按其经济用途分类，到底属于生产资料还是属于生活消费资料，就不容易分清楚。类似的情况还有部门分类、职业分类等。因此，在实际工作中，对于比较复杂的分组，国家统计局及中央有关部门，统一编制标准的分类目录，如我国的《国民经济行业分类目录》、《工业部门分类目录》、《大中小型工业企业划分标准》等，统一供大家使用。联合国为便于各国的国际比较，还制定了国际

通行的有关标准分类。

(2) 按数量标志分组，是按数量标志进行的分组，简称变量分组。也就是从各个变量的差异程度上来区分各种类型，通过各组的数量差异反映出质的不同。在实际工作中，变量分组常常用来分析某种指标的变动及其在各组的分配情况，因此，被研究的统计指标就成为分组的标志。例如，人口按年龄分组，企业按职工人数分组等。按数量标志分组，必须正确确定反映事物性质差异的数量界限。

按数量标志分组的形式有单项式分组和组距式分组两种。

单项式分组，是以一个变量值为一组的分组。一般来说，变量值变动范围比较小的离散型变量，可采取单项式分组。如表 3-2 就是单项式分组。

表 3-2　某班组 20 名个人日产量分组表

按日产量分组（件）	人数（人）
5	2
6	5
7	8
8	4
9	1
合计	20

组距式分组，是以一定变动范围的两个变量值区间为一组的分组。一般来说，连续型变量以及变量值变动范围很大、变量值的项数又很多的离散型变量，就要采取组距式分组。如表 3-3 就是组距式分组。

表 3-3　某地区企业职工人数分组表

按职工人数分组（人）	企业数（个）
200～500	60
500～1 000	30
1 000～2 000	10
合计	100

2. 按照分组标志的个数多少不同，可分为简单分组和复合分组

(1) 简单分组，是对总体按一个标志进行的分组。它只反映总体某一方面的类型和结构特征。简单分组，实际上各个组是按一个标志分组形成的。例如，人口按性别分为男性、女性两组；工业企业按生产规模分为大型、中型、小型三个组。

(2) 复合分组，是对总体按两个或两个以上标志层叠起来进行的分组。也就是先按

一个标志分成组，在此基础上再按第二个标志分成小组，又再层叠地按第三个标志分成更小的组，依此类推。例如，工业企业先按经济类型分组，每一组中又按第二个标志轻重工业分组，轻工业、重工业组中再按第三个标志企业规模分组。采用复合分组，能更深入地反映总体的内部结构，更细致地分析问题。但随着分组标志的增加，分组的类型组就会成倍增加，相应地各类型组的单位数减少，因此不宜采用过多的标志进行复合分组。复合分组适合运用于调查单位足够多的条件下，由于把分组标志复合在一起，使组数大大增加了。

四、统计分组体系

为了全面认识被研究现象的总体，常常需要运用多个分组标志对总体进行分组，形成一系列相互联系、相互补充的分组体系。例如，对人口总体进行统计研究，必须通过按性别、年龄、民族、婚姻状况等多种分组，形成人口分组体系，才能对人口总体的自然构成有较深的了解。在所要研究的现象总体中，总是可以选择一系列标志进行分组，所以分组体系是客观存在的。统计分组体系有平行分组体系和复合分组体系两种形式。

（一）平行分组体系

平行分组体系是对同一总体选择两个或两个以上的标志，分别进行的简单分组。例如，为了了解工业企业职工总体的基本情况，选择年龄、文化程度、工龄和操作形式等标志分别进行分组，形成如下平行分组体系：

按年龄分组（岁）	按文化程度分组
20 以下	大学
20～36	大专
36～50	高中（中专、职中、技工）
50～56	初中
56～60	小学
60 以上	文盲
按工龄分组（年）	**按操作形式分组**
5 以下	手工操作工人
5～10	半机械化操作工人
10～20	机械化操作工人
20 以上	自动控制作业工人

（二）复合分组体系

复合分组体系是由复合分组形成的体系。例如，要了解我国高等院校学生的基本情况，可同时选择学科、本科或专科和性别三个标志进行复合分组，形成如下复合分组体系：

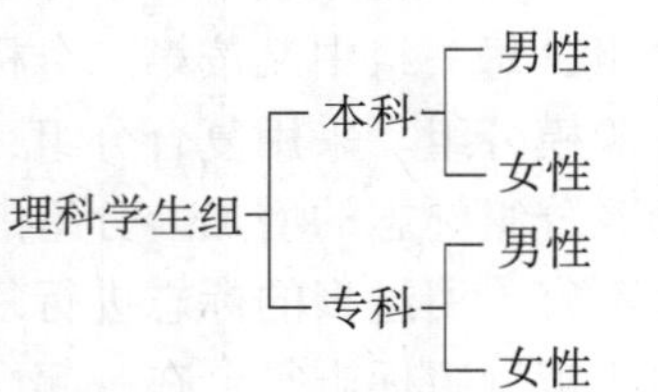

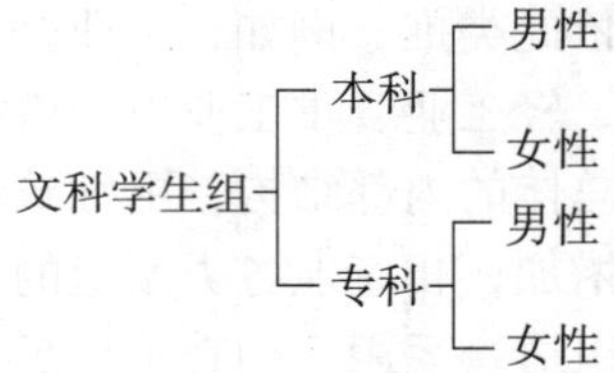

第三节 分配数列

一、分配数列的概念和种类

（一）分配数列的概念

在分组的基础上，把总体的所有单位按组归并排列，形成总体中各个单位在各组间的分布，称为次数分布。次数分布的实质是把总体的全部单位按某标志所分的组进行分配所形成的数列，称为分配数列，又称分布数列。

分配数列有两个构成要素：一是总体的分组，即按一定标志划分的各个组；二是各组的次数或频率，即各组所占有的单位数。各组次数占总次数的比重，称为频率或比率，频数之和等于总体单位总数，频率之和等于100%。按顺序列出各组标志值范围（或以各组组中值来代表）和相应的频率形成的次数分布，也称为频率分布。

分配数列是统计描述和统计分析的一种重要方法，它可以表明总体各单位分布特征及结构状况，并在这个基础上，进一步研究总体某一标志的构成、平均水平及其变动的规律性。

（二）分配数列的种类

根据分组标志的不同，分配数列可分为品质数列和变量数列。

1．品质数列

按品质标志分组所编成的分配数列，称为品质分配数列，简称品质数列。如果分组标志选择得好，分组标准定得恰当，则事物性质的差异表现得也比较明确，总体中各组如何划分较易解决。因此品质数列一般比较稳定，通常能够准确地反映总体单位中不同属性的单位的分布特征。品质数列由两个要素构成：一是各组的名称，二是各组的次数或频率。例如，某班学生按性别分组的品质数列，如表3－4所示。

表3－4　某班学生性别分组表

性　　别	人　数（人）	比　率（%）
男　　生	50	62.50
女　　生	30	37.50
合　　计	80	100.00

2. 变量数列

按数量标志分组所编成的分配数列，称为变量分配数列，简称变量数列。用来反映具有不同变量值的各组的次数在总体中的分布状况。对于变量数列来说，因为事物性质的差异表现得不甚明确，决定事物性质的数量界限往往因人的主观认识而异，因此按同一数量标志分组时，有出现多种分布的可能。这就必须正确确定反映事物性质差异的数量界限。变量数列由两个要素构成：一是各组的变量值；二是各组的次数或频率（比率）。变量值是指分组标志不同的数量表现，在数列中代表各组（即各组名称）。例如，某班组工人按日产量分组的分配数列，如表 3－5 所示。

表 3－5 工人日产量统计表

按日产量分组（件）	工 人 数（人）	比 率（%）
31	3	7.50
32	5	12.50
33	13	32.50
34	16	40.00
35	3	7.50
合 计	40	100.0

二、变量数列的种类

按变量数列中每组变量值的多少及取值范围，变量数列可分为单项式数列和组距式数列两种。

（一）单项式数列

单项式数列，是指每一个组只有一个变量值的变量数列。对于离散型变量，如果变量值变动范围比较小，总体单位数又不太多时，适宜编制单项式数列，如表 3－5 所示。连续型变量的分组，则不适合编制单项式数列。

（二）组距式数列

组距式数列，是把整个变量值划分为若干个区间，用变量值变动的区间为一个组的变量数列。连续型变量及变量值变动范围比较大、总体单位数又比较多的离散型变量，通常采用组距式数列。例如，某班组工人按日产量分组的组距式数列，如表 3－6 所示。

表 3－6 工人日产量统计表

按日产量分组（件）	工 人 数（人）	比 率（%）
50～60	2	5.0
60～70	6	15.0
70～80	13	32.5
80～90	15	37.5
90～100	4	10.0
合 计	40	100.0

在实际工作中，大量应用的是组距式数列。下面介绍有关组距式数列的一些概念。

1. 组限

组距式数列中，各组两端的数值称为组限，其中每组的最小数值称为下限，每组的最大数值称为上限，下限和上限表示各组变量值变动的两端界限。如表 3－6 中第一组“50～60”的 50 为下限，60 为上限，50 和 60 都是组限。

2. 组限的形式

(1) 重叠式。即相邻两组中，前一组的上限与后一组的下限数值相重叠（相同）。

【例 3－1】 工人按月收入（元）分组：

400～500

500～600

600～700

这种形式多适用于连续型变量。对于连续型变量分组，由于它的任何两个数值之间可能还有无限多个数值，相邻两组的上限与下限必须重叠，即以同一个数值来表示，每一组的上限同时是下一组的下限。事实上，重叠式相邻两组上下限的数值相同（重叠）但不相等。如“400～500”的实质是“400～不足 500”，这是遵循“上限不在内”的原则。分组时遇到变量值刚好等于相邻两组上下限的数值时，应归入下限。这样做不仅能统一计算方法，而且这些数值往往正是事物发生质变的数量界限。如考试 60 分就是成绩及格与不及格的数量界限。

(2) 不重叠式。即相邻两组中，前一组的上限与后一组的下限数值紧密相连而不相重叠。

【例 3－2】 企业按工人数（人）分组：

400～499

500～599

600～699

这种形式只适用于离散型变量。对于离散型变量分组，相邻两组的上限与下限通常是用两个确定的不同整数来表示，相邻两组的上、下限可以不重叠，这样分组明确而不致混乱。事实上，离散型变量也常常采用重叠式组限的表示方法，因为重叠式组限是遵循“上限不在内”原则的，与离散型变量的分组不会产生矛盾。

重叠式组限和不重叠式组限的分组统称为闭口组，也就是各组的上、下限都齐全。

(3) 开口组式。即同一分组中上、下限不齐全者称为开口组。设置开口组的目的是为了使资料中个别极大值和极小值有组可归，避免出现空白组。开口组只能用在组距式分组的两端，第一组用“多少以下”，最后一组用“多少以上”表示。

【例 3－3】 工人按月收入（元）分组：

400 以下

400～500

500～700

700 以上

第一组“400 以下”属于缺下限，最后一组“700 以上”则属于缺上限，中间两组则属于重叠式。这种形式应视实际情况而确定是否采用。

3．组距

各组上、下限之间（即各组区间）的距离称为组距，一般用上限与下限之差表示。组距的计算有以下两种方法：

（1）属重叠式组限。当组限重叠时：组距＝上限－下限。如上述例 3－1 中的第一组的组距＝500－400＝100（元）。

（2）属不重叠式组限。当组限不重叠时：组距＝相邻两组下限之差。如上述例 3－2 中的第一组的组距＝500－400＝100（人），即用第二组的下限 500 代替第一组的上限 499 减去第一组的下限 400。这样可以避免相同的资料、相同的分组，由于采用不同的组限形式而使组距不相等的现象出现。

4．组中值

每组上、下限之间的中点数值称为组中值。我们知道，经过了组距分组，各个单位的具体变量值都不见了，不这样做，就难以对现象总体规律有深刻的认识。但是，在许多场合，仅仅大概地了解这些变量值变化的区间是不够的，还需要确定一个能代表各组变量值一般水平的数值，这个数值就是组中值。在各组总体单位均匀分布或在组中值两侧对称分布的条件下，可以以各组的组中值作为各组的代表值，由于事实上各组单位的分布不一定满足以上条件，因而组中值仅仅是各组总体单位一般水平的近似值。组中值的计算方法有以下三种：

（1）属重叠式组限。当组限重叠时：组中值＝(下限＋上限)/2，如例 3－1 中第一组“400～500”的组中值＝(400＋500)/2＝450(元)。

（2）属不重叠式组限。当组限不重叠时：组中值＝相邻两组下限之和/2，如例 3－2 中第一组“400～499”的组中值＝(400＋500)/2＝450(人)，是分别用第一组和第二组的下限相加除以 2。

（3）属开口组组限。缺下限开口组的组中值＝上限－邻组组距/2，如例 3－3 中第一组“400 以下”的组中值＝400－(500－400)/2＝350(人)。

缺上限开口组的组中值＝下限＋邻组组距/2，如例 3－3 中最后一组“700 以上”的组中值＝700＋(700－500)/2＝800(人)。

5．等距数列和不等距数列

组距式数列根据各组的组距是否相等，可以分为等距数列和不等距数列。各组组距相等的数列，称为等距数列，如表 3－6 就是等距数列。各组组距不都相等的数列，称为不等距数列，如表 3－7 所示。

表 3-7 天山地区儿童情况表

按儿童年龄分组（岁）	人数（人）	比 率（%）
1 以下	26	18.57
1～3	38	27.14
4～6	33	23.57
7～14	43	30.72
合 计	140	100.0

在编制组距式数列时，是采用等距数列还是不等距数列，要根据研究目的和现象的特点来决定。等距数列能清楚地反映总体的分布特征，适用于标志变异较为均匀的现象。在通常情况下，尽可能采用等距分组的形式，因为等距数列中各组单位数的多少不受组距大小的影响，因此便于直接比较各组的次数，研究次数分布的特征。不等距数列能比较准确地反映总体内部各组成部分的性质差异，当客观现象性质差异的变动不均衡时，适宜采用不等距数列。

三、变量数列的编制

对于变量数列来说，因为事物性质的差异表现得不甚明确，决定事物性质的数量界限往往因人的主观认识而异，因此按同一数量标志分组时有出现多种分布的可能，下面结合实例介绍变量数列的编制步骤。

【例 3-4】 经调查，某班组 40 名工人日产量（件）资料如下，要求编制变量数列。

62 68 95 80 92 78 79 83 85 54
73 81 96 84 73 60 64 83 95 72
50 75 83 71 66 77 81 70 74 91
83 78 88 86 74 83 89 74 87 68

变量数列的编制步骤如下。

1. 将数值按大小顺序排列

50 54 60 62 64 66 68 68 70 71
72 73 73 74 74 74 75 77 78 78
79 80 81 81 83 83 83 83 83 84
85 85 86 87 88 89 91 92 95 96

2. 计算全距

变量数列中的最大值与最小值之差，称为全距。计算全距，表明标志值的变动范

围，是为了进行适当分组。本例全距 = 最大值 − 最小值 = 96 − 50 = 46（件）

3．确定组数和组距

组数，是指某个变量数列应当划分为多少个组。

组数的确定和组距有密切联系：组距大则组数少，组距小则组数多，两者成反比例关系，即组距 = $\frac{全距}{组数}$。

在决定组数和组距时，原则上要使分组的结果符合统计研究的目的，能够反映总体分布的特点，保证组内单位的同质性与组间性质的差异性。同时还要考虑原始资料的集中程度，如果原始资料的分布比较集中，组距可适当小些；反之，组距可适当大些。组数的多少应适中，一般可分成 5、6 组或 7、8 组。如果组数太少，数据的分布就过于集中；如果组数太多，数据的分布就会过于分散，这都不便于观察数据分布的特征和规律。组距一般取 5 或 10 的倍数。

本例的全距为 46 件，假定把全距分成 5 个相等的组距，即组数等于 5，那么，组距 = $\frac{全距}{组数} = \frac{46}{5} = 9.2$（件），我们取整数组距为 10 件。

史德杰斯（H.A.Sturqes）根据经验，提出一种计算组距近似值的方法。设一数列包括 N 个项目，全距为已知，则组距 i 可依下列公式计算其近似值：

$$i = \frac{全距}{1 + 3.322\lg N},$$

若求得的 i 是一个小数，应调整为整数。

上例 $i = \frac{46}{1 + 3.322\lg 40} = 7.3 \approx 8$。这是一个经验公式，实际应用时，可根据数据的多少和分析要求，参考这一标准灵活应用。

4．确定组限，并汇总数据

当组数、组距确定后，只要划分各组的数量界限就可以编制变量数列。

（1）确定组限。确定组限应考虑以下几点：

①组限的确定应有利于表现各变量值实际分布的特点。

②确定的组限是事物性质的数量界限，也就是要使同质的总体单位在同一组内。

③第一组的下限应等于或小于最小变量值；最后一组的上限，应等于或大于最大变量值。

④一般情况下，组限的个位通常用 0 或 5 表示。

对于本例，最小变量值为 50，我们就确定第一组的下限为 50。采用的是重叠式组限时，应这样分组：50～60，60～70，70～80，80～90，90～100。采用的是不重叠式组限时，应这样分组：50～59，60～69，70～79，80～89，90～99。

（2）汇总数据。各组的组限确定后，就要根据资料将变量值过录到汇总表，进行归类汇总，计算出各组变量值所包含的次数。汇总结果如表 3－8 所示。

表 3－8 某班组 40 名工人日产量汇总表

按日产量分组	50～60	60～70	70～80	80～90	90～100	合计
日产量（件）	50 54	60 62 64 66 68 68	70 71 72 73 73 74 74 74 75 77 78 78 79	80 81 81 83 83 83 83 83 84 85 85 86 87 88 89	91 92 95 96	—
人数	2	6	13	15	4	40

5．编制变量数列

现将 40 名工人日产量的资料编制成变量数列（采用不重叠式组限和重叠式组限），如表 3－9 和表 3－10 所示。

表 3－9 工人日产量情况表

按日产量分组（件）	工人数（人）	比 率（%）
50～59	2	5.0
60～69	6	15.0
70～79	13	32.5
80～89	15	37.5
90～99	4	10.0
合 计	40	100.0

表 3－10 工人日产量情况表

按日产量分组（件）	工人数（人）	比 率（%）
50～60	2	5.0
60～70	6	15.0
70～80	13	32.5
80～90	15	37.5
90～100	4	10.0
合 计	40	100.0

四、累计频数分布

累计频数分布，是将变量数列各组的频数和频率逐组累计相加而成。它反映总体在某一变量值的某一水平上总共包含的总体频数和频率。

编制变量数列，是以统计表形式来表示分配数列，只能反映每一组的频数，如表3-8中的日产量70～80件的工人有13人，但产量不到70件的有多少人，占全部工人的比重是多少？达到70件以上的有多少人，占全部工人的比重是多少？这就需要在编制的变量数列基础上进行加工，编制累计频数表，分别就频数和频率进行累计。累计频数和累计频率有向上累计和向下累计两种计算方法，如表3-11所示。

表3-11　累计频数分布表

按日产量分组（件）	频数（人）	频率（%）	向上累计		向下累计	
			累计频数（人）	累计频率（%）	累计频数（人）	累计频率（%）
50～60	2	5.0	2	5.0	40	100.0
60～70	6	15.0	8	20.0	38	95.0
70～80	13	32.5	21	52.5	32	80.0
80～90	15	37.5	36	90.0	19	47.5
90～100	4	10.0	40	100.0	4	10.0
合计	40	100.0	—	—	—	—

向上累计，又称较小制累计，是将各组频数和频率由变量值小的组向变量值大的组逐组累计。各组累计数，表明各组上限以下的累计频数和累计频率。

向下累计，又称较大制累计，是将各组频数和频率由变量值大的组向变量值小的组逐组累计。各组累计数，表明各组下限以上的累计频数和累计频率。

例如，表3-10中的第三组“向上累计”，表明40名工人中日产量在80件以下的有21人，占总数的52.5%；而第四组“向下累计”，则表明40名工人中日产量在80件以上的有19人，占总数的47.5%，等等。由此可见，累计频数和累计频率可以更简便地概括总体各单位的分布特征。

第四节　统计表与统计图

统计整理结果的显示，主要有统计表和统计图两种形式。

一、统计表

（一）统计表的意义

把数字资料按照一定的规则，在表格上表现出来的表格就是统计表。从广义上来看，任何用来反映统计资料的表格都是统计表。

数字是统计的语言，统计研究的数量主要是通过数字资料来表现的。统计表是系统地表达数字资料的基本形式。统计表能有条理、有系统地安排大量数字资料，使统计资料的表现显得紧凑、清晰、有力、突出和透彻，便于阅读时对照、比较，使人一目了然。

（二）统计表的结构

1. 统计表的外形结构

从表的形式上看，统计表由总标题、横行标题、纵栏标题和数字资料四个部分组成，如表3－11所示。总标题是统计表的名称，用来概括统计表中的全部内容，一般放在表的正上方。横行标题，是横行的名称，也称横标目，用来表示总体各个组的名称，写在表的左方。纵栏标题，是纵栏的名称，又称纵标目，用来表示统计指标的名称，写在表的右上方。数字资料，是统计指标的数值，列在各横行标题和纵栏标题的交叉处。

有些统计表在表脚还增列补充资料，如注解、资料来源、填报单位、填报时间等。

2. 统计表的内容结构

从内容上看，统计表包括主词和宾词两个部分。主词，是统计表所要说明的总体、总体的各个组或各个单位的名称，用来说明统计对象。宾词，是用来说明主词的各种指标，包括指标名称和指标数值，指标数值列在表的右下方即数字资料的位置。主词通常列在横行标题的位置，宾词指标名称列在纵栏标题的位置，但有时为了合理安排或方便阅读，也可将主词、宾词指标名称变换位置排列。图3－1为统计表结构示意图。

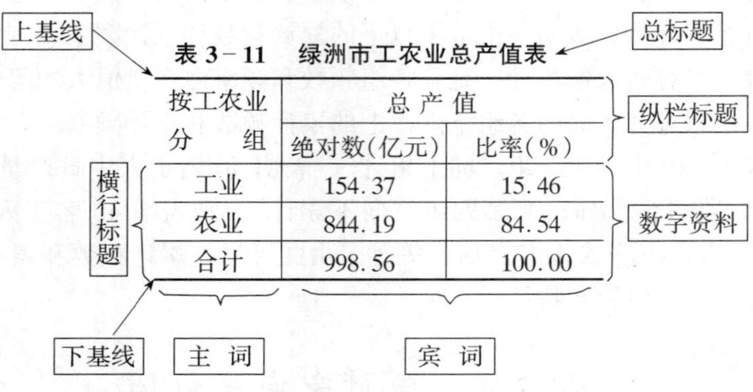

表3－11 绿洲市工农业总产值表

按工农业分组	总产值	
	绝对数(亿元)	比率(%)
工业	154.37	15.46
农业	844.19	84.54
合计	998.56	100.00

图3－1 统计表结构示意图

（三）统计表的种类

（1）统计表按用途的不同，可分为调查表、汇总表或整理表和分析表。

①调查表。是在统计调查过程中用于登记、搜集原始资料的表格，表中的数字，是未经综合的各个单位的变量值。如表 3－12 所示。

表 3－12　全国人口普查表（摘录）

姓名	与户主关系	性别	年龄	民族	户口状况与性质	文化程度	婚姻状况	在业人口的行业	在业人口的职业	不在业人口状况

②汇总表或整理表。是在统计整理过程中用于表现整理结果的表格，表中的数字，是经过汇总后的总量指标，包括单位总量和一系列标志总量。如表 3－6 所示。

③分析表。是在统计分析过程中，用于对统计整理所取得的统计资料，进行定量分析的表格。如表 3－13 所示。

表 3－13　部分国家卫生保健状况　（1990—1997 年平均）

国　家	卫生保健支出占 GDP 的比例（%）	人均保健支出（美元）	每千人医生数（人）	每千人病床数（床）
德　国	10.4	2 677	3.4	9.7
中　国	3.8	19	1.6	2.4
美　国	14.1	4 093	2.5	4.1
日　本	7.3	2 442	1.8	16.2

资料来源：《世界经济统计简编》（2000 年）。

（2）统计表按照主词是否分组以及分组的程度，可分为简单表、简单分组表和复合分组表。

①简单表。是主词未经任何分组的统计表。主词可以列示地域、单位名称，也可以按时间顺序列示。这种表可以用来反映现象的总体特征，也可以用来直接反映总体各单位的基本情况，同时可以用来分析现象发展变化的趋势。如表 3－13、表 3－14 所示。

表 3－14　某企业总产值表

年　　份	总产值（万元）
2001 年	6 788
2002 年	7 446
2003 年	7 834
2004 年	8 191

②简单分组表。是主词按某一标志进行分组的统计表。这种表可以用来揭示不同类现象的不同特征，研究现象总体的内部构成，分析现象之间的依存关系。如表 3－15 所示。

表 3－15　三年级五班学生性别情况

按性别分组	人数（人）
男性	39
女性	38
合计	77

③复合分组表。是主词按两个或两个以上标志进行复合分组的统计表。这种表可以把更多的标志结合起来，更深入地分析现象的特征和规律性。如表 3－16 所示。

表 3－16　三太地区人口情况

按城乡和性别分组	人口数（万人）
城镇：	4 814
男性	2 439
女性	2 375
农村：	3 065
男性	1 543
女性	1 522
合　计	7 879

（3）统计表按统计数列的性质不同，可分为空间数列表、时间数列表和时空数列结合表。

①空间数列表，又称静态表。是反映在同一时间条件下，不同空间范围内的统计数列的表格，可以说明静态条件下，社会经济现象在不同空间的数量分布。见表 3－13。

②时间数列表。是反映在同一空间条件下，不同时间的统计数列的表格，可以说明在空间范围不变的条件下，现象在不同时间上的数量变动。见表 3－14。

③时空数列结合表。是同时反映时间和空间两方面内容的统计表。既说明现象在不同空间的数量分布，又说明它们在不同时间上的数量变动。如表 3－17 所示。

表 3－17　部分国家国内生产总值及其增长率

国家	1999 年国内生产总值（亿）	国内生产总值比上一年增长率（%）			
		1996 年	1997 年	1998 年	1999 年
中国	78 345（人民币）	9.6	8.8	7.8	7.1
美国	87 599（美元）	3.6	4.2	4.3	4.2
德国	37 844（马克）	0.8	1.5	2.2	1.5
英国	8 474（英镑）	2.6	3.5	2.2	2.0
法国	85 647（法郎）	1.1	2.0	3.4	2.7

资料来源：《2000 年中国统计年鉴》。

（四）统计表宾词指标的分组配置

当宾词指标需要分组时，宾词配置有平行配置和层叠配置。

（1）平行配置。是将宾词指标名称做平行排列的一种设计。如表 3－18 所示。

表 3－18　宾词指标平行配置表　　单位：万人

年份	人口数	按性别分		按城乡分	
		男性	女性	城镇	农村
2001 年					
2002 年					
2003 年					
2004 年					

（2）层叠配置。是将宾词有关指标做层叠排列的一种设计。这种设计能更清晰地说明问题，详细反映总体各方面的数量特征。如表 3－19 所示。

表 3－19　宾词指标层叠配置表　　单位：万人

年份	人口数	按城乡分					
		城镇			农村		
		小计	男性	女性	小计	男性	女性
2001 年							
2002 年							
2003 年							
2004 年							

（五）统计表的编制规则

要编制实用、美观的统计表，使统计表能正确地反映现象总体的数量特征，又易于了解其内容和看出规律性，在设计统计表时，要注意以下规则。

(1) 统计表的各种标题，应简明确切。特别是总标题，应概括地反映表中的基本内容，标明资料所属的时间和地点。

(2) 主词各行和宾词各栏，一般应先局部后整体排列，即先列各个项目，后列总计。当没有必要列出所有项目时，可以先列总计，后列其中一部分的重要项目。

(3) 根据统计表的内容，全面考虑表的布局，合理安排主词和宾词，避免出现统计表过长、过短、过宽、过窄的现象，使表的大小适度、比例恰当、醒目美观。

(4) 当表内栏数较多时，应按合乎逻辑的顺序依次排列，加以编栏号，并标明栏与栏之间的计算关系。主词和计量单位等栏，用（甲）、（乙）、（丙）等文字标明；宾词各栏，用 (1)、(2)、(3) 等数字编号。

(5) 必须注意统计表中数字资料计量单位的表示方法：①当全表只有一种计量单位时，写在表头的右上方；②纵栏的计量单位，与纵栏目写在一起，用小字书写；③横行的计量单位不同时，可以专设一栏。

(6) 表中数字应填写整齐，对准位数。如果缺乏某项资料时，用符号“…”表示；如果不存在某项数字时，用符号“—”表示；表中不能留下空白，当数字为 0 时也要填写出来。

(7) 统计表的格式一般是“开口式”，即表的左右两端不画纵线。上下基线用粗线或双线表示。

(8) 统计表的资料来源以及需要附加的说明，可以写在表的下端，以便查考。

(9) 制表完毕经审核后，制表人和主管负责人应签名或加盖公章，以示负责，也便于检查。

二、统计图

（一）统计图的意义

统计图是根据统计资料绘制的，是利用几何图形或具体形象来表明现象数量关系的图形。它和统计表一样，是显示和分析统计资料的基本形式和方法之一。

将统计资料绘制成统计图，可使复杂的数字通俗化、简单化、形象化，便于理解、记忆和比较。因此，统计图具有简明具体、生动形象、通俗易懂，给人深刻、明确印象的特点。

（二）统计图的作用

统计图的作用主要是表现统计资料。在统计分析方面，统计图能将比较复杂的现象，用一种简明扼要的形式表现出来，它也是统计分析的重要方法。利用统计图，可以分析现象之间的对比关系、总体结构、发展变化趋势和规律，研究现象之间的依存关系，研究总体各单位的分布，分析现象在地区上的分布，分析检查计划的执行情况，等等。

（三）常见的几种统计图

统计图有很多种，如频数分布图、时间序列的曲线图、品质数列的结构图、相关关系的相关图等。这里只简单介绍频数分布图的几种形式。

1. 条形图

条形图是以宽度相等而长短、高低不同的条形，来表示统计数值大小的图形，可以直观地说明变量数列的变化趋势。这种图形绘制简单，表现形式明确，在实际工作中应用较广泛。根据目的不同，条形图可绘制成单式条形图、复式条形图或结构条形图。根据排列形式不同，条形图可分为横排条形图与纵列条形图。横排条形图又称为水平条形图或带形图；纵列条形图又称为垂直条形图或柱形图。现以我国近几年的粮食产量资料为例做图：1999 年 50 839 万吨，2000 年 46 218 万吨，2001 年 45 264 万吨，2002 年 45 706 万吨，2003年 43 070 万吨，如图 3－2 所示。

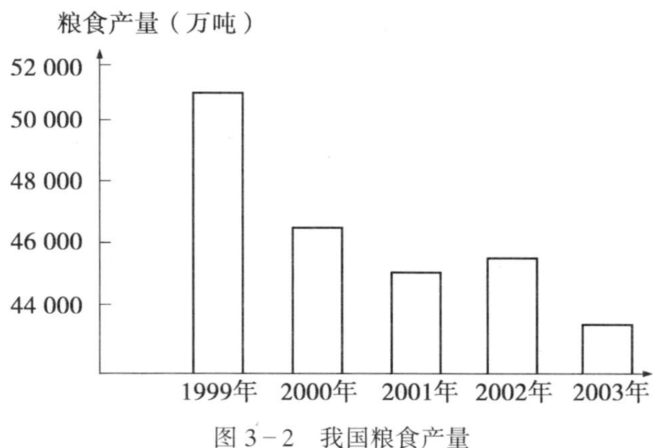

图 3－2　我国粮食产量

2. 折线图

折线图是在平面坐标上用折线表现数量变化特征和规律的统计图。主要用于显示时间数列数据，反映事物发展变化的规律和趋势。仍以我国近几年的粮食产量资料为例做图，如图 3－3 所示。

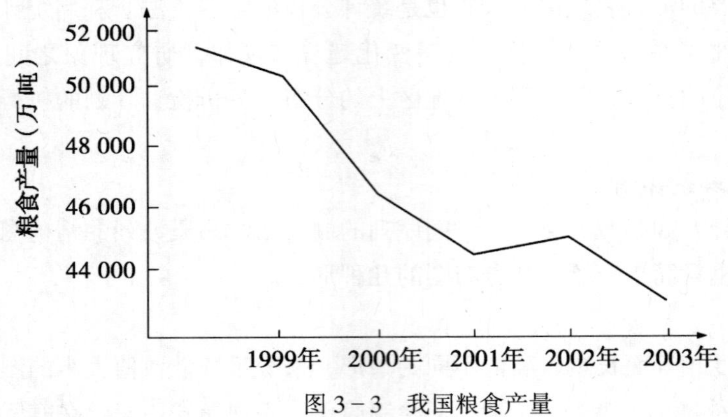

图 3－3　我国粮食产量

3．曲线图

当变量值所分的组数越来越多时，绘制的折线图就会越来越光滑，逐渐形成一条平滑的曲线，就是频数分布曲线，有对称的也有非对称的。非对称的曲线称为偏斜曲线，有左偏斜与右偏斜两种形式。如图 3－4 所示。

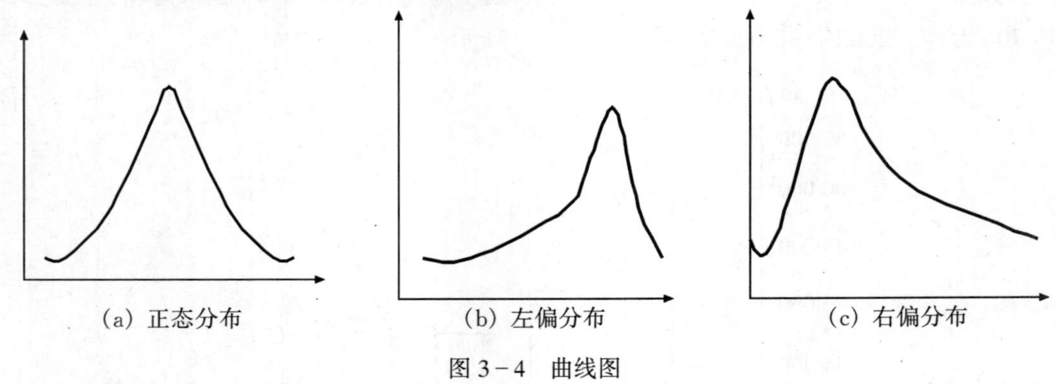

图 3－4　曲线图

4．圆形图

圆形图是用圆形及圆内扇形的面积表示数值大小的图形。主要用于表示总体中各组成部分所占的比例，对于研究结构性问题很有用。在绘制圆形图时，用总体中各部分所占的百分比分摊 360°所形成的面积表示。

例如，我国 2003 年国内生产总值 116 898.4 亿元。其中：第一产业 17 092.1 亿元，占 14.62%；第二产业 61 131.3 亿元，占 52.29%；第三产业 38 675.0 亿元，占 33.09%，这就可以绘制圆形图如图 3－5 所示。

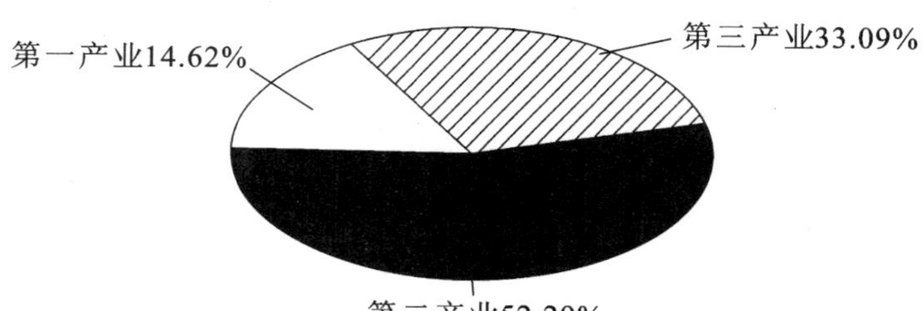

图 3-5　我国 2003 年国内生产总值

【思考题】

1. 什么是统计整理?
2. 统计整理应坚持什么原则?
3. 统计整理的步骤有哪些?
4. 统计整理有哪些方法?
5. 统计分组的原则是什么?
6. 统计分组方法有哪些?
7. 什么是分配数列? 构成要素是什么?
8. 什么是组限? 有哪几种形式?
9. 累计频数和累计频率有哪两种方法?
10. 统计表从外表形式上看，构成内容有哪些?

第四章 静态分析指标

在统计分析过程中，需要计算各种各样的分析指标，以揭示现象的数量特征。就其时间状态而言，这些指标可以分为静态分析指标和动态分析指标两大类。静态分析指标是指同一时间内同类现象汇总计算、分析对比形成的一系列指标，包括总量指标、相对指标、平均指标和变异指标。这四种指标作为统一的静态分析指标，可以把它看作是统计整理的结果，同时又是进行统计分析的基础和工具。

第一节 总量指标

一、总量指标的意义

总量指标是反映现象在一定时间、地点条件下所达到的总规模、总水平的统计指标。它的表现形式是绝对数，因此也称为绝对指标。例如，2004 年我国国内生产总值为 136 515 亿元。

总量指标在统计中有重要的作用。主要表现在：

（1）它可以反映一个国家的基本国情和国力，反映某部门、某单位、某地区等人、财、物的基本数据指标。例如，国内生产总值、进出口总额等总量指标，可以表明一个国家或地区的经济发展水平，还可以用作国际间、地区间经济实力的比较分析；又如，企业产值、职工人数、固定资产总额等总量指标，可以说明一个企业的生产能力，是企业制定计划和相关决策方案的基本依据。

（2）它是进行经济分析、研究平衡供需关系、实行社会管理和经济管理的依据。例如，进行国民经济的供给与需求的平衡、物资的收支平衡、财务的借贷平衡与核算，都须应用总量指标。又如，要分析某种重要物资的生产、分配、消费、积累的平衡关系，首先就需要掌握上述各个环节的总量指标，否则无法进行具体的分析。

二、总量指标的种类

（一）总量指标按其反映内容的不同，分为总体单位总量和总体标志总量

总体单位总量即总体本身的规模大小，表示一个总体内所包含的总体单位总数。而总体标志总量是指总体各单位某一数量标志值的总和。例如，研究某个班级的学生学习情况，总体为该班全体学生，总体单位为该班级的每一个学生，则该班级的学生总数便是总体单位总量，而班级学生的总分数便是总体标志总量。

一个总量指标到底属于总体单位总量还是总体标志总量，并不是固定不变的，它随着研究目的的不同而变化。研究目的变了，总体和总体单位、总体单位总量、总体标志总量都会随之而变。例如，学生人数这一个总量指标，在学校作为总体时，它是总体标志总量；如果以学生作为总体时，它是总体单位总量。

（二）总量指标按时间状态的不同，分为时期指标和时点指标

时期指标反映社会现象在某一时期发展过程的总数量。例如产品的产值、商品的销售额、工资总额等。

时点指标反映社会现象在某一时点（瞬间）状态所达到的数量，如年末人口数、商品库存数等。

时期指标和时点指标各有不同的特点：

(1) 时期指标的数值是连续计算的，它的每一个数值是表示现象在一段时间内发生的总量，如一月的总产值是一月中每天产值的总和；而时点指标的数值是间断计数的，它的每一个数值是表示现象发展到一定时点上所处的水平，如年末职工人数，是指年初的职工人数经过一年的变动后至年末实际有的职工人数。

(2) 时期指标具有累加性，即各期数值相加可以说明现象在较长时期内发生的总量，如一年的总产值是各月产值之和；而时点指标不具有累加性，即各时点数值相加一般没有意义。

(3) 时期指标数值的大小受时期长短的影响，如一年的总产值必定大于一个月的总产值；而时点指标数值的大小与时点间的间隔长短无直接的关系，如年末的职工人数不一定比某一月末的职工人数多。因此，在应用时期总量指标时，应明确统计数字所属的时期范围。例如，某企业利润额 30 万元，应说明这是哪一段时期的利润。而对时点总量指标，则要注意它的时刻特性。例如，某企业 4 月初职工人数 600 人，指的是 3 月 31 日和 4 月 1 日之交的人数，所以它和上月末人数是同一数字。

三、总量指标的计算

总量指标的计算决不是一个简单汇总的技术问题，而是一个理论问题和实践问题。

首先，必须注意现象的同类性。不同种类的实物总量指标的数值不能加总，只有同类现象才能计算总量。例如，计算工业产品产量时，不能简单地把原煤产量、石油产量、自行车产量、电视机产量等相加；又如，不能把粮食作物和经济作物混合加总。

其次，必须明确每项总量指标的统计涵义。例如，在计算工业总产值、净产值和增加值时，只有明确这些指标的社会经济范畴，然后才能正确计算这些总量指标。

最后，必须做到计量单位一致，即同类现象的总量指标的数值，其计算单位必须一致才能加总，否则，在统计汇总时，先要换算成统一的计量单位。

第二节 相对指标

一、相对指标的意义

现象之间是相互联系的。为了分析现象总体的数量关系，就要将有关的指标加以比较，须运用相对指标。

相对指标是两个有联系的总量指标进行对比的比值，也称为相对数。用来对比的两个数，既可以是绝对数，也可以是平均数和相对数。例如，人口密度是人口数与土地面积两个绝对数之比，等等。

相对指标的主要作用体现在：

(1) 能具体说明现象之间的数量对比关系。总量指标反映现象总的规模、总的水平情况，其发展速度是快、是慢、是大、是小难以看出，而相对指标是把有关指标联系起来进行比较分析，就能把问题的实质和全貌反映出来。例如，计算一个地区第一、第二、第三产业的比例，可以说明该地区社会经济发展的情况；计算人均国民生产总值、人均钢铁产量等指标，可以反映一个国家或地区的国情国力，表明经济实力的相对水平；计算一个企业产品的一级品率，可以从总体上鉴别该企业产品质量的优劣，等等。

(2) 能把现象的绝对差异抽象化，使原来不能对比的统计指标可以进行对比。例如，甲、乙两个企业，甲企业生产服装，乙企业生产化妆品，我们不能根据两企业的生产水平直接评价它们经营的好坏。但是，通过产值计划完成程度、设备利用率、产值发展速度等相对指标，就使它们有了共同的比较基础，从而能相互比较。

二、相对指标的种类

相对指标由于统计研究的目的和任务不同、对比的基础不同，通常分为：计划完成相对数、结构相对数、比例相对数、比较相对数、动态相对数和强度相对数。现将各种相对数的计算方法介绍如下。

(一) 计划完成相对数

1. 计划完成相对数的计算

计划完成相对数是计划期内实际完成数与计划任务数对比的比值，通常以百分数表示，又称计划完成百分比或计划完成程度。其基本计算公式为：

$$计划完成相对数=\frac{实际完成数}{计划数}\times 100\%$$

【例 4-1】 某公司计划2004年销售收入 500 万元，实际销售收入 552 万元。则：

$$计划完成相对数=\frac{552}{500}\times 100\%=110.4\%$$

计算表明，该公司的销售计划完成程度为 110.4%，超额完成计划 10.4%。

【例 4-2】 接上例，同年公司计划 A 产品平均单位成本为每件 365 元，实际平均单位成本为 350 元，则：

$$计划完成相对数=\frac{350}{365}\times 100\%=95.89\%$$

计算表明，该公司 A 产品平均单位成本计划完成程度为 95.89%，超额完成成本计划 4.11%（100% - 95.89%）。

评价一项指标是否完成了计划，完成的程度如何，要具体问题具体分析。对于计划数以最低限额提出的反映收益、产出的指标，如产品产量、产值、销售额、利润额等，其计划完成相对数越大，表示计划完成程度越高；对于计划数以最高限额提出的反映成本、消耗的指标，如单位产品成本、商品流通费用等，其计划完成相对数越小，表示计划完成程度越高。

以上计划任务都是以绝对数的形式提出的。在实际应用中，有时计划任务又以相对数的形式提出，即以要求提高或降低的百分比提出。如劳动生产率提高率计划、成本降低率计划、原材料耗用降低率计划等，为检查这类计划指标的完成程度，又产生了计算计划完成相对数的派生公式。

根据指标性质的不同，派生公式有不同的表达形式。

（1）对于以提高的百分比形式下达的指标，如产值增长率、产量增长率等，检查计划完成程度，计算公式可写成：

$$计划完成相对数=\frac{1+实际增长百分比}{1+计划增长百分比}\times 100\%$$

【例 4-3】 某企业2004年规定产值计划比上年增长 8%，实际比上年增长了 10%，试求该企业产值计划完成相对数。

$$计划完成相对数=\frac{1+10\%}{1+8\%}\times 100\%=101.85\%$$

计算结果表明，该企业 2004 年产值计划完成程度为 101.85%，超额完成计划 1.85%。

（2）对于以降低的百分比形式下达的指标，如成本降低率、费用降低率等指标，检查计划完成程度，计算公式可写成：

$$计划完成相对数=\frac{1-实际降低百分比}{1-计划规定降低百分比}\times 100\%$$

【例 4-4】 某企业2003年 A 产品单位成本为每台 1 200 元，计划要求 2004 年产品单位成本比上年降低 5%，实际降低 6%，试计算：2004 年 A 产品单位成本计划数与实际数；产品单位成本计划完成相对数。

解 2004 年单位成本计划数 = 1200 ×（1 - 5%）= 1140（元）

2004 年单位成本实际数 = 1200 ×（1 - 6%）= 1128（元）

$$计划完成相对数=\frac{1-6\%}{1-5\%}\times 100\%=98.95\%$$

或　计划完成相对数 $=\frac{1128}{1140}\times100\%=98.95\%$

计算结果表明，该企业 2004 年 A 产品单位成本计划完成较好，实际比计划下降了 1.05%。

在应用派生公式计算计划完成相对数时，必须注意不能直接用增加（或降低）的百分数进行对比，否则，其计算结果和意义将完全不同。

2. 长期计划的检查

上述的计划完成相对数的期限一般是一年内的计划。下面以 5 年计划为例来说明长期计划的检查这个问题。根据客观现象的性质不同，5 年计划指标数值的规定有水平法和累计法两种方法，即有的规定计划期末应达到的水平，有的规定全期应完成的累计总数，因而统计上检查 5 年计划的完成情况，亦有水平法和累计法之分。

（1）水平法。水平法是在 5 年计划中只规定最后一年应达到的水平，如钢产量、粮食产量、社会商品零售额等。用水平法检查 5 年计划执行情况的公式为：

$$5\text{年计划完成程度}=\frac{5\text{年计划末年实际达到的水平}}{5\text{年计划规定的末年水平}}\times100\%$$

提前完成 5 年计划的时间：在 5 年中，从前往后考察，只要有连续一年时间（不论是否在一个日历年度，只要连续 12 个月即可）实际完成的水平达到了计划规定的最后一年的水平，就算完成了 5 年计划，所余时间即为提前完成 5 年计划的时间。

【例 4－5】　某产品计划规定第5 年产量 56万吨，实际第 5 年产量 63 万吨，则：

5 年计划完成程度 $=\frac{63}{56}\times100\%=112.5\%$

那么，我们要问，提前多少时间完成计划？

现假定第 4 年、第 5 年各月完成情况如表 4－1 所示。

表 4－1　某产品第 4 年、第 5 年完成情况　　单位：万吨

月份	1	2	3	4	5	6	7	8	9	10	11	12	合计
第 4 年	3.5	3.5	4	3.8	4	3.8	4	4	5	5	5	4	49.6
第 5 年	4	4	4	5	5	5	5	6	6	6	6	7	63

由表 4－1 可知，从第 4 年 9 月～第 5 年 8 月，产量合计为 57 万吨，而从第 4 年 8 月～第 5 年 7 月，产量合计为 55 万吨，因此，当产量达到计划规定的 56 万吨时，时间一定在第 5 年 8 月某一天。现设提前 x 天（指第 5 年 8 月份从后往前数的 x 天），又假定用月资料计算平均数代替每日资料，因要满足连续 12 个月的要求，故列方程如下：

$$\frac{4}{31}x+51+\frac{6}{31}(31-x)=56$$

（56 万吨为第 4 年 9 月～第 5 年 7 月的产量合计）

解得：

$x = 15.5$（天）

计算结果表明，提前 4 个月又 15 天半完成 5 年计划。

（2）累计法。累计法是在 5 年计划规定 5 年累计完成量应达到的水平，如基本建设投资额、新增生产能力、新增固定资产等。用累计法检查 5 年计划执行情况的公式为：

$$5\text{年计划完成程度} = \frac{5\text{年计划期间实际累计完成数}}{5\text{年计划规定的累计数}} \times 100\%$$

提前完成 5 年计划的时间：在 5 年中，从期初往后连续考察，只要实际累计完成数达到计划规定的累计任务数，即为完成 5 年计划，所余时间为提前完成 5 年计划的时间。

【例 4-6】 某5年计划的基建投资总额为 2 200 亿元，5 年内实际累计完成 2 240 亿元，则：

$$5\text{年计划完成程度} = \frac{2240}{2200} \times 100\% = 101.8\%$$

假定 1991—1995 年间基建投资总额计划为 2 200 亿元，实际至 1995 年 6 月底止累计实际投资额已达 2 200 亿元，则提前半年完成计划。

3．计划执行进度的考核

如果实际完成数所包含的时期只是计划期的一部分，这种情况被称为计划执行进度，它不是在计划期末，而是在计划执行的过程中来进行计算的。一般适用于检查计划的执行进度和计划执行的均衡性。其计算公式为：

$$\text{计划执行进度} = \frac{\text{累计完成数}}{\text{全期计划数}} \times 100\%$$

以检查年度计划的进度为例，上式中累计完成数是指从年初至报告期止的逐日、逐月或逐季实际完成的累计数，全期计划数是指全年的计划任务数。以表 4-2 为例来进行说明。

表 4-2　某工业公司三个企业计划完成情况计算表

企业名称	全年计划总产值（万元）	截止到第三季度的累计实际完成产值（万元）	截止到第三季度对全年计划的执行进度（%）
	（1）	（2）	（3）$=\frac{(2)}{(1)}$
甲	6 000	4 590	76.5
乙	4 000	2 980	74.5
丙	1 000	680	68.0
合计	11 000	8 250	75.0

从对全年的计划执行进度来看，截止到第三季度，全年的时间已经过了 3/4，即 75%，各企业和全公司的计划执行情况也应达到这一进度。从表 4-2 可以看出，全公

司的计划执行情况达到了75%的进度要求，但从三个企业来看，发展是不平衡的，尚有乙、丙两个企业未完成累计进度计划，未能达到75%的进度要求，尤其是丙企业，距75%的进度要求还有相当大的差距。可见，丙企业是个薄弱环节。因此，促进丙企业完成累计进度计划是保证全公司完成全年计划的关键。

（二）结构相对数

结构相对数是总体中某部分数值与该总体全部数值的比值。它反映总体内部的构成情况，一般用百分数表示。其计算公式为：

$$结构相对数=\frac{总体某部分数值}{总体全部数值}\times 100\%$$

【例4－7】 某地区2004年国内生产总值为1 841.61亿元，其中第一产业生产总值为88.88亿元，则：

$$第一产业生产总值所占比率=\frac{88.88}{1841.61}\times 100\%=4.83\%$$

（三）比例相对数

比例相对数是同一总体某一部分数值与另一部分数值的比值。它反映总体各部分间的内在联系和比例关系，一般用系数表示。其计算公式为：

$$比例相对数=\frac{总体中某一部分数值}{同一总体另一部分数值}$$

注意：比例相对数的分子分母必须同属一个总体，而且分子与分母的位置可以互换。

【例4－8】 某地区2000年工业总产值为2 106.96亿元，其中轻工业产值为1 397.31亿元，重工业产值为709.65亿元，则：

轻重工业比例＝1 397.31亿元／709.65＝1.97∶1

另外，人口的性别比例、积累与消费比例、固定资产与流动资产的比例等社会活动中许多重大比例关系，都是通过计算比例相对数来反映事物内部各组成部分的内在联系和比例关系的。

（四）比较相对数

比较相对数是不同总体在同一时间的同类指标的比值。它反映不同国家、不同地区或不同单位之间的差异程度，一般用百分数或倍数表示。其计算公式为：

$$比较相对数=\frac{甲地区（单位）某指标数值}{乙地区（单位）同一指标数值}$$

比较相对数与比例相对数类似，分子与分母也可以互换。两者的差别为比例相对数是同一总体的不同部分比较，而比较相对数可以是不同总体的同类指标比较。

【例4－9】 从表4－3数据分析甲、乙两市的经济发展和人民生活水平情况。

表 4－3　2004 年某省两个市有关资料

市名	人口数（万人）	国内生产总值（亿元）	人均国内生产总值（元/人）
甲	725	280	3 862
乙	340	192	5 647
比较相对数（以乙市为 100）	213.24	145.83	68.39

表 4－3 中的数据表明：乙市经济发展和人民生活水平较高。甲市虽然国内生产总值比乙市多 45.83%，但由于甲市的人口数比乙市多 113.24%，所以甲市的人均国内生产总值比乙市少 31.61%。甲市必须在发展生产的同时严格控制人口的增长。

（五）动态相对数

动态相对数是某一现象在不同时期两个指标数值的比率。它反映该现象在时间上的发展变化方向和程度，也称为发展速度和指数。动态相对数将在第五章中讨论。

（六）强度相对数

强度相对数是两个性质不同而又有联系的总量指标的比率。它反映现象的强度、密度和普及程度，是一种特殊形式的相对数。计算公式为：

$$强度相对数=\frac{某一总量指标数值}{另一有联系而性质不同的总量指标数值}$$

强度相对数指标有正指标和逆指标之分。具体分析如下。

【例 4－10】　某城市人口为100万人，有零售商业机构 5 000 个，该市零售商业网点密度指标如下：

$$某市零售商业网点=\frac{5\ 000}{1\ 000\ 000}=0.005（个/人）$$

上述的零售商业网点密度指标是个强度相对数，说明该市每千人中有 5 个零售商业机构为他们服务。这个强度指标的数值越大，表示零售商业网点的密度越大，它是从正方向说明零售商业网点密度的，所以称为强度相对数的正指标。如果把作为对比的分子和分母互换一下，则：

$$某市零售商业网点=\frac{1\ 000\ 000}{5\ 000}=200（人/个）$$

这个强度相对数（200 人/个）指标，说明该市每个零售商业机构所服务的人数是 200 人。指标的数值越大，表示零售商业网点的密度越小，它是从反方向来说明零售商业网点密度的，所以称为强度相对数的逆指标。

强度相对数的表现形式一般有三种：

第一种：用分子与分母形成的复合单位表示，如例 4－10 的表示方法。

第二种：用百分数形式表示。例如，某商场2005年商品销售额为4 500万元，商品流通费用额为360万元，则：

$$商品流通费用率=\frac{360}{4500}\times 100\%=8\%$$

第三种：用单名数表示。例如，某工厂2005年产品销售额收入为4 200万元，流动资金平均占用额为1 050万元，则：

$$该厂全年流动资金周转次数=\frac{4\ 200}{1\ 050}=4（次）$$

三、计算和运用相对数时应注意的问题

（一）注意保持对比指标数值的可比性

由于相对数是两个指标之间的对比，对比结果的正确性直接取决于指标的可比性。例如，计算结构相对数和比较相对数必须是同类现象；计算动态相对数必须是同类现象在不同时期的比较；计算强度相对数必须是有联系的两个总体指标。如果把非同类现象或无联系总体的指标进行对比，便会失去相对数的实际意义，以致得出不正确的结论。所以在计算和应用相对数时，必须注意检查指标的涵义、范围、时间、地点和计算方法是否可比。对于国与国之间的有关指标对比，尤其要注意历史发展的具体条件。

（二）注意同绝对数结合应用

相对数是通过事物间的对比，用一个抽象化的比值来表明其相互关系的。把现象的具体规模和水平进行抽象，就难以反映现象的绝对量差别，为了进一步说明问题，在利用相对数时，要将相对数与绝对数结合运用，进行分析。

（三）注意各种相对数的结合应用

一种相对数只说明某一方面的情况，若把各种相对数指标联系起来研究问题，就可以比较全面地说明所研究现象的特征及其发展的规律性。例如，将动态相对数和结构相对数结合起来计算我国国民经济的发展速度和比例关系，了解我国由于国民经济发展速度的变化所引起的比例关系的变化情况，从而可为宏观经济调控提供科学依据。

第三节　平均指标

一、平均指标的意义

平均指标又称平均数，是最常用的统计指标之一。平均指标是说明同质总体内某一数量标志在一定历史条件下达到的一般水平，是总体的代表值，反映数量分布的集中趋势。如职工的平均工资，商品的平均价格，某个班级“统计学”的平均分数，等等。平均指标有以下的特点。

1．将数量差异抽象化

平均指标是把各个变量之间的差异抽象化了，从而说明总体的一般水平。如某企业的平均工资就是把职工之间不同工资的差异抽象化，用以说明该企业职工工资的一般水平。一般来说，只有数量标志才能求其平均数，品质标志不能计算平均数，但个别能以数量大小来表示其变异的品质标志，如产品质量登记用自然数表示，可求其平均等级指标，以反映质量变动情况。

2．只能就同类现象进行计算

计算平均指标的各单位必须具有同类性质，这是计算平均指标的前提。它意味着只有同质总体计算平均数才有意义。如果把不同性质的个体混杂在一起计算，不能正确反映被研究总体某一标志的一般水平，甚至会歪曲事物的真相。例如，在研究工业企业职工平均货币工资时，不能将农民收入和个体经营者收入包括在内计算，也不能把职工的非工资收入包括在内，否则就会夸大或缩小职工平均货币工资水平，以致作出错误的判断和分析。

3．能反映总体变量值的代表水平

平均数反映被研究总体的一般水平，它反映的是事物的共性，是总体的代表值，具有代表性。在社会经济活动中，要研究总体的综合特征和总体的一般水平，必须计算平均数。个别单位的标志值，只反映个别单位的数量特征，不能代表总体的数量特征。例如，某机械厂去年采购某种电子元件共 8 万件，支付采购款共 2 800 万元，该电子元件的平均采购价格为每只 350 元。但该电子元件是分批采购的，采购单价各不相同，有的高达每只 500 元，有的却低至每只 180 元。这里，最高采购价格和最低采购价格都不能代表该机械厂去年这种电子元件采购价的一般水平，只有平均采购价格 350 元才能代表该厂去年电子元件采购价的一般水平。

在统计研究中，常用的平均指标有算术平均数、调和平均数、众数、中位数和四分位数等。算术平均数、调和平均数是根据分布数列中各单位的标志值计算而来的，称数值平均数；众数、中位数和四分位数是根据分布数列中某些标志值所处的位置来确定的，称位置平均数。各种平均指标不仅计算方法不同，而且指标的涵义、应用场合、应用条件也有所不同，下面将依次进行介绍。

二、数值平均数——算术平均数、调和平均数

（一）算术平均数

算术平均数是一种应用最广泛、最基本的平均数。其基本计算形式为：

$$\text{算术平均数}=\frac{\text{总体标志总量}}{\text{总体单位总数}}$$

在运用以上公式计算平均数时，要注意分子和分母在总体范围的可比性，就是两者必须属于同一总体，这也是算术平均数和强度相对数的区别所在。前面介绍的强度相对数是两个有联系的指标之比，往往也具有平均的意味，但公式中的分子和分母不属于同

一个总体。例如，人均粮食消费量是平均数指标，人均粮食产量却是强度相对数指标，二者在表现形式上虽然十分相似，在实质上却有很大区别。

算术平均数由于掌握的资料不同，可分为简单算术平均数和加权算术平均数两种。

1. 简单算术平均数

如果掌握的资料是总体各单位的标志值，而且没有经过分组，则可先将各单位的标志值相加得出标志总量，然后再除以总体单位数，这种计算平均数的方法称为简单算术平均法，这样计算的平均数为简单算术平均数。

为了说明算术平均数的计算，以例 4－11 的数据来加以说明。

【例 4－11】 假设某大学的就业办公室给商学院的毕业生们发了一份调查表，调查学生对起薪要求的信息。表 4－4 显示了收集到的数据。

表 4－4 12 个毕业生每月起薪的数据

毕业生	月薪（元）	毕业生	月薪（元）	毕业生	月薪（元）
1	2 350	5	2 255	9	2 440
2	2 450	6	2 210	10	2 825
3	2 550	7	2 390	11	2 420
4	2 380	8	2 630	12	2 380

12 个毕业生每月起薪的平均数计算如下：

$$\frac{2\ 350+2\ 450+2\ 550+2\ 380+2\ 255+2\ 210+2\ 390+2\ 630+2\ 440+2\ 825+2\ 420+2\ 380}{12}$$

$=2\ 440$（元）

上述计算方法用公式表示则为：

$$\overline{x}=\frac{x_1+x_2+\cdots+x_n}{n}=\frac{\sum x_i}{n}$$

式中：$\overline{x}$ 为算术平均数；n 为变量个数。

2. 加权算术平均数

当被研究的现象总体单位数相当多，而且各单位又有相同或相近的标志值时，在资料整理过程中，往往将其分组并编制成变量数列。在这种情况下，掌握的资料是经过分组整理编成的变量数列，则需要采用加权算术平均数的方法计算算术平均数。具体方法是：①将各组标志值分别乘以相应的频数求得各组的标志总量，并加总得到总体标志总量；②将各组的频数加总，得到总体单位总数；③用总体标志总量除以总体单位总数，即得加权算术平均数。

由于变量数列有单项数列和组距数列之分，所以它们的计算方法也不同。下面分别介绍根据单项数列和根据组距数列计算加权算术平均数的方法。

(1) 根据单项数列计算加权算术平均数。

为了说明这种方法的应用，我们来看看下面的例子。

【例 4－12】 某机械修配厂有50个工人，他们每人每日加工的某种零件数如表 4－5 所示。

表 4－5 某厂工人日产量统计表

工人按日产量零件分组 x	工人数（人） f	总产量（件） xf
20	1	20
21	4	84
22	6	132
23	8	184
24	12	288
25	10	250
26	7	182
27	2	54
合计	50	1 194

则：

$$\text{工人平均日产量}=\frac{20\times1+21\times4+22\times6+23\times8+24\times12+25\times10+26\times7+27\times2}{1+4+6+8+12+10+7+2}$$

$$=\frac{1194}{50}=23.88\text{（件）}$$

上式如以 x 代表变量（在本例即为日产件数）；f 代表次数，也称频数（在本例即为工人数），用公式可表示为：

$$\overline{x}=\frac{x_1f_1+x_2f_2+\cdots+x_nf_n}{f_1+f_2+\cdots+f_n}=\frac{\sum x_i f_i}{\sum f_i} \qquad (4-1)$$

式中：$\sum f_i$ 为总体单位总数，亦称总次数或总权数。

从上述计算公式可看出：平均日产件数的大小，不仅取决于各组变量值（x_i）的大小，同时也决定于各组单位数（f_i）即各个变量个数的多少，某组出现次数多，平均数受该组的影响就较大；反之，次数少，对平均数的影响也小。次数（f_i）在这里起着权衡轻重的作用，所以，统计上把次数称为权数。用加权方法计算的算术平均数叫做加权算术平均数。

如果各组次数相等，则各组单位数占总体单位数的比率相等，即各组比率权数相等，则对各组标志值来说就失去了权衡轻重的作用，也就是说当各组次数相等时，加权算术平均数等于它的简单算术平均数。用公式表示如下：

$$f_1=f_2=\cdots=f_n=A$$

$$\overline{x}=\frac{\sum x_i f_i}{\sum f_i}=\frac{x_1f_1+x_2f_2+\cdots+x_nf_n}{f_1+f_2+\cdots+f_n}=\frac{x_1A+x_2A+\cdots+x_nA}{\underbrace{A+A+\cdots+A}_{n个}}$$

$$=\frac{A\sum x_i}{nA}=\frac{\sum x_i}{n} \qquad (4-2)$$

【例 4-13】 某工厂乙车间200名工人日加工零件数量如表 4-6 所示。

表 4-6 某厂工人日加工零件统计表

零件数（件） x	工人数（人） f	总产量（件） xf
30	40	1 200
32	40	1 280
34	40	1 360
35	40	1 400
36	40	1 440
合计	200	6 680

将上例数据代入公式（4-1）得：

$$\overline{x}=\frac{\sum x_i f_i}{\sum f_i}=\frac{6\ 680}{200}=33.4\text{（件）}$$

代入（4-2）式得：

$$\overline{x}=\frac{\sum x_i}{n}=\frac{30+32+34+35+36}{5}=\frac{167}{5}=33.4\text{（件）}$$

实例也验证了二者计算结果完全一致。同时，它也说明简单算术平均数是加权算术平均数的特例，各组权重均为 1。

有时候，掌握的变量数列中的各组单位数不是绝对数（频数）的形式，而是以各组单位数所占比率（频率）的形式出现时，也可直接用比率权数计算加权算术平均数。

权数采用频率的形式计算时，表现为：$\overline{x}=\sum x_i\cdot\frac{f_i}{\sum f_i}$。用频率作权数计算的结果和直接用次数作权数计算的结果是完全一致的，即$\frac{\sum x_i f_i}{\sum f_i}=\sum x_i\cdot\frac{f_i}{\sum f_i}$。现在仍以表 4-6 的资料为例，用权数系数形式计算加权算术平均数，见表 4-7。

第四章 静态分析指标

表 4-7 某厂工人生产情况

工人按日产量零件分组 x	工人数（人）		$x \cdot \frac{f}{\sum f}$
	绝对数 f	频率 $f/\sum f$	
20	1	0.02	0.40
21	4	0.08	1.68
22	6	0.12	2.64
23	8	0.16	3.68
24	12	0.24	5.76
25	10	0.20	5.00
26	7	0.14	3.64
27	2	0.04	1.08
合计	50	1.00	23.88

$$\overline{x} = \sum x_i \cdot \frac{f_i}{\sum f_i} = 23.88\text{（件）}$$

其计算结果与用次数公式计算的结果完全一样。

（2）根据组距数列计算加权算术平均数。如果掌握的资料是组距变量数列，则计算算术平均数的方法与上述方法基本相同，所不同的只是要利用各组的组中值进行计算。具体方法是必须先算出组距数列各组的组中值，以各组组中值代表该组的标志值，然后再来计算加权算术平均数。举例见表 4-8。

表 4-8 某企业工人日产量的算术平均数计算表

按日产量分组（kg）	工人数（人）f	组中值 x	总产量（件）xf
60 以下	10	55	550
60～70	19	65	1 235
70～80	50	75	3 750
80～90	36	85	3 060
90～100	27	95	2 565
100～110	14	105	1 470
110 以上	8	115	920
合计	164	—	13 550

工人平均日产量 $=\frac{13\ 550}{164}=82.62$（kg）

有必要提一下，这种计算方法具有一定的假定性。既假定各单位标志值在组内是均匀分配的，但实际上要使分配完全均匀是不可能的。这样，用组中值计算出来的算术平均数也就带有近似值的性质。还要指出，根据组距数列计算算术平均数时，有时往往会遇到开口组，如表 4-8 中，第一组的 60kg 以下及最后一组的 110kg 以上，这时一般假定它们同邻组组限相仿来计算组中值。因此，根据开口组计算的算术平均值就更有假定性。尽管如此，但就整个数列来看，由于分组引起的影响变量数值高低的各种因素会起到相互抵消的作用，所以，由此计算的平均数仍然具有足够的代表性。

综上所述，加权算术平均数与简单算术平均数不同之处在于：加权算术平均数受到两个因素影响，即变量值大小和次数多少的影响；而简单算术平均数只受反映变量值大小这一因素的影响。

另外，在运用算术平均数作统计分析时，还应该注意到算术平均数容易受极端值的影响。当一个总体中，各总体单位标志值中有极大或极小值时，平均数的代表性就会受到很大影响。因此，统计实务中，往往将总体中的极端值剔除后，再计算算术平均数，以提高算术平均数的代表性。

3. 算术平均数的两个主要数学性质

在实际应用中，为了更好地计算、分析算术平均数，有必要了解算术平均数的数学性质。

(1) 各个变量值与其算术平均数的离差之和等于零。

简单算术平均数： $\sum(x_i-\overline{x})=0$

加权算术平均数： $\sum(x_i-\overline{x})f=0$

(2) 各个变量值与其算术平均数的离差平方之和等于最小值。

简单算术平均数： $\sum(x_i-\overline{x})^2=$ 最小值

加权算术平均数： $\sum(x_i-\overline{x})^2f=$ 最小值

(二) 调和平均数

调和平均数是平均指标的一种，又称“倒数平均数”，它是各个变量值倒数的算术平均数的倒数。

由于所得资料的具体内容不同，调和平均数也有简单调和平均数和加权调和平均数两种。下面分别举例进行介绍。

1. 简单调和平均数

其计算的基本公式为：

$$H=\frac{1}{\dfrac{\dfrac{1}{x_1}+\dfrac{1}{x_2}+\cdots+\dfrac{1}{x_n}}{n}}=\frac{n}{\dfrac{1}{x_1}+\dfrac{1}{x_2}+\cdots+\dfrac{1}{x_n}}=\frac{n}{\sum\dfrac{1}{x_i}}$$

式中：H 代表调和平均数；x_i 代表各单位标志值；n 代表标志值的项数。

【例 4－14】 轮船从甲地开往乙地，去时顺水行舟，船速 100km/h，返回时逆水行舟，船速 80km/h，求往返的平均船速。

因为顺水行舟时速为 100km，所以每千米需要 $\frac{1}{100}$h，而逆水行舟时速为 80km，所以每千米需要 $\frac{1}{80}$h。

又因为来回路程是相同的，所以平均每千米需要的时间应该为 $\frac{\frac{1}{100}+\frac{1}{80}}{2}$h，则轮船的平均时速应是求调和平均数的问题，即：

$$H=\frac{1}{\frac{\frac{1}{100}+\frac{1}{80}}{2}}=\frac{2}{\frac{1}{100}+\frac{1}{80}}=88.89\ (\text{km/h})$$

2. 加权调和平均数

若各变量值对平均数起的作用大小不同，则应对各变量值赋以不同的权数，这时计算加权调和平均数。其基本公式为：

$$H=\frac{f_1+f_2+\cdots+f_n}{\frac{f_1}{x_1}+\frac{f_2}{x_2}+\cdots+\frac{f_n}{x_n}}=\frac{\sum f_i}{\sum\frac{1}{x_i}f_i}$$

式中：f_i 为权数。

【例 4－15】 某公司某月购进同一种商品三批，每批的单位价格以及购进总额如表 4－9 所示，求这三批商品的平均价格。

表 4－9 购进商品的平均价格计算表

商品	价格（元/件） x	购进总额（元） $xf=m$	购进量（件） xf/x
第一批	18	3 600	200
第二批	15	7 500	500
第三批	12	1 200	100
合计	—	12 300	800

平均价格
$$H=\frac{\sum f_i}{\sum\frac{f_i}{x_i}}=\frac{12\ 300}{800}=15.40\ (\text{元/件})$$

值得一提的是，在现实生活中，直接用调和平均数的情况很少，而在社会经济统计学中经常用到的仅是一种特定权数的加权调和平均数，一般是把它作为算术平均数的变形来使用的，而且两者计算的结果是相同的，仅计算的过程不同而已。即有以下数学关系式成立：

$$\overline{x}=\frac{\sum x_i f_i}{\sum f_i}=\frac{\sum x_i f_i}{\sum \frac{1}{x_i}x_i f_i}=\frac{\sum m_i}{\sum \frac{m_i}{x_i}}=H$$

式中：$m=xf$，$f=\frac{m}{x}$。m 是一种特定权数，它不是各组变量值出现的次数，而是各组标志总量。但是 m 具有加权算术平均数权数的数学性质，即各组权数 m 同时扩大或缩小若干倍数，平均数值不变。

上例中，用加权算术平均数求平均价格，则：

$$\overline{x}=\frac{\sum x_i f_i}{\sum f_i}=\frac{18\times 200+15\times 500+12\times 100}{200+500+100}=15.4\text{（元/件）}$$

由此可见，调和平均数作为算术平均数的变形，虽然它与算术平均数计算方法不同，但其实质一样，都是标志总量除以总体总量，计算的结果也完全相同。所以有的统计学家并不主张调和平均数独立成为一种算术平均数。

在由相对数或平均数计算平均数时，要判断在什么情况下可以采用算术平均数或调和平均数的问题，关键在于以算术平均数的基本公式为依据。如果所掌握的权数资料是基本公式的母项数值，则直接采用加权算术平均数形式；如果所掌握的权数资料是基本公式的子项数值，则须采用调和平均数形式。总之，采用何种平均数形式时应根据所掌握的资料条件来决定。

三、位置平均数——众数、中位数、四分位数

（一）众数

1. 众数的概念

众数是总体中出现次数最多的标志值，通常以 M_0 来表示。它能直观地说明数据分布中的集中趋势。众数是一个位置平均数，不受总体内极端标志值的影响。在实际工作中，有时要利用众数代替算术平均数来说明社会经济现象的一般水平。例如，集贸市场上某种商品一天的价格可能有几次变化，其中成交量最多的那一个价格就是众数价格；又如，在大批量生产的女式皮鞋中，有多种尺码，假设其中 37 码是销售量最多的尺码，则这个 37 码就是众数，可代表女式皮鞋尺码的一般水平，宜大量生产，而其余尺码生产量就要相应少一些，这样才能满足市场上大部分消费者的需要。

众数是质量数据位置的一个测度。我们来看看如表 4－10 所示的购买软饮料的频数数据。

表 4-10 人们购买软饮料的频数

软饮料种类	频数	软饮料种类	频数
可口可乐	19	百事可乐	13
健怡可乐	8	雪碧	5
彭伯碳酸饮料	5	芬达	7

从表中数据可知，众数也就是最经常购买的软饮料可口可乐。对于这种类型的现象来说，很显然，计算平均数没有什么意义。众数提供了所关心的信息，即频繁购买的饮料。

如果变量数列中出现两个或多个相同的最多次数时，应先检查总体各单位是否属于同一类型。若属同一类型，那就是复众数（双峰或多峰）；当变量数列各组次数都相等时，表明该资料无众数。因此，计算众数是有一定条件的，即总体的单位数较多，各标志值的次数分配又有明显的集中趋势。如果总体单位数很少，尽管次数分配较集中，那么计算出来的众数意义不大；如果总体单位数较多，但次数分配不集中，即各单位的标志值在总体中出现的比率较均匀，那么也无所谓众数。

2. 众数的计算方法

为了说明众数的确定方法，我们举例介绍如下。

（1）单项数列确定众数的方法。若掌握资料为单项数列，则可以对次数进行观察，出现次数最多的标志值就是众数。

【例 4-16】 设某商店某月女式棉毛衫销售量情况如表4-11 所示，试确定棉毛衫尺码的一般水平。

表 4-11 女式棉毛衫销售情况

尺码（cm）	销售量（件）	比率（%）	尺码（cm）	销售量（件）	比率（%）
80	6	5	100	12	10
85	8	15	105	6	5
90	48	40			
95	30	25	合计	110	100

因为 90cm 的销售量 48 件，占 40%，为最多，所以尺码的众数 $M_0=90$（cm）。

（2）组距数列确定众数的方法。若掌握资料为组距数列，则可以通过观察次数，首先由最多次数来确定众数所在组，然后通过公式推算众数的近似值。其计算公式有上限公式和下限公式，现分别介绍如下：

下限公式：
$$M_0 = L + \frac{\Delta_1}{\Delta_1 + \Delta_2} \cdot d$$

上限公式：
$$M_0 = U - \frac{\Delta_2}{\Delta_1 + \Delta_2} \cdot d$$

式中：L，U 分别表示众数组的下限、上限；

Δ_1 表示众数组次数与以前一组次数之差；

Δ_2 表示众数组次数与以后一组次数之差；

d 为众数组组距。

众数的上限公式和下限公式是等价的，用两个公式计算结果完全相同，但一般采用下限公式。下面举例说明组距数列计算众数的方法。

【例 4－17】 根据某股份公司员工的月工资资料表4－12，计算该公司员工平均月工资额的众数。

表 4－12 某股份公司员工的月工资资料表

月工资额（元）	工人数（人）	月工资额（元）	工人数（人）
1 000～1 200	240	1 800～2 000	270
1 200～1 400	480	2 000～2 200	210
1 400～1 600	1 050	2 200～2 400	120
1 600～1 800	600	2 400～2 600	30

解：首先确定众数分组：次数最多者是 1 050 人，即众数组对应的标志值为 1 400～1 600 元。

然后用公式计算众数的近似值。

按下限公式：

$$M_0 = L + \frac{\Delta_1}{\Delta_1 + \Delta_2} \cdot d = 1\,400 + \frac{1\,050 - 480}{(1\,050 - 480) + (1\,050 - 600)} \times (1\,600 - 1\,400)$$
$$= 1\,511.8(\text{元})$$

或按上限公式：

$$M_0 = U - \frac{\Delta_2}{\Delta_1 + \Delta_2} \cdot d = 1\,600 - \frac{1\,050 - 600}{(1\,050 - 480) + (1\,050 - 600)} \times (1\,600 - 1\,400)$$
$$= 1\,511.8(\text{元})$$

计算结果说明该公司员工平均月工资额的众数为 1 511.8 元，无论用下限公式还是用上限公式，都可以得到相同的结果。

（二）中位数

1．中位数的概念

如果将总体各单位标志值按大小顺序排列，居于中间位置的那个标志值就是中位数。通常以符号 M_e 表示。可见，中位数把全部标志值分成两个部分，一半标志值比它小，而且比它大的标志值个数等于比它小的标志值。中位数和众数一样，也是位置平均数，有时可代替算术平均数来反映现象的一般水平。

2. 中位数的计算方法

（1）由未分组资料确定中位数。首先对某个标志值按大小顺序资料加以排列，然后用下列公式确定中位数的位置。

$$\text{中位数的位置} = \frac{n+1}{2}，（n\ \text{代表总体单位数}）$$

如果总体单位数是奇数，则居于中间位置的那个单位的标志值就是中位数。

【例 4－18】 有5个工人生产某产品的件数，按序列排列如下：

20，23，26，29，30

$$\text{中位数位置} = \frac{n+1}{2} = \frac{5+1}{2} = 3$$

这表明第 3 位工人日产 26 件产品为中位数，即 $M_e = 26$（件）。

如果总体单位数是偶数，则居于中间位置的两项标志值的算术平均数是中位数。

【例 4－19】 例 4－18 中，假如有 6 个工人生产产品件数排序如下：

20、23、26、29、30、32

$$\text{中位数位置} = \frac{n+1}{2} = \frac{6+1}{2} = 3.5$$

这表明中位数是第三至第四人的算术平均数，即

$$M_e = \frac{26+29}{2} = 27.5\text{（件）}$$

（2）由单项数列确定中位数。由单项数列确定中位数的方法比较简单：①求中位数位置，中位数位置 $= \dfrac{\sum f_i + 1}{2}$（$\sum f$ 为总体单位数之和）；②计算各组的累计次数（向上累计次数或向下累计次数）；③根据中位数位置找出中位数。

【例 4－20】 企业两组工人生产零件数资料如表4－13所示，求中位数。

表 4－13 工人按生产零件数分组表

按生产零件数分组（件/日）	工人数（人）		累计（人）	
	甲组	乙组	甲组	乙组
20	10	15	10	15
21	20	20	30	35
22	30	30	60	65
23	20	32	80	97
24	15	19	95	116
25	5	14	100	130
合计	100	130	—	—

甲组工人生产零件的中位数为：$\frac{\sum f_i+1}{2}=\frac{100+1}{2}=50.5$，说明它位于第 50 个与 51 个工人之间。根据累计次数可知，第 50 个与 51 个工人都在第三组，其标志值相同，都为 22 件，因此不需再做平均计算就可确定中位数为 22 件。

乙组的中位数位置为：$\frac{130+1}{2}=65.5$，说明它位于第 65 与 66 个工人之间。对照累计次数可知，这两个工人分别属第三组与第四组，因此应取这两组标志值的算术平均数为中位数，即中位数为$\frac{22+23}{2}=22.5$ 件。

（3）由组距数列确定中位数。由组距数列确定中位数，应先按$\frac{\sum f_i}{2}$的公式近似地求出中位数所在组的位置，然后通过公式计算确定中位数的值。其计算公式如下：

下限公式（向上累计时用）：

$$M_e=L+\frac{\frac{\sum f_i}{2}-S_{m-1}}{f_m}\cdot d$$

上限公式（向下累计时用）：

$$M_e=U-\frac{\frac{\sum f_i}{2}-S_{m+1}}{f_m}\cdot d$$

式中：f_m 为中位数所在组的次数；S_{m-1}为中位数所在组以前各组的累计次数；S_{m+1}为中位数所在组以后各组的累计次数。

【例 4－21】 仍以表4－8资料为例，整理如表 4－14 所示。

表 4－14 某企业工人日产量的中位数计算表

按日产量分组（kg）	工人数（人）	向上累计次数	向下累计次数
60 以下	10	10	164
60～70	19	29	154
70～80	50	79	135
80～90	36	115	85
90～100	27	142	49
100～110	14	156	22
110 以上	8	164	8
合计	164	—	—

中位数位置 $=\frac{\sum f_i}{2}=\frac{164}{2}=82$，这说明这个组距数列中的第 82 位工人的日产量是中位数。从累计（两种方法）工人数中可见，第 82 位工人被包括在第 4 组，即中位数在 80～90 组距内。以下用公式计算中位数：

按下限公式：

$$M_e = L + \frac{\frac{\sum f_i}{2} - S_{m-1}}{f_m} \cdot d = 80 + \frac{\frac{164}{2} - 79}{36} \times 10 = 80.83 \text{（kg）}$$

按上限公式：

$$M_e = U - \frac{\frac{\sum f_i}{2} - S_{m+1}}{f_m} \cdot d = 90 - \frac{\frac{164}{2} - 49}{36} \times 10 = 80.83 \text{（kg）}$$

计算结果说明工人日产量中位数为 80.83kg，无论用下限公式还是用上限公式，都可以得到相同的结果。

（三）四分位数

1．四分位数的概念

有时需要把一个变量数列分为四等分，各部分包含大约 1/4（或 25%）的变量值，形成三个分割点（Q_1、Q_2、Q_3），这三个分割点的数值就称为四分位数。其中第二个四分位数 Q_2 就是中位数 M_e。

2．四分位数的计算

（1）根据未分组资料求四分位数。如果掌握的资料是没有经过分组的，那么先把数据按顺序排列，然后按下列方法确定各四分位数的位置。

Q_1 的位置 $=\frac{n+1}{4}$

Q_2 的位置 $=M_e=\frac{2(n+1)}{4}$

Q_3 的位置 $=\frac{3(n+1)}{4}$

式中：n 为变量值的项数。

【例 4－22】 某数学补习小组11人的年龄（岁）为：17，19，22，24，25，28，34，35，36，37，38。求四分位数。

解 Q_1 的位置 $=\frac{n+1}{4}=\frac{11+1}{4}=3$，则 $Q_1=22$（岁）；

Q_2 的位置 $=M_e=\frac{2(n+1)}{4}=\frac{2(11+1)}{4}=6$，则 $Q_2=28$（岁）；

Q_3 的位置 $=\frac{3(n+1)}{4}=\frac{3(11+1)}{4}=9$，则 $Q_3=36$（岁）

计算结果表明，该小组有 25% 的人年龄小于 22 岁，有 25% 的人年龄在 22～28 岁之间，有 25% 的人年龄在 28～36 岁之间，另外 25% 的人年龄大于 36 岁。

（2）根据分组资料求四分位数。其步骤是：

① 确定 Q_1 与 Q_3 的位置：

$$Q_1 \text{的位置}=\frac{\sum f_i}{4}；\quad Q_3 \text{的位置}=\frac{3\sum f_i}{4}$$

② 求向上累计次数，在累计次数中找 Q_1 与 Q_3 所在组。若是单项数列，则 Q_1 与 Q_3 所在组的标志值就是 Q_1 与 Q_3 的数值；若是组距数列，确定了 Q_1 与 Q_3 所在组后，还要用以下下限公式求近似值：

$$Q_1 = L_1 + \frac{\frac{\sum f_i}{4} - S_{m_{1-1}}}{f_1} \cdot d_1$$

$$Q_3 = L_3 + \frac{\frac{3\sum f_i}{4} - S_{m_{3-1}}}{f_3} \cdot d_3$$

Q_2 的确定方法与中位数相同。

式中：L_1，L_3 分别为 Q_1 与 Q_3 所在组的下限；f_1，f_3 分别为 Q_1 与 Q_3 所在组的次数；d_1，d_3 分别为 Q_1 与 Q_3 所在组的组距；$S_{m_{1-1}}$，$S_{m_{3-1}}$ 分别为 Q_1 与 Q_3 所在组以前一组的累计次数；$\sum f_i$ 为总次数。

现仍用前述表 4－14 资料，说明其计算方法。

【例 4－23】 利用表4－14资料计算四分位数。

表 4－14 某企业工人日产量的中位数计算表

按日产量分组（kg）	工人数（人）	向上累计次数	向下累计次数
60 以下	10	10	164
60～70	19	29	154
70～80	50	79	135
80～90	36	115	85
90～100	27	142	49
100～110	14	156	22
110 以上	8	164	8
合计	164	—	—

①计算 Q_1、Q_2、Q_3 的位置：

Q_1 的位置 $=\frac{164}{4}=41$，则 Q_1 在第三组，即 70～80kg 组；

Q_2 的位置 $= M_e$ 的位置 $=\frac{\sum f_i}{2}=\frac{164}{2}\doteq 82$，则 Q_2 在第四组，即 80～90kg 组；

Q_3 的位置 $=\frac{3\times 164}{4}=123$，则 Q_3 在第五组，即 90～100kg 组。

②计算 Q_1、Q_2、Q_3 的近似值：

$$Q_1=70+\frac{\frac{164}{4}-29}{50}\times 10=72.40\text{（kg）}$$

$$Q_2=M_e=80+\frac{\frac{164}{2}-79}{36}\times 10=80.83\text{（kg）}$$

$$Q_3=90+\frac{\frac{3\times 164}{4}-115}{27}\times 10=90+2.96=92.96\text{（kg）}$$

计算结果表明有 25% 的工人日产量小于 72.40kg，有 25% 的工人日产量分布在 72.40～80.83kg 之间，有 25% 的工人日产量分布在 80.83～92.96kg 之间，25% 的工人日产量大于 92.96kg。

由此可见，通过四分位数，可以将研究总体频数分配的集中状况反映得更加清晰。另外，将四分位数与算术平均数结合起来，还可以分析频数分配的偏度。所以四分位数也是描述频数分配集中趋势的一个重要指标。

四、平均指标的应用原则

平均指标在统计分析中应用十分广泛，为了正确计算并充分发挥其作用，在具体应用时应注意以下几个问题。

（一）平均指标只能运用于同质总体

总体的同质性是计算平均指标的前提。平均数之所以能作为总体的代表值，是因为总体各单位间具有某种性质的一致性，只有同质总体计算出来的平均数，才能真正反映事物的真实情况和本质。因此不能把不同质的总体单位标志值加以平均，也不能把不同性质的标志值加在一起平均，否则会歪曲事物的真相。例如，计算 04 级会计 A 班统计学的平均分时，既不能把其他班级学生的统计学分数包括在内，也不能包括该班学生其他学科的成绩，否则计算出来的平均分就不能真正反映该班的统计学分数的平均水平。

（二）与组平均数结合应用说明总平均数

许多平均指标的计算，是在科学分组基础上进行的。平均指标虽然是在同质的前提下计算出来的，但它掩盖了总体内部的差别。因此，在利用总平均数进行统计分析时，还要计算组平均数，以补充说明总平均数，以便进一步深入地反映被研究现象的特征和内部结构的影响。

例如，某工厂甲、乙两个车间工人上月劳动生产率（平均每人日产量）资料如表

4－15所示。

表 4－15 甲、乙两车间工人日产量表

工人按熟练程度分组	甲车间			乙车间		
	工人数（人）	总产量（件）	劳动生产率（件/人）	工人数（人）	总产量（件）	劳动生产率（件/人）
熟练工	30	3 000	100	20	2 080	104
非熟练工	10	600	60	20	1 280	64
合计	40	3 600	90	40	3 360	84

计算结果表明，甲车间的总平均劳动生产率高于乙车间，但从组平均数来看，乙车间的熟练工和非熟练工的平均生产率都高于甲车间。这里，组平均数和总平均数之所以不一致，完全是因为两个车间的熟练工所占比率不同所致。总平均数反映了车间的平均劳动生产率，却掩盖了熟练工与非熟练工之间在劳动生产率方面的差异。为了更深入地研究两个车间的工人的劳动生产率水平，不仅要比较两个车间的总平均劳动生产率，还必须计算各组工人的平均劳动生产率，以组平均数补充说明总平均数，并分析内部结构变动对总平均数的影响程度。

（三）用分配数列补充说明平均数

平均数只是说明现象的共性，即一般水平，而把总体各单位数量标志值的差异给抽象化了，掩盖了总体各单位的差异及其分配情况。为了比较深入地说明问题，在利用平均数对现象进行分析时，还要结合原来的分配数列，分析平均数在原数列中所处位置，以及各单位标志值在平均数上下的分配情况。

例如，某工业部门 100 个企业年利润计划完成程度资料如表 4－16 所示。

表 4－16 某工业部门各企业年利润计划完成程度情况

按计划完成程度分组（%）	企业数	按计划完成程度分组（%）	企业数
85～89.9	2	105～109.9	30
90～94.9	8	110～114.9	10
95～99.9	10		
100～104.9	40	合计	100

根据表 4－16 资料，该数列的平均计划完成程度是 103.35%。总平均数把企业总体分成先进和落后两部分，表中有 20 个企业（即 20%）没有完成计划，为落后企业。

第四节 变异指标

一、变异指标的意义

前面讲述的平均指标，是将总体中各单位的标志值差异抽象化，以反映各单位在这一标志上的一般水平。通过它只看出被研究现象的共性，而看不出差异性。但是在同质总体中各单位标志值的差异总是客观存在的，因此，有必要进一步对被抽象化的各单位标志值的变异程度进行测定。

（一）变异指标的概念

变异指标是综合反映总体中各单位标志值差异程度的统计指标，又称离散程度或离中程度指标。

（二）变异指标的作用

（1）变异指标是评价平均数代表性的依据。变异指标愈大，平均数代表性愈小；反之平均数代表性愈大。

【例 4－23】 某车间有3个生产小组，都是 5 名工人，各人日产件数如下：

甲组 24，24，24，24，24

乙组 20，22，25，26，27

丙组 10，20，25，30，35

可以求得这三组的平均每人日产量都是相等的，即 $\overline{x}_{甲}=\overline{x}_{乙}=\overline{x}_{丙}=24$（件）。但各组的离散程度大小不同，意味着平均数的代表性不同。甲组工人日产量均为 24 件，与平均数离差为 0，平均数有完全的代表性；乙组各工人日产件数相差不大，分布相对集中，各标志值与平均数的离差较小，平均数有一定的代表性，但不及甲组平均数的代表性高；而丙组各工人日产件数相差很大，最多的为 35 件，而最小的为 10 件，分布很分散，其平均数的代表性比甲、乙组的都差。

（2）变异指标可用来反映现象发展过程的均衡性或协调性以及稳定性程度。

【例 4－24】 甲、乙两钢厂某年第一季度供货计划完成情况见表 4－17 所示。

表 4－17 甲、乙两钢厂某年第一季度供货计划完成程度统计表

工厂	供货计划完成百分比（%）			
	季度总供货计划执行结果	1 月	2 月	3 月
甲	100	32	34	34
乙	100	20	30	50

从表 4－17 资料看出：两厂供货计划虽然都已完成了，但计划执行的均衡性不同，

甲厂按月均衡地完成了规定的季度供货计划，而乙厂则前松后紧，1、2 月份总共完成计划的 50%，3 月份再完成计划的 50%，计划的执行非常缺乏均衡性。

又如，对一批产品的质量指标测定其变异程度，如电灯泡的耐用时间、轮胎的行驶里程等，如果变异程度大，则说明产品质量不稳定；如果变异程度小，则产品质量显得稳定。

测定变异程度的指标主要有极差、平均差、标准差和变异系数等。

二、变异指标的计算方法

（一）极差

极差又称全距，它是总体各单位标志的最大值和最小值之差，用以说明标志值变动范围的大小，通常用 R 表示极差。即：

$$R = x_{\max} - x_{\min}$$

【例 4-25】 例4-23所举甲、乙、丙三个生产小组工人日产量的平均数都是 24 件，而极差分别为：

甲组日产件数的 $R=0$（件）

乙组日产件数的 $R=27-20=7$（件）

丙组日产件数的 $R=35-10=25$（件）

从 R 的计算可看出，乙组工人日产量差异大于甲组工人日产量差异，丙组工人日产量差异大于甲、乙组工人日产量差异。极差值愈小，反映变量值愈集中，变异程度愈小；极差值愈大，反映变量值愈分散，则变异程度愈大。

根据组距数列求极差，可以用最高组的上限与最低组的下限之差来求极差的近似值。但当有开口组时，只能依据分组前原始数据中极端值求极差。

【例 4-26】 某车间工人日产量资料如表4-18所示。

表 4-18 某车间工人日产量表

日产量（件）	工人数（人）
5～10	10
10～20	24
20～30	40
30～40	20
40～50	6
合计	100

最高上限＝50，最低下限＝5

$$R = 50 - 5 = 45\text{（件）}$$

由极差的概念和计算方法，我们可以看出极差的计算十分方便，也易于理解。在工业生产过程中，极差常被用来检查产品质量的稳定性和进行质量控制。在正常生产条件下，产品的质量性能指标（如强度、浓度、长度等）的误差总在一定范围内波动，如果误差超出了一定范围，就说明生产可能出现问题。利用极差指标可以及时发现生产中存在的问题，从而采取相应措施，保证产品的质量。

但极差这个指标很粗略，它只考虑数列两端数值差异，而不管中间数值的差异情况，也不受次数分配的影响，因此，它只能粗略地用来说明标志值的变动幅度和范围。

（二）平均差

1. 平均差的概念和计算

平均差是总体各单位标志值与其算术平均数的离差绝对值的算术平均数，常用A.D代表。由于各标志值与算术平均数的离差之和等于零，即$\sum(x_i-\overline{x})=0$，因此，计算平均差时，一般采用离差的绝对值$|x_i-\overline{x}|$。平均差能够综合反映总体中各单位标志值变动的影响。在相比较的资料平均数相等、计量单位一致时，平均差愈大，表示标志变动度愈大，则平均数代表性愈小；平均差愈小，表示标志变动度愈小，则平均数代表性愈大。

由于掌握的资料不同，计算平均差时可采用简单平均式和加权平均式两种方法。

（1）未分组资料的简单平均式计算公式为：

$$A.D=\frac{\sum|x_i-\overline{x}|}{n}$$

【例 4－27】 以例4－23所举的甲、乙、丙三个生产小组工人日产量的资料为例，分别计算三组的日产量差异程度。

前面根据三个生产小组资料已计算得：$\overline{x}_{甲}=\overline{x}_{乙}=\overline{x}_{丙}=24$（件）。

甲组 5 个工人每人日产量都是 24 件，各单位标志值之间和各单位标志值与平均数之间无差异，所以按平均差公式计算，该组日产量平均差也为 0。

而乙、丙两组的平均差分别为：

$$乙：A.D=\frac{|20-24|+|22-24|+|25-24|+|26-24|+|27-24|}{5}=\frac{12}{5}=2.4（件）$$

$$丙：A.D=\frac{|10-24|+|20-24|+|25-24|+|30-24|+|35-24|}{5}=\frac{36}{5}=7.2（件）$$

计算结果表明，三个生产小组中，甲组工人日产量无差异，乙组工人日产量平均差异程度为 2.4 件，大于甲组小于丙组；丙组工人日产量平均差异程度为 7.2 件，是三个生产小组中差异程度最大的，这与极差反映的三个生产小组的差异程度是一致的。

（2）分组资料的加权平均式计算公式为：

$$A.D=\frac{\sum|x_i-\overline{x}|f_i}{\sum f_i}$$

现举例说明用加权平均式来计算平均差的方法。

【例 4-28】 表4-19为某乡耕地化肥施用量的平均差计算。

表 4-19 某乡耕地化肥施用量的平均差计算表

按每亩耕地化肥施用量分组（kg）	耕地面积（万亩）f	组中值 x	总施肥量 xf	$x-\overline{x}$	$\lvert x-\overline{x}\rvert f$
5～10	30	7.5	225	-8.85	265.5
10～15	70	12.5	875	-3.85	269.5
15～20	100	17.5	1 750	1.15	115
20～25	50	22.5	1 125	6.15	307.5
25～30	10	27.5	275	11.15	111.5
合计	260	—	4 250	—	1 069

编者注：亩为非法定计量单位，1 亩 = 667m²，本题考虑简化数据，仍使用旧制单位。

$$\overline{x}=\frac{\sum x_i f_i}{\sum f_i}=\frac{4\ 250}{260}=16.35\text{（kg/亩）}$$

$$\text{A.D}=\frac{\sum |x_i-\overline{x}|f_i}{\sum f_i}=\frac{1\ 069}{260}=4.11\text{（kg/亩）}$$

计算结果表明，该乡 260 万亩耕地面积总平均施肥量为 16.35kg/亩。但每亩耕地面积的施肥量是有差异的，总平均化肥施用量与各组施用量之间的平均离差为 4.11kg/亩。

2. 平均差的特点

平均差是根据全部变量值计算出来的，所以对整个变量值的离散趋势有较充分的代表性。但平均差计算由于采用取离差绝对值的方法来消除正负离差，因而不适合于代数方法的演算，使其应用受到限制。

（三）标准差

各种变异指标中，应用最广泛的是标准差和方差。下面介绍这种指标的计算和应用。

标准差是各单位标志值与其算术平均数的离差平方的算术平均数的平方根，又称“均方差”。其意义与平均差基本相同，也是根据各个标志值对其算术平均数求平均离差后再进行计算的，但由于采用离差平方的方法来消除正负差，因此在数学处理上比平均差更为合理。通常以 σ 表示标准差，标准差的平方即方差，用 σ^2 表示。

根据标准差的概念，计算标准差的一般步骤是：①算出每个变量对平均数的离差；②将每个离差平方；③计算这些平方数值的算术平均数；④把得到的数值开方，即得到 σ。

根据掌握的资料不同，计算标准差时有简单平均和加权平均两种不同的方法。

1. 简单平均法

如果掌握的是未分组的资料，则采用简单平均法，计算公式为：

$$\sigma=\sqrt{\frac{\sum(x_i-\overline{x})^2}{n}}$$

【例 4－29】 仍以例4－23甲、乙、丙三个生产小组日产量资料为例，计算它们的标准差。

甲组各个工人的日产量都是 24 件，与本组的算术平均数相等，所以甲组的方差和标准差分别为 $\sigma^2=0$，$\sigma=0$。

乙组和丙组的标准差计算如表 4－20 所示。

表 4－20 乙、丙组标准差计算表

乙组			丙组		
日产量（件） x	离差 $x-\overline{x}$	离差平方 $(x-\overline{x})^2$	日产量（件） x	离差 $x-\overline{x}$	离差平方 $(x-\overline{x})^2$
20	－4	16	10	－14	196
22	－2	4	20	－4	16
25	1	1	25	1	1
26	2	4	30	6	36
27	3	9	35	11	121
合计	—	34	—	—	370

根据上表资料计算：

$$\sigma_{乙}^2=\frac{\sum(x_i-\overline{x})^2}{n}=\frac{34}{5}=6.8$$

$$\sigma_{乙}=\sqrt{\frac{\sum(x_i-\overline{x})^2}{n}}=\sqrt{\frac{34}{5}}=2.61(件)$$

$$\sigma_{丙}^2=\frac{\sum(x_i-\overline{x})^2}{n}=\frac{370}{5}=74$$

$$\sigma_{丙}=\sqrt{\frac{\sum(x_i-\overline{x})^2}{n}}=\sqrt{\frac{370}{5}}=\sqrt{74}=8.6(件)$$

计算结果表明，甲组标准差为 0，说明该组工人日产量无差异；乙组标准差为 2.61 件，说明乙组工人日产量有差异，平均相差 2.61 件，其差异程度明显大于甲组但小于丙组；丙组标准差为 8.6 件，说明丙组工人日产量水平平均相差 8.6 件，为三组中差异程度最大的班组。

2. 加权平均法

如果掌握了已分组资料，则要用加权平均法计算总体标准差。计算公式为：

$$\sigma=\sqrt{\frac{\sum(x_i-\overline{x})^2f_i}{\sum f_i}}$$

【例 4-30】 某工商银行250户企业贷款资料如表 4-21 所示，计算该银行平均为每个企业的贷款额的标准差。

表 4-21 某银行贷款资料标准差计算表

贷款额（万元）	贷款户数（户）f	组中值 x	$x-\overline{x}$	$(x-\overline{x})^2 f_i$
30 以下	12	15	-67.2	54 190.08
30～60	56	45	-37.2	77 495.04
60～90	85	75	-7.2	4 406.4
90～120	64	105	22.8	33 269.76
120～150	23	135	52.8	64 120.32
150 以上	10	165	82.8	68 558.4
合计	250	—	—	302 040

解 $$\overline{x}=\frac{\sum x_i f_i}{\sum f_i}=\frac{20\ 550}{250}=82.2\text{（万元）}$$

$$\sigma=\sqrt{\frac{\sum(x_i-\overline{x})^2 f_i}{\sum f_i}}=\sqrt{\frac{302\ 040}{250}}=34.85\text{（万元）}$$

计算结果表明，该银行平均为每个企业的贷款额的标准差为 34.85 万元。

（四）变异系数

以上计算的各种变异指标，包括极差、平均差、标准差，都是绝对指标，都有与平均指标相同的计量单位。各种变异指标的数值大小，不仅受离散程度的影响，而且还受各单位标志值平均水平高低的影响。因此，在统计研究中，分析不同现象间总体的差异程度，或分析同类现象但平均水平不同的总体的变异度时，不宜直接用上述各种变异指标来作对比分析，必须用反映变异程度的相对指标来比较，即用变异系数比较。

变异系数也称为标志变动系数。各种变异指标都可以通过计算变异系数来反映总体各单位标志值的相对离散程度，但最常用的是根据标准差与算术平均数作对比的变异系数，称作标准差系数，用 V_σ 表示，其计算公式如下：

$$V_\sigma=\frac{\sigma}{\overline{x}}\times 100\%$$

【例 4-31】 有两个不同水平的工人日产量（件）资料：

甲组：60，65，70，75，80

乙组：2，5，7，9，12

由此计算得：$\overline{x}_{甲}=70$ 件，$\sigma_{甲}=7.07$ 件

$\overline{x}_{乙}=7$ 件，$\sigma_2=3.41$ 件

标准差反映平均指标代表性高低，在本例中，若根据 $\sigma_{甲}>\sigma_{乙}$ 而断言，甲组离散

程度大于乙组，或乙组的平均数代表性高于甲组。这都是不妥的，因为这两组工人的平均日产量水平相差悬殊，所以应计算其变异系数来进行比较。

$$V_{甲}=\frac{7.07}{70}\times100\%=10.1\%$$

$$V_{乙}=\frac{3.41}{7}\times100\%=48.7\%$$

计算结果表明，并非甲组离散程度大于乙组，而是乙组大于甲组，或者说，乙组的平均日产量代表性低于甲组。

第五节　偏度指标

前面介绍的标准差等几种变异指标都是从指标数值的角度反映总体各单位标志值的差异程度和次数分布的离散程度的，但对其形成的分布曲线的对称状况却无法反映，为了进一步研究总体的分布特征，往往还要测定数列分布曲线的非对称情况，需对偏度指标进行计算。

一、偏度指标的意义

分布数列中，如果次数分布是完全对称的，则称对称分布；如果次数分布不完全对称，则称非对称分布或偏态分布。反映总体次数分布偏态方向和程度的指标，称为偏度。

偏态分布有右偏分布和左偏分布，这是与对称分布相比较而言的。对称分布中，曲线的峰部在正中间，左右次数对称。这时，平均数、中位数、众数三者合而为一；右偏分布中，分布曲线的峰部在左边而尾端拖向右边，曲线呈向右偏斜状，这时平均数、中位数、众数三者分开，其算术平均数在右边，众数在左边；左偏分布中，则分布曲线的峰部在右边而尾端拖向左端，曲线呈向左偏斜状，这时平均数在左边，众数在右边。三者图形如图 4－2 所示。

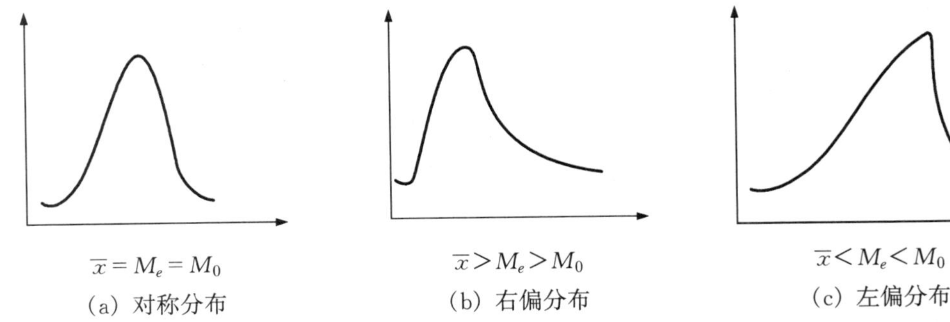

$\overline{x}=M_e=M_0$ (a) 对称分布　　$\overline{x}>M_e>M_0$ (b) 右偏分布　　$\overline{x}<M_e<M_0$ (c) 左偏分布

图 4－2　对称分布和偏态分布图

二、偏度的计算

测定偏度的方法很多，主要有以下三种。

（一）算术平均数与众数比较法

这是一种利用算术平均数、中位数与众数三者之间的关系来测定偏度的方法。如前所述，对称分布中，算术平均数、中位数、众数三者合而为一，所以偏度为零。非对称分布中，三者分离，算术平均数与众数分居两边，中位数介于二者之间。这时，算术平均数与众数之间的距离可以作为测定偏度的一个尺度。即为：

$$偏度 = 算术平均数 - 众数$$

这是偏度的绝对量。这个绝对量为正值，则总体为右偏分布，若为负值，则总体为左偏分布。同时算术平均数与众数之间的距离越大，说明总体次数分布的偏斜程度越大；反之，则说明分布的偏斜程度越小。但是对于不同的分布数列，其偏度绝对量不便于直接对比。

为了比较不同的分布数列的偏斜程度，还需要计算偏度的相对数指标，这就是偏度系数。

偏度系数是偏度与总体标准差之比，反映分布数列的相对偏斜程度。通常用 SK_p 表示。计算公式为：

$$SK_P = \frac{\overline{x} - M_0}{\sigma}$$

【例 4-32】 甲车间300工人，日产量资料如表 4-22 所示。

表 4-22 甲车间工人日产量资料

日产量（件）	工人数（人）f	组中值 x	xf	$(x-\overline{x})^2 f$	累计次数
50 以下	11	45	495	9 900	11
50～60	13	55	715	5 200	24
60～70	70	65	4 550	7 000	94
70～80	120	75	9 000	0	214
80～90	50	85	4 250	5 000	264
90～100	30	95	2 850	12 000	294
100～110	5	105	525	4 500	299
110 以上	1	115	115	1 600	300
合计	300	—	22 500	45 200	—

根据表中资料计算：

$$\overline{x}=\frac{\sum x_i f_i}{\sum f_i}=\frac{22\ 500}{300}=75\text{（件）}$$

$$\sigma=\sqrt{\frac{\sum(x_i-\overline{x})^2 f_i}{\sum f_i}}=\sqrt{\frac{45\ 200}{300}}=12.27\text{（件）}$$

$$M_0=L+\frac{\Delta_1}{\Delta_1+\Delta_2}\cdot d=70+\frac{120-70}{(120-70)+(120-50)}\times 10=74.17\text{(件)}$$

$$SK_P=\frac{\overline{x}-M_0}{\sigma}=\frac{75-74.17}{12.27}=0.07$$

计算结果表明甲车间日产量的分布是右偏分布，偏斜程度为 0.07。其偏态系数较小，说明了工人日产量的众数接近平均数水平。

（二）由平均数和中位数推算

在计算偏态系数时，如果公式中的众数不易求得，可以用平均数和中位数推算。英国人皮尔研究发现，在频数分布的偏度不甚剧烈的情况下，算术平均数、众数、中位数之间有这样的关系，即

$$\overline{x}-M_0=3(\overline{x}-M_e)$$

或

$$M_0=3M_e-2\overline{x}$$

代入偏态系数计算公式中，即为：

$$SK_P=\frac{\overline{x}-M_0}{\sigma}=\frac{3(\overline{x}-M_e)}{\sigma}$$

仍用例 4－32 的资料求中位数：

$$M_e=L+\frac{\frac{\sum f_i}{2}-S_{m-1}}{f_m}\cdot d=70+\frac{150-94}{120}\times 10=74.67$$

$$SK_P=\frac{3(\overline{x}-M_e)}{\sigma}=\frac{3\times(75-74.67)}{12.27}=0.08$$

计算结果与用众数计算的结果非常接近，即工人日产量的分布是右偏分布且偏斜程度甚微。

（三）由三个四分位之间的关系求偏度

前面分析四分位时，知道第二个四分位数 Q_2 就是中位数 M_e，若频数分布是对称的，则第一个四分位数与中位数的差距等于第三个四分位数与中位数的差距，即 $M_e-Q_1=Q_3-M_e$，若频数分布是不对称的，即为偏态的，则以上两个差距不等，当频数分布的峰部偏向右边，则 $M_e-Q_1<Q_3-M_e$；当频数分布的峰部偏向左边则 $M_e-Q_1>Q_3-M_e$，按此形成下列公式计算偏态系数：

$$SK_P=\frac{(Q_3-M_e)-(M_e-Q_1)}{Q_3-Q_1}=\frac{Q_1+Q_3-2M_e}{Q_3-Q_1}$$

根据这个公式测定的偏态系数值，会在±1的极限内变动，这样不仅可以判断出偏度的方向，而且可以判断出偏态程度。

【思考题】

1. 总量指标有哪些种类?
2. 相对指标有哪些种类?
3. 比较相对数与比例相对数有何异同?
4. 强度相对数与算术平均数有何异同?
5. 平均指标有什么特点?
6. 什么是调和平均数? 它与算术平均数有什么关系?
7. 什么是众数? 什么是中位数和四分位数?
8. 平均指标的应用原则是什么?
9. 什么是变异指标? 有哪些具体指标?
10. 什么是变异系数? 为什么要计算变异系数?
11. 什么是偏度指标? 计算偏度指标的方法有哪些?

第五章 动态分析指标

静态分析法是在相同时间内对现象之间的相互关系进行比较分析的方法。但在客观世界中，一切现象都处在不断的运动和变化之中，统计作为认识客观事物的工具之一，不仅要从静态上研究其数量特征和数量关系，而且要从动态上分析其发展变化的过程、方向、趋势和规律性，因此还需进行动态分析。

第一节 动态数列分析概述

一、动态数列的意义

所谓动态，是指现象在不同时间上的发展变化。要进行动态分析，首先要编制动态数列。动态数列又称为时间数列、时间序列，是将总体的某一指标在各个不同时间上的指标数值，按时间（如按年、季、月等）先后顺序排列而成的数列。如表 5－1 所示。

表 5－1 我国 1990—1995 年间社会消费品零售总额

年 份	1990	1991	1992	1993	1994	1995
零售额（万元）	7 250.3	8 245.7	9 704.8	12 462.1	16 264.1	20 620.0

从表 5－1 可看出，我国的社会消费品零售总额逐年呈上升趋势。这说明通过动态数列前后各时间上指标值的对比，可以反映现象发展变化的过程及其规律。

一个动态数列是由两个基本要素构成的，一是现象所属的时间；二是反映客观现象的各个具体指标数值，又称动态数列的发展水平。

动态数列在统计分析中，可以描述现象变化的全过程，为研究现象的发展速度和变化规律提供依据。它是对现象进行动态分析的基本方法之一。

二、动态数列的种类

动态数列按其指标表现形式的不同，分为绝对数动态数列、相对数动态数列和平均数动态数列三种。其中，绝对数动态数列是基本的动态数列，相对数动态数列和平均数动态数列是在其基础上派生出来的。

（一）绝对数动态数列

绝对数动态数列又称为总量指标动态数列，是由一系列总量指标数值按时间先后顺序排列而成的统计数列。它反映了某种现象在各个时期达到的规模、水平及其发展变化情况。按其所反映现象的时间状况不同，绝对数动态数列又可分为时期数列和时点数列。

1. 时期数列

时期数列是反映某种现象在一段时间内发展过程总量的绝对数数列。如表 5－1 中所列的 1990—1995 年我国社会商品零售总额数列是一个时期数列。时期数列有如下特点：①数列具有连续统计的特点，数列中的每一项指标数值都是通过连续登记得到的；②数列中每个指标数值大小与其包含时间的长短有直接关系，包含时期越长，指标数值越大；③数列中各个指标的数值具有可加性，数列中各项指标数值可以直接相加，相加后反映更长一段时期的总量指标。

2. 时点数列

时点数列是指反映某种现象在一定时点（时刻）上的状况及其水平的绝对数动态数列。如表 5－2 所列 1991—1995 年我国年末人口数数列就是时点数列。

表 5－2　1991—1995 年我国年末人口统计表

年 份	1991	1992	1993	1994	1995
年末人口数（万人）	115 823	117 171	118 517	119 850	121 121

时点数列有如下特点：①数列指标不具有连续统计的特点，数列中的每一项指标数值，都是在某一时刻的特定状况下进行一次性登记取得的；②数列指标的数值大小，与时点间隔的长短无直接关系；③数列中各项指标不具有可加性，加总后的结果一般不具有实际意义。

（二）相对数动态数列

相对数动态数列又称为相对指标动态数列，是由一系列同类相对指标数值按时间先后顺序排列而成的统计数列。它反映现象之间的数量对比关系或说明现象的结构、速度的发展变化过程。如表 5－3 所列的 1991—1995 年人口自然增长率数列就是相对数动态数列。

表 5－3　1991—1995 年我国人口自然增长率统计表

年 份	1991	1992	1993	1994	1995
人口自然增长率（‰）	12.98	11.60	11.45	11.21	10.55

由于相对指标表现为两个绝对指标之比，而绝对指标又分为时期指标和时点指标，所以，相对数动态数列可通过两个时期数列对比、两个时点数列对比，一个时期数列和一个时点数列对比而进行编制。

(三) 平均数动态数列

平均数动态数列又称为平均指标动态数列，是由一系列同类平均指标数值按时间先后顺序排列而成的统计数列。它反映某一现象一般水平的变化过程或发展趋势。表5-4中平均货币工资数列即是平均数动态数列。

表5-4 1991—1995年我国职工平均货币工资统计表

年 份	1991	1992	1993	1994	1995
平均货币工资（元）	2 340	2 711	3 371	4 538	5 500

平均数也表现为两个绝对数指标之比，因此，平均数动态数列也可以由两个时期数列对比、两个时点数列对比，或一个时期数列和一个时点数列对比而编制。

三、动态数列的编制原则

动态数列显示现象的发展过程、发展趋势和发展变化规律，各项指标均具有可比性。因此，编制动态数列应遵循可比性原则。其具体要求如下。

(一) 总体范围应该一致

随着时间的推移，若被研究现象所属的空间范围及主管系统发生了变动，有关动态数列指标也要发生变化，总体范围大小就不可比了。例如，研究广东省工业生产发展情况，由于原来属于广东省的海南成为了一个独立的省份，广东省的行政区划发生了变化，于是反映工业生产发展情况的指标范围也缩小了。这时就必须将指标进行适当的调整，求得总体范围一致，才能观察事物在时间上的发展变化过程。

(二) 时间长短应该相等

动态数列中的各项指标如果是时期指标，其数值所属的时期长度应该相等。因为时期指标的数值大小与时期长短有直接关系，只有时期长度一致，才能保证各指标值之间的可比性。动态数列中的各项指标如果是时点指标，其数值之间的时间间隔长度应该相等，以便于对比分析。

有时出于特定目的的需要，也可以把不同时间长度的同类指标组成动态数列来进行比较分析，如表5-5。

表5-5 我国几个重要时期钢产量统计表

时 间	1900—1949	1953—1957	1981—1985	1986—1990	1991—1995
钢产量（万吨）	776	1 667	20 304	27 372	42 478

以上动态数列资料中的第1项指标为我国建国以前50年钢产量的总和，后4项指标均为5年的钢产量之和，虽然它们的时间长度不相等，但能说明问题，即说明我国解放前经济落后和建国后钢铁工业迅速发展的情况。此例旨在说明动态数列中时间要求的

灵活性。但就一般情况而言，仍应使数列中各项指标的时间长度相等。

（三）经济内容应该相同

动态数列中的指标，有时会出现名称相同，其经济内容或经济含义却不相同的情况，若不注意，就会影响对问题的分析。如商品价格有购进价格和零售价格之分，如果把这两种价格混在一起构成动态数列，就会导致得出错误的分析结论。因此，编制动态数列时，不仅要看名称，更要注意内容。

（四）指标的计算方法、计算价格和计量单位应一致

指标的计算方法通常又称为指标计算口径，有的指标名称是一个，但计算口径因研究目的不同有多个。例如劳动生产率指标，有按全部职工计算的，也有按生产工人计算的。计算价格是所有指标都涉及的问题，而价格有现行价格和不变价格之分。至于计量单位更是多种多样。可见，一个动态数列中，各期指标的计算方法、计算价格和计量单位若不同，其指标数值就不可比。

第二节 动态数列水平分析指标

动态数列的分析指标可分为水平分析指标和速度分析指标两大类，本节说明水平分析指标的计算和应用，速度分析指标的计算和应用将在下一节介绍。下面分别介绍水平分析指标中的发展水平、序时平均数、增长量和平均增长量。

一、发展水平

发展水平是动态数列中的每项指标数值，具体反映某种现象在不同发展时期或时点上实际达到的规模和发展程度。它是计算各种动态分析指标的基础。

发展水平既有绝对指标，又有相对指标和平均指标。发展水平由于在动态数列中所处的位置和作用不同而有所区别。

最初水平，是指时间数列的第一项指标值，一般用 a_0 表示。

最末水平，是指时间数列中的最后一项指标值，一般用 a_n 表示。

中间发展水平，即介于首项与末项之间各期的发展水平。设时间数列有 $n+1$ 项，a_0 为最初水平，a_n 为最末水平，那么，中间发展水平为 a_1，a_2，a_3，…，a_{n-1}。

基期水平，亦称基数，是在进行对比时，作为基础时期的发展水平。

报告期水平：也称计算期水平，是在进行动态对比时，所要研究的时期的发展水平。

上述不同的发展水平都不是固定的，它们随着研究目的、研究时间的改变而作相应的改变。这期的报告期水平可能是将来的基期水平，这年数列的最末水平可能是另一个数列的最初水平。

二、平均发展水平

平均发展水平又称为序时平均数或动态平均数，是根据数列中不同时期（或时点）上的发展水平计算的平均数。可见，序时平均数与一般平均数（静态平均数）是有区别的：第一，序时平均数是根据动态数列计算的，而一般平均数是根据变量数列计算的；第二，序时平均数所平均的是被研究现象本身的数量在不同时间上的差异的抽象化，而一般平均数所平均的是总体各单位某一标志值在同一时间的差异的抽象化；第三，序时平均数是从动态上表明被研究现象本身在一段时间内的平均发展水平，而一般平均数是从静态上说明总体各单位某个标志值的平均水平。两者相同之处都是反映现象的一般水平的代表值。序时平均数在动态分析中被广泛运用。

动态数列的发展水平，可以是绝对数，也可以是相对数或平均数，因此，序时平均数可以根据绝对数动态数列计算，也可以根据相对数和平均数动态数列计算。其中，由绝对数动态数列计算序时平均数是最基本的方法。

（一）根据绝对数动态数列计算序时平均数

绝对数动态数列有时期数列和时点数列两种，由于它们具有不同的性质和特点，因而在计算方法上也不一样。

1．依据时期数列计算

由于时期数列的各项指标数值具有可加性，所以，依据时期数列计算序时平均数可采用简单算术平均法。其计算公式为：

$$\overline{a}=\frac{a_1+a_2+a_3+\cdots+a_n}{n}=\frac{\sum a_i}{n} \tag{5-1}$$

式中：$\overline{a}$ 代表序时平均数，a_i（$i=1，2，3，\cdots，n$）代表各期发展水平，n 代表指标项数。

【例 5－1】 某工业企业2004年四个季度的产值资料如表 5－6 所示，计算其序时平均数。

表 5－6 某工业企业 2004 年产值统计表

时 期	第一季度	第二季度	第三季度	第四季度
工业产值（万元）	50	55	53	54

该企业 2004 年各季度平均产值为：

$$\overline{a}=\frac{\sum a_i}{n}=\frac{50+55+53+54}{4}=53\text{（万元）}$$

2．依据时点数列计算

时点数列有连续时点数列和间断时点数列之分，这两种时点数列中又有间隔相等与间隔不等两种表现形式。由于掌握资料不同，时点数列的序时平均数要分四种情况采用不同方法计算。

（1）由连续时点数列计算序时平均数。连续时点数列是指按日登记取得资料的时点数列，它分两种情况：一是数列中的各项指标为逐日登记、逐日排列的；二是数列中的各项指标非逐日变动，只在发生变动时就进行统计。通常将前者称为间隔相等的连续时点数列，后者称为间隔不等的连续时点数列。

间隔相等的连续时点数列的序时平均数的计算公式为：

$$\overline{a}=\frac{\sum a_i}{n} \tag{5-2}$$

例如，已知某公司一个月内每天的职工人数，如果计算该月每天平均职工人数，就将每天职工人数之和除以该月的日历天数即可求得。

间隔不等的连续时点数列的序时平均数的计算公式为：

$$\overline{a}=\frac{\sum a_i f_i}{\sum f_i} \tag{5-3}$$

式中：f_i 代表各项指标的时间间隔，其余符号与前相同。

【例 5－2】 某企业某年12月份库存变动情况记录如表 5－7 所示，计算其序时平均数。

表 5－7 某企业某年 12 月份库存变动统计表

时间	1 日	9 日	15 日	31 日
库存额（万元）	90	95	98	85

该企业 12 月份平均库存额为：

$$\overline{a}=\frac{\sum a_i f_i}{\sum f_i}=\frac{90\times 9+95\times 6+98\times 15+85\times 1}{9+15+6+1}=\frac{2\ 935}{31}=94.68\ (\text{万元})$$

（2）由间断时点数列计算序时平均数。间断时点数列是指按月末、季末或年末登记取得资料的时点数列，它有两种情况：一是数列中的各项指标表现为逐期期末登记排列；二是数列中各项指标表现为非均衡的期末登记排列。通常将前者称为间隔相等的间断时点数列，后者称为间隔不等的间断时点数列。

①间隔相等的间断时点数列的序时平均数的计算公式为：

$$\overline{a}=\frac{\frac{a_1+a_2}{2}+\frac{a_2+a_3}{2}+\frac{a_3+a_4}{2}+\cdots+\frac{a_{n-1}+a_n}{2}}{n-1}=\frac{\frac{a_1}{2}+a_2+a_3+\cdots+a_{n-1}+\frac{a_n}{2}}{n-1} \tag{5-4}$$

按上述公式计算序时平均数时，都是假设现象在两个时点之间的变动是均匀的，先求两时点指标的平均数，再根据这些平均数进行简单平均。但实际上，这种变动是不可能完全均匀的，因此计算所得的数值只是近似值，与真实值之间有差异。一般来说，如果时点数列的时点间隔越小，则所得的数值就愈接近于实际。

【例 5-3】 某商场某年第一季度售货员人数资料如表5-8所示，计算其序时平均数。

表 5-8 某商场某年第一季度售货员人数统计表

时 间	1月1日	2月1日	3月1日	4月1日
售货员人数（人）	86	75	73	82

该企业第一季度平均工人数为：

$$\bar{a}=\frac{\frac{86+75}{2}+\frac{75+73}{2}+\frac{73+82}{2}}{4-1}=\frac{\frac{86}{2}+75+73+\frac{82}{2}}{3}=77\text{（人）}$$

②间隔不等的间断时点数列的序时平均数的计算公式为：

$$\bar{a}=\frac{\frac{a_1+a_2}{2}f_1+\frac{a_2+a_3}{2}f_2+\frac{a_3+a_4}{2}f_3+\cdots+\frac{a_{n-1}+a_n}{2}f_{n-1}}{f_1+f_2+f_3+\cdots+f_{n-1}} \tag{5-5}$$

式中：$f_i(i=1, 2, 3, \cdots, n-1)$ 代表各时点的间隔长度，其余符号与前相同。

利用这种方法计算序时平均数，要以各时间间隔长度（f_i）为权数，应用加权平均法计算。

【例 5-4】 某企业2004年工人人数资料如表 5-9 所示，计算其序时平均数。

表 5-9 某企业 2004 年工人人数统计表

时 间	1月1日	4月1日	9月1日	11月30日	12月31日
工人数（人）	100	130	150	155	180

2004 年该企业平均工人人数为：

$$\bar{a}=\frac{\frac{100+130}{2}\times3+\frac{130+150}{2}\times5+\frac{150+155}{2}\times3+\frac{155+180}{2}\times1}{3+5+3+1}=\frac{1\ 670}{12}=139\text{（人）}$$

应该注意，采用这种方法计算所得的序时平均数也是以现象在两个时点之间均匀变动为假设条件而得的近似值。

（二）根据相对数动态数列计算序时平均数

相对数动态数列是由具有互相联系的两个总量指标动态数列对比构成的，且作为对比基础的总量指标一般不相等，因此要先分别计算出分子数列和分母数列的序时平均数，然后将两者进行对比，求出相对数动态数列的序时平均数。其基本计算公式为：

$$\bar{c}=\frac{\bar{a}}{\bar{b}}=\frac{\text{分子数列的序时平均数}}{\text{分母数列的序时平均数}} \tag{5-6}$$

由于相对数动态数列可由两个时期数列、两个时点数列或由一个时期数列和一个时点数列的对比形成，而时期数列与时点数列的序时平均数的计算方法又不同，因此相对数动态数列的序时平均数有以下三种情况。

（1）分子、分母均由时期数列对比组成的动态数列，其序时平均数的计算公式为：

$$\bar{c}=\frac{\bar{a}}{\bar{b}}=\frac{\sum a_i/n}{\sum b_i/n}=\frac{\sum a_i}{\sum b_i} \tag{5-7}$$

【例 5-5】 某企业2004年商品销售额计划完成情况如表 5-10 所示，计算其序时平均数。

表 5-10 某企业 2004 年销售计划完成情况统计表

时间	一季度	二季度	三季度	四季度
计划数（万元）(b)	500	460	600	550
实际数（万元）(a)	550	500	640	600
计划完成程度（%）(c)	110.00	108.70	106.67	109.09

计划完成程度动态数列是相对数动态数列，是由实际销售额和计划销售额这两个时期数列对比计算出来的。由于时期数列的各项指标可以相加，因此该企业 2004 年全年平均各季商品销售计划完成程度为：

$$\bar{c}=\frac{\sum a_i}{\sum b_i}=\frac{550+500+640+600}{500+460+600+550}=\frac{2\ 290}{2\ 110}=108.53\%$$

另外，在实际工作中，根据掌握资料的情况不同，上述方法还可派生出以下两种计算方法。

①当已知分母数列和相对指标时间数列时，应采用加权算术平均法。

由于相对数 $c=\frac{a}{b}$，$a=bc$，代入式（5-7）得：

$$\bar{c}=\frac{\sum a_i}{\sum b_i}=\frac{\sum b_i c_i}{\sum b_i}$$

②当已知分子数列和相对指标时间数列时，应采用加权调和平均法。

由于相对数 $c=\frac{a}{b}$，$b=\frac{a}{c}$，代入式（5-7）得：

$$\bar{c}=\frac{\sum a_i}{\sum b_i}=\frac{\sum a_i}{\sum a_i/c_i}$$

（2）分子、分母均由时点数列对比形成的动态数列的序时平均数，其序时平均数的计算公式因数列的不同情况而有所不同，但在实际工作中最常见的是由间隔相等的间断时点数列对比而成的相对数动态数列，其序时平均数的计算公式为：

$$\bar{c}=\frac{\bar{a}}{\bar{b}}=\frac{\dfrac{\dfrac{a_1}{2}+a_2+a_3+\cdots+a_{n-1}+\dfrac{a_n}{2}}{n-1}}{\dfrac{\dfrac{b_1}{2}+b_2+b_3+\cdots+b_{n-1}+\dfrac{b_n}{2}}{n-1}}=\frac{\dfrac{a_1}{2}+a_2+a_3+\cdots+a_{n-1}+\dfrac{a_n}{2}}{\dfrac{b_1}{2}+b_2+b_3+\cdots+b_{n-1}+\dfrac{b_n}{2}} \tag{5-8}$$

【例 5-6】 某企业2004年第二季度工人数及其构成资料如表 5-11 所示，求其序时平均数。

表 5-11 某企业第三季度职工人数统计表

日　期	6 月末	7 月末	8 月末	9 月末
全体职工（人）（b）	650	646	654	662
其中：生产工人（人）（a）	520	523	549	576
生产工人占全部职工比重（%）（c）	80.0	81.0	84.0	87.0

生产工人占全部职工比重动态数列是一个相对数动态数列，由生产工人数和全体职工数这两个时点数列对比而得。由于时点数列的各项指标不能直接相加，需要采用分段平均后再平均的方法计算其数列的序时平均数，因此，该企业第三季度生产工人数占全部职工数的平均比例为：

$$\bar{c}=\frac{\dfrac{520}{2}+523+549+\dfrac{576}{2}}{\dfrac{650}{2}+646+654+\dfrac{662}{2}}=82.82\%$$

（3）分子、分母由一个时期数列与一个时点数列对比形成动态数列，其序时平均数的计算公式为：

$$\bar{c}=\frac{\bar{a}}{\bar{b}}=\frac{\dfrac{a_1+a_2+a_3+\cdots+a_{n-1}+a_n}{n}}{\dfrac{\dfrac{b_0}{2}+b_1+b_2+b_3+\cdots+b_{n-1}+\dfrac{b_n}{2}}{n}}=\frac{a_1+a_2+a_3+\cdots+a_{n-1}+a_n}{\dfrac{b_0}{2}+b_1+b_2+b_3+\cdots+b_{n-1}+\dfrac{b_n}{2}} \tag{5-9}$$

【例 5-7】 某商业公司第一季度各月销售、库存和商品流转次数资料如表 5-12 所示，计算其序时平均数。

表 5-12　某商业公司第一季度商品流转次数计算表

月　份	上年 12 月	1 月	2 月	3 月
商品销售额（万元）(a)	—	400	450	300
月末库存额（万元）(b)	50	55	60	70
商品流转次数（次）(c)	—	7.62	7.83	4.62

商品流转次数动态数列是一个相对数动态数列，由商品销售额时期数列和月末库存额时点数列对比所得到。由于时期数列中的各项指标可以直接相加，而时点数列中各项指标不能直接相加，因此，该公司第一季度平均每月商品流转次数为：

$$\overline{c}=\frac{400+450+300}{\frac{50}{2}+55+60+\frac{70}{2}}=\frac{1\ 150}{175}=6.57$$

（三）根据平均数动态数列计算序时平均数

平均数有静态平均数和序时平均数之分，如果平均数动态数列由静态平均数形成，其序时平均数的计算方法与相对数动态数列的计算方法相同；如果平均数动态数列由序时平均数形成，其序时平均数需要根据不同情况采取不同方法计算。

当动态数列中各序时平均数的计算时期间隔相等时，可用简单算术平均法计算，即：

$$\overline{c}=\frac{\sum\overline{a}_i}{n} \tag{5-10}$$

当动态数列中各序时平均数的计算时期间隔不等时，可用加权算术平均法计算，即：

$$\overline{c}=\frac{\sum\overline{a}_i f_i}{\sum f_i} \tag{5-11}$$

三、增长量和平均增长量

（一）增长量

增长量又称增减量，是现象在一定时期内所增减的绝对量，即报告期水平与基期水平之差。它说明某种现象报告期水平比基期水平增加（或减少）了多少。其计算公式为：

$$增长量=报告期水平-基期水平 \tag{5-12}$$

差值大于零是增长量，小于零是减少量。由于选择的基期不同，增长量分为逐期增长量和累计增长量两种。

（1）逐期增长量是指报告期水平与前一期水平之差，说明报告期水平较前一期增减的绝对量。用符号表示为：

$$a_1 - a_0,\ a_2 - a_1,\ a_3 - a_2,\ \cdots,\ a_n - a_{n-1}$$

（2）累计增长量是指报告期水平与某一固定时期水平之差，说明报告期水平较某一固定时期增减的绝对量。用符号表示为：

$$a_1 - a_0,\ a_2 - a_0,\ a_3 - a_0,\ \cdots,\ a_n - a_0$$

逐期增长量与累计增长量之间具有一定的数量关系，各逐期增长量之和等于相应时期的累计增长量。用公式表示为：

$$(a_1 - a_0) + (a_2 - a_1) + (a_3 - a_2) + \cdots + (a_n - a_{n-1}) = a_n - a_0 \qquad (5-13)$$

表 5－13 是我国 1995—1999 年财政收入的逐期增长量与累计增长量。

表 5－13　1995—1999 年财政收入统计表

年 份	发展水平（亿元）	增长量（亿元）		发展速率（%）		增长速率（%）		增长 1% 的绝对值
		逐期	累计	环比	定基	环比	定基	
（甲）	（1）	（2）	（3）	（4）	（5）	（6）	（7）	（8）
1995	6 242.2	—	—	—	100	—	—	—
1996	7 407.99	1 165.79	1 165.79	118.67	118.67	18.67	18.67	62.422
1997	8 651.14	1 243.15	2 408.94	116.78	138.59	16.78	38.59	74.079 9
1998	9 275.95	1 224.81	3 633.75	114.16	158.21	14.16	58.21	86.511 4
1999	11 444.08	1 568.13	5 201.88	115.88	183.33	15.88	83.33	92.759 5

此外，为了消除季节变动的影响，还可以计算年距增长量指标，即本年某期水平减去上年同期水平的差值，表明本期发展水平比上年同期发展水平的增减数量，即：

$$\text{年距增长量} = \text{本期发展水平} - \text{上年同期发展水平} \qquad (5-14)$$

【例 5－8】　广东省某年1月份社会商品零售额为 273 831 万元；上一年 1 月份为 200 722 万元，则：

$$\text{年距增长量} = 273\ 831 - 200\ 722 = 73\ 109\ (\text{万元})$$

说明当年 1 月份广东省社会商品零售额比上一年同期增加了 73 109 万元。

（二）平均增长量

平均增长量又称平均增减量，是指某现象在一定时期内平均每期增减变化的数量，即各期增长量的序时平均数。它说明现象在一个较长时期内每期增减变化的一般水平。其计算公式为：

$$\text{平均增长量} = \frac{\text{逐期增长量之和}}{\text{逐期增长量项数}} = \frac{\text{累计增长量}}{\text{数列项数} - 1} \qquad (5-15)$$

【例 5－9】　根据表5－13的资料，计算我国 1995—1999 年财政收入平均每年增长量为：

$$\frac{1\ 165.79+12\ 439.15+1\ 224.81+1\ 568.03}{4}=1\ 300.47\text{（亿元）}$$

或 $$\frac{5\ 201.88}{5-1}=1\ 300.47\text{（亿元）}$$

平均增长量也有正负之分，正值为平均增长量，负值为平均减少量。

第三节　动态数列速度分析指标

速度分析指标是以上述发展水平分析指标为基础建立的。速度分析指标与水平分析指标一样，也可以从两方面来进行计算：一方面是计算研究范围内各时间上的变动程度，如发展速度分析指标和增长速度分析指标；另一方面是将所研究的动态数列作为一个整体而计算的速度分析指标，如平均发展速度指标和平均增长速度指标。

一、发展速度

发展速度是指某种现象报告期水平与基期水平之比。它说明报告期水平已发展到基期水平的百分之多少或多少倍，反映某种现象的发展方向和程度。其计算公式为：

$$\text{发展速度}=\frac{\text{报告期水平}}{\text{基期水平}} \tag{5-16}$$

发展速度大于 1（或 100%）表示上升，小于 1（或 100%）表示下降。由于对比基期的不同，发展速度又可分为定基发展速度和环比发展速度。

（一）定基发展速度

定基发展速度是动态数列中各报告期水平与某一固定基期水平之比（固定基期一般是最初水平 a_0），反映现象在一个较长时期内的发展变动程度。因此，定基发展速度又称为总发展速度，其计算公式为：

$$\text{定基发展速度}=\frac{\text{报告期水平}}{\text{固定基期水平}} \tag{5-17}$$

用符号表示为：

$$\frac{a_1}{a_0},\ \frac{a_2}{a_0},\ \frac{a_3}{a_0},\ \cdots,\ \frac{a_{n-1}}{a_0},\ \frac{a_n}{a_0}$$

例如，表 5-13 中我国财政收入的定基发展速度，就是由 1995—1999 年各期发展水平分别与 1995 年的发展水平对比而得。

（二）环比发展速度

环比发展速度是动态数列中报告期水平与前一期水平之比，反映现象逐期发展变动的程度。其计算公式为：

$$\text{环比发展速度}=\frac{\text{报告期水平}}{\text{前一期水平}} \tag{5-18}$$

用符号表示为：

$$\frac{a_1}{a_0},\ \frac{a_2}{a_1},\ \frac{a_3}{a_2},\ \cdots,\ \frac{a_{n-1}}{a_{n-2}},\ \frac{a_n}{a_{n-1}}$$

例如，表5－13中我国财政收入的环比发展速度，是由从1995年起到1999年止，各期发展水平与前一期发展水平对比而得。

上述两种发展速度之间存在着一定的数量关系：

第一，定基发展速度等于各相应时期环比发展速度的连乘积，即：

$$\frac{a_n}{a_0}=\frac{a_1}{a_0}\cdot\frac{a_2}{a_1}\cdot\frac{a_3}{a_2}\cdot\cdots\cdot\frac{a_{n-1}}{a_{n-2}}\cdot\frac{a_n}{a_{n-1}} \tag{5-19}$$

【例5－10】 由表5－13得，1999年的定基发展速度＝1.1867×1.1678×1.1416×1.1588＝1.8333或183.33%。

第二，两个相邻时期的定基发展速度之比等于相应时期的环比发展速度，即：

$$\frac{a_i}{a_0}\Big/\frac{a_{i-1}}{a_0}=\frac{a_i}{a_{i-1}} \tag{5-20}$$

【例5－11】 由表5－13得，1999年的环比发展速度＝1.8333÷1.5821＝1.1588或115.88%。

有时为了消除季节变动的影响，更准确地说明本期发展水平与上年同期发展水平的相对发展程度，可以计算年距发展速度。其计算公式为：

$$\text{年距发展速度}=\frac{\text{本期发展水平}}{\text{上年同期发展水平}} \tag{5-21}$$

二、增长速度

增长速度又称为增减速度，是报告期增长量与基期发展水平之比。它是表明现象增减程度的相对指标，说明报告期水平比基期水平增减百分之多少或多少倍。其计算公式为：

$$\text{增长速度}=\frac{\text{增长量}}{\text{基期水平}}=\frac{\text{报告期水平}-\text{基期水平}}{\text{基期水平}}=\text{发展速度}-1 \tag{5-22}$$

增长速度有正负之分，正值表示增长的程度，负值表示下降的程度。

增长速度由于采用基期不同，也分为定基增长速度和环比增长速度。

（一）定基增长速度

定基增长速度是报告期的累计增长量与某一固定基期（通常为最初水平）之比，表明某种现象在一段时期内总的增长速度。其计算公式为：

$$\begin{aligned}\text{定基增长速度}&=\frac{\text{累计增长量}}{\text{某一固定基期水平}}=\frac{\text{报告期水平}-\text{某一固定基期水平}}{\text{某一固定基期水平}}\\&=\text{定基发展速度}-1\end{aligned} \tag{5-23}$$

用符号表示为：

$$\frac{a_1-a_0}{a_0},\ \frac{a_2-a_0}{a_0},\ \frac{a_3-a_0}{a_0},\ \cdots,\ \frac{a_{n-1}-a_0}{a_0},\ \frac{a_n-a_0}{a_0}$$

或

$$\frac{a_1}{a_0}-1,\ \frac{a_2}{a_0}-1,\ \frac{a_3}{a_0}-1,\ \cdots,\ \frac{a_{n-1}}{a_0}-1,\ \frac{a_n}{a_0}-1$$

例如，表 5－13 中我国财政收入的定基增长速度可以用累计增长量除以固定基期（1995 年）水平计算，也可以由定基发展速度减去 100% 计算而得。

（二）环比增长速度

环比增长速度是报告期逐期增长量与其前一期水平之比，表明某种现象报告期水平较前一期水平增加或减少的程度。其计算公式为：

$$\text{环比增长速度}=\frac{\text{报告期逐期增长量}}{\text{前一期水平}}=\frac{\text{报告期水平}-\text{前一期水平}}{\text{前一期水平}}=\text{环比发展速度}-1 \quad (5-24)$$

用符号表示为：

$$\frac{a_1-a_0}{a_0},\ \frac{a_2-a_1}{a_1},\ \frac{a_3-a_2}{a_2},\ \cdots,\ \frac{a_{n-1}-a_{n-2}}{a_{n-2}},\ \frac{a_n-a_{n-1}}{a_{n-1}}$$

或

$$\frac{a_1}{a_0}-1,\ \frac{a_2}{a_1}-1,\ \frac{a_3}{a_2}-1,\ \cdots,\ \frac{a_{n-1}}{a_{n-2}}-1,\ \frac{a_n}{a_{n-1}}-1$$

例如，表 5－13 中我国财政收入的环比发展速度，可以用逐期增长量除以前一期水平计算，也可以用环比发展速度减去 100% 进行计算而求得。

所以，只要有定基和环比的发展速度，将之减 1 或减 100%，即可得定基和环比增长速度；相反，若知各期的定基和环比增长速度，分别将它们加 1 或加 100%，即得定基发展速度和环比发展速度。

必须指出，环比增长速度与定基增长速度无直接的换算关系。如果由一个环比增长速度数列求其定基增长速度数列，需先将各期环比增长速度换算成各期环比发展速度，再将它们连乘，得各期的定基发展速度，最后，将各期定基发展速度分别减 1 或减 100%，即得各期的定基增长速度。相反若知现象各期的定基增长速度，求各期的环比增长速度，也要经过一定的变换计算求得。

由于各期环比增长速度的计算基数的不同，与其增长 1% 相对应的增长量是不同的。为了深入分析环比增长速度与逐期增长量之间的关系，有必要计算增长 1% 的绝对值指标。

增长 1% 的绝对值，是指在环比增长速度中，计算期发展水平比前期发展水平每增长 1% 所增长的绝对数。其计算公式为：

$$\text{增长 1\% 的绝对值}=\frac{\text{逐期增长量}}{\text{环比增长速度}\times 100}=\frac{\text{前一期水平}}{100} \quad (5-25)$$

用符号表示为：

$$\frac{a_n - a_{n-1}}{\left(\frac{a_n}{a_{n-1}} - 1\right) \times 100} = \frac{a_{n-1}}{100}$$

例如，表 5－13 中我国 1995—1999 年财政收入每年增长 1% 的绝对值是不同的，1996 年仅为 74.079 9 亿元，1999 年则为 92.759 5 亿元，两者的差距为 18.679 6 亿元。可见，运用增长 1% 的绝对值分析问题是非常必要的。

三、平均发展速度与平均增长速度

由于现象所处的历史条件不同，在各个时间上的发展速度就有所不同。为了进行动态分析，需要将现象在各个时间上的速度差异抽象化，计算平均速度指标。平均速度指标有平均发展速度和平均增长速度两种。

平均发展速度是各环比发展速度的平均数，是说明现象在一定发展阶段各个时间上发展速度一般水平的统计指标。

平均发展速度的计算方法有水平法和累积法两种。

（一）水平法

水平法又称几何平均法，是各期环比发展速度的连乘积按环比发展速度项数求方根来计算平均发展速度的方法，其计算公式如下：

$$\bar{x} = \sqrt[n]{x_1 x_2 x_3 \cdots x_n} = \sqrt[n]{\prod x_i} \qquad (5-26)$$

$$\bar{x} = \sqrt[n]{\frac{a_1}{a_0} \times \frac{a_2}{a_1} \times \frac{a_3}{a_2} \times \cdots \times \frac{a_n}{a_{n-1}}} = \sqrt[n]{\frac{a_n}{a_0}} \qquad (5-27)$$

$$\bar{x} = \sqrt[n]{R} \qquad (5-28)$$

式中：$\bar{x}$ 代表平均发展速度；x_i 代表各期环比发展速度；n 代表环比发展速度的项数；$\prod$ 为连乘符号；R 表示总速度。

以上计算平均发展速度的 3 个公式，虽然形式不同，但其实质与计算结果均完全相同。计算平均发展速度，究竟采用哪个公式，主要取决于所掌握的资料。如果掌握的资料是各年的环比发展速度，用式（5－26）；如果掌握的资料是最初水平和最末水平或各期发展水平，用式（5－27）；如果已知末期的定基发展速度，则用式（5－28）。

【例 5－12】 以表5－14资料为例，说明用水平法计算平均发展速度的方法。

表 5－14 某企业年工资总额统计表

时间	2000 年	2001 年	2002 年	2003 年	2004 年	2005 年
工资总额（万元）	122	187	225	276	301	324
环比发展速度（%）	—	153.3	120.3	122.7	109.1	107.6

平均发展速度为：

$$\overline{x}=\sqrt[5]{153.3\%\times120.3\%\times122.7\%\times109.1\%\times107.6\%}=121.58\%$$

或

$$\overline{x}=\sqrt[n]{\frac{a_n}{a_0}}=\sqrt[5]{\frac{324}{122}}=121.58\%$$

以上两种计算结果大致相同，因中间计算四舍五入而导致最后结果略有差异，但不影响计算结果的正确性。

在实际工作中，采用哪个公式计算平均发展速度可依据所掌握的资料情况来确定。

（二）累计法

累计法又称方程法或代数平均法，是通过研究阶段内各期实际发展水平之和与基期发展水平之比所确定的代数方程，来计算平均发展速度的方法。其出发点是：所计算的各期发展水平之和等于其实际水平之和。

设有时间数列 a_0，a_1，a_2，…，a_n，$\overline{x}$ 表示平均发展速度，则累计法的计算过程为：

第一个时期为 $a_0\overline{x}$

第二个时期为（$a_0\overline{x}$）$\overline{x}=a_0\overline{x}^2$

⋮

第 n 个时期为（$a_0\overline{x}^{n-1}$）$\overline{x}=a_0\overline{x}^n$

将上述各期水平相加得：

$$a_0\overline{x}+a_0\overline{x}^2+a_0\overline{x}^3+\cdots+a_0\overline{x}^n=a_1+a_2+a_3+\cdots+a_n$$

将上式简化可得：

$$\overline{x}+\overline{x}^2+\overline{x}^3+\cdots+\overline{x}^n=\frac{\sum a_i}{a_0} \tag{5-29}$$

解这个方程式所得的正根，就是所求的平均发展速度。求解这个方程式是比较复杂的，在实际工作中，可根据事先编好的平均增长速度查对表来求解。

在通常情况下，用水平法和累计法计算的结果是不同的。水平法的计算结果取决于末期水平与基期水平之比，不考虑中间各时期发展水平的变化。累计法的计算结果取决于各时期发展水平之和与基期水平之比，虽能反映现象在这个较长时期内按照平均发展速度发展的过程，但不能像水平法那样确切地反映最末时期所达到的发展水平。因此，当要求侧重反映最末时期所达到的水平时，如考察产量、人口等的平均发展速度时，可采用水平法；当要求侧重反映全期的总量时，如考察基建投资额、植树造林的平均发展速度时，可用累计法。但水平法因其易懂易算，在实际工作中应用更广泛。

平均增长速度是各个环比增长速度的平均数，只能由平均发展速度减去100%（或1）得出，关系式如下：

$$\text{平均增长速度}=\text{平均发展速度}-100\% \tag{5-30}$$

计算结果为正值叫递增率，负值叫递减率。

第四节　动态数列变动趋势分析

计算动态数列水平分析指标和速度分析指标，只是分析了现象变化的一个方面。然而动态数列的变动，是多种因素综合影响的结果。为了认识现象发展变化的过程、趋势和规律性，还应进行动态数列因素分析。

一、动态数列的因素分解

影响动态数列变动的具体因素很多，要将各种具体因素加以细分，进行精确的测定是非常困难的。但将各种因素按性质不同加以分类和归纳概括，再分别测定其对动态数列变动的影响是可行的。如果按影响因素的作用方式整理归类，一般可归纳为长期趋势、季节变动、循环变动和不规则变动四种因素。

(1) 长期趋势（用 T 表示）。是指由于某种根本性原因的影响，现象在相当长的时间内，持续增加向上发展或持续减少向下发展的势态。它是动态数列变动分析的重点。例如，生活水平较高、医疗卫生条件较好的国家或地区，人口死亡率有逐年降低的趋势；世界人口由于出生率高于死亡率有逐年增加的趋势；我国居民收入随着改革开放和生产力的发展呈逐年增长的趋势等。

(2) 季节变动（用 S 表示）。是指现象由于自然条件、社会条件的影响，在一年内随着季节的转变而引起的周期性变动。由于自然条件而引起的季节变动，如蔬菜生产受季节气候变化的影响，有淡季、旺季之分，淡季产量低价格高，旺季产量高价格低；由于社会条件而引起的季节变动，如零售市场商品的供应和需求，在我国的传统节日特别旺盛。季节变动的影响有以一季为周期的，也有以一个月、一周或一日为周期的。认识、掌握和分析季节变动，对生产经营等活动都有帮助。

(3) 循环变动（用 C 表示）。是指现象以若干年为周期波浪式的变动。虽然每次变动周期的长短不同，其上下波动的幅度亦不一致，但每一周期都呈现盛衰起伏的现象。由于循环变动是涨落起伏相间的变动，不同于朝单一方向持续发展的长期趋势；又因其变动周期常在 1 年以上，没有固定的周期，从而也不同于季节变动。如有些农作物受自然现象的影响，在若干年中出现的丰歉状况，就是循环变动的一种表现。

(4) 不规则变动（用 I 表示）。是指由意外的、偶然性因素引起的，突然发生的无周期性的随机波动。如地震、旱灾、水灾、风灾等自然灾害和原因不明所引起的各种变动。不规则变动是人不能左右的，是无法控制的变动。

长期趋势、季节变动和循环变动有一定规律性，可以用统计方法加以测定，不规则变动是无规律性的随机波动，难以测定，一般可作为误差项处理。

现象的发展变化，都是上述四种因素的全部或部分变动影响的结果。其分解模型一般分为乘法模型和加法模型两种。

乘法模型指动态数列是由各个因素相乘的乘积所形成的结构类型。其关系式为：

$$Y = T \times S \times C \times I \tag{5-31}$$

进行分析时，一般先测定长期趋势值 T，用长期趋势去除动态数列，即可得出消除长期趋势影响的动态数列。

$$\frac{Y}{T} = S \times C \times I \tag{5-32}$$

进一步测定变动值 S，再用季节变动与长期趋势的乘积去除动态数列，即可得出消除长期趋势和季节变动影响的动态数列。

$$\frac{Y}{T \times S} = C \times I \tag{5-33}$$

将只包含循环变动和不规则变动影响的动态数列，加以移动平均，即可测定循环变动影响值 C。

如果动态数列仅含长期趋势和季节变动两个因素影响，则：

$$\frac{Y}{T \times S} = 1 \tag{5-34}$$

当消除长期趋势和季节变动影响后，其数值接近于 1 时，则时间数列受循环变动和不规则变动影响可略而不计；如果其数值和 1 有较大的差距，还要进一步测定循环变动和不规则变动。

如果是以年为时间单位的动态数列，则不包含季节变动因素的影响，其关系式为：

$$Y = T \times C \times I \tag{5-35}$$

加法模型指动态数列是由各种因素相加的总和所形成的结构类型，其关系式为：

$$Y = T + S + C + I \tag{5-36}$$

根据上述关系式，要测定某种因素影响，将动态数列减去其因素即可。如果是以年为时间单位的动态数列，同样不包含季节变动的影响。其关系式则为：

$$Y = T + C + I \tag{5-37}$$

乘法模型是分析测定动态数列的常用模型，因此，下面将说明乘法模型中长期趋势与季节变动因素的分析测定方法。

二、长期趋势分析

长期趋势分析是运用一定的数学关系式，对原数列进行修匀（即整理加工），将其加工成一个新数列，以排除季节变动、循环变动和不规则变动等因素的影响，显示出现象发展变化的趋势或规律，为预测、决策等管理活动提供依据。分析测定长期趋势的方法常用的有时距扩大法、移动平均法、半数平均法和最小平方法。下面主要介绍时距扩大法、移动平均法和最小平方法。

（一）时距扩大法

时距扩大法，也称为间隔扩大法，是指将原有动态数列中若干时期加以合并，得出扩大间隔的较大时距单位的数据，以便消除较小时距单位所受到的不规则变动影响，反映现象发展变化长期趋势的方法。这种方法包括：用时距扩大后的总量指标编制新的动态数列和时距扩大后的序时平均数编制新的动态数列。前者只适用于时期数列，后者既适用于时期数列，又适用于时点数列。

【例 5－13】 以表5－15资料为例说明时距扩大法。

表 5－15 某企业 2004 年各月产量动态

月 份	1	2	3	4	5	6	7	8	9	10	11	12
产量（辆）	80	85	82	86	84	88	86	85	92	94	92	98

表 5－15 中的动态数列不能明显反映现象发展的趋势，因各月的产量不是逐月上升，而是有升有降。现在我们采用时距扩大法，即时距由月扩大到季度，将每季度中各月的产量相加，则得各季的产量，见表 5－16。

表 5－16 某企业 2004 年各季度产量动态

时间	一季度	二季度	三季度	四季度
产量（辆）	247	258	265	284

这个新数列，可以明显地反映该企业生产发展的趋势，其产量是逐季上升的。

扩大后的时距应相等，这样便于比较，至于时距长短的选取则要看它能否正确反映现象的发展变化的长期趋势。时距过短，不能消除现象变动中偶然因素的影响；时距过长，又会掩盖现象在不同时期发展变化的具体差异。

时距扩大法也可采用扩大时期后计算序时平均数的方法，由序时平均数组成一个新的动态数列。利用表 5－15 中的资料计算各季平均的月产量，然后由平均月产量组成一个新的动态数列，见表 5－17。

表 5－17 某企业 2004 年各季度平均月产量动态

时间	一季度	二季度	三季度	四季度
平均月产量（辆）	82.3	86	87.7	94.7

由序时平均数构成的新动态数列，也明显地反映了现象发展的趋势，说明该企业 2004 年的产量是逐季上升的。

时距扩大法应注意的问题是：为了保持可比性，同一数列前后的时距单位应当一致；时距单位的大小，应以时距扩大后数列能正确反映长期趋势为准。

时距扩大法是一种动态数列分析方法，虽然计算简便，但有一定的局限性：时距扩大后新数列的项数比原数列少得多；不能据以预测未来的发展趋势；不能满足消除长期趋势，分析季节变动和循环变动的需要。

（二）移动平均法

移动平均法，是指根据动态数列资料，逐项递推移动，依次计算包含一定项数的扩大时距的平均数，形成一个新的动态数列，用来反映长期趋势的方法。

采用移动平均法修匀动态数列，可以削弱或消除不规则变动的影响。包含有季节变动的动态数列，用含有季节变动周期的序时项数进行移动平均，还可以消除季节变动的影响。因此利用移动平均法，能够测定社会经济现象发展的基本趋势。

每一移动平均数位于序时项数的中点位置。采用奇数次项（3、5、7、9 等）计算移动平均数时，一次移动平均即可取得对正序时项数中间项的长期趋势值；采用偶数项（2、4、6、8 等）计算移动平均数时，序时项数的中点，位于偶数项的中间位置，不和任一具体时期相对应，为了求得某一具体时期长期趋势值，还应以序时项数为 2 计算二次移动平均数，以移正长期趋势值。

根据各移动平均数编制的动态数列，能较明显地反映现象的发展趋势，如表 5－18 所示。

表 5－18 某地区 1995—2005 年粮食产量

年份	1995	1996	1997	1998	1999	2000	2001	2002	2003	2004	2005
粮食产量（万吨）	320	342	336	361	388	380	406	435	430	456	480
三项移动平均	—	332.7	346.3	361.7	376.3	391.3	407.0	423.7	440.3	455.3	—
五项移动平均	—	—	349.4	361.4	374.2	394.0	407.8	421.4	441.4	—	—

表 5－18 中的粮食产量动态数列，是原动态数列，其中有些年的发展水平，受偶然因素影响大，较其上年下降了，因而现象的变化趋势欠明朗，表中另外两个移动平均数动态数列，是作了修匀的，从中可见，该地区 10 年粮食产量的发展趋势是明显上升的。三项移动平均的第一个数＝(320＋342＋336)÷3＝332.7，第二个数＝(342＋336＋361)÷3＝346.3，其余各数类推计算，所得的移动平均数，写在时距最中央的那一年位置上。五项移动平均方法与三项移动平均法相同，只是时距更大些。当然，还可作七项、九项等的移动平均。究竟作几项移动平均好？这要根据数列及现象的具体情况而定。一般来

说，时距项数越多，移动平均动态数列的修匀程度越大，而所得新的动态数列项数越少（新的动态数列项数＝原动态数列项数－时距项数＋1，如上例三项移动平均数列的项数＝11－3＋1＝9）。原动态数列为年度资料，时距确定为三项、五项或七项为宜；原动态数列为月份或季度资料，而且现象又有季节变动，时距确定为十二项或四项为宜，因为只有这样，才便于将季度变动的影响削弱而呈现出现象的长期趋势。

（三）最小平方法

最小平方法也称为最小二乘法，是动态数列长期趋势分析预测中的传统方法。它是要求实际值与趋势值的离差平方和为最小值，列出联立方程，估计参数，配合趋势模型，分析预测长期趋势的方法。

当长期趋势表现为直线模型时：

$$\hat{y}_t = a + bx \tag{5-38}$$

按最小平方法的要求：

$$\sum(y_t - \hat{y}_t) = \sum(y_t - a - bx)^2 = \text{最小值}$$

对上式求偏导数，得估计参数 a、b 的标准联立方程如下：

$$\begin{cases} \sum y_t = na + b\sum x \\ \sum xy = a\sum x + b\sum x^2 \end{cases} \tag{5-39}$$

解联立方程，即可求得参数：

$$b = \frac{n\sum xy_t - \sum x\sum y_t}{n\sum x^2 - (\sum x)^2} \tag{5-40}$$

$$a = \frac{\sum y - b\sum x}{n} \tag{5-41}$$

上列诸式中：n 代表年数；t 代表年份；x 代表年次（$x=0$，1，2，3，…）；y 代表年发展水平。

为了简化计算，当时期数为奇数时，可用中间一期为原点，则 $x=\cdots$，-3，-2，-1，0，1，2，3，…，x 以 1 期为单位。当时期数为偶数时，可用中间 2 期之中点为原点，使其时期次序为 0，则 x 以半期为单位，$x=\cdots$，-5，-3，-1，0，1，3，5 …。这样可使 $\sum x=0$，于是上边的联立方程可简化为：

$$\begin{cases} \sum y_t = na \\ \sum xy_t = b\sum x^2 \end{cases} \tag{5-42}$$

$$a = \frac{\sum y_t}{n} \tag{5-43}$$

$$b = \frac{\sum xy_t}{\sum x^2} \tag{5-44}$$

第五章 动态分析指标

现以表 5－19 为资料进行分析。

表 5－19 某省农业总产值指数直线模型计算表 （%）

年 份	年次 x	产量 y_t	xy_t	x^2	$\hat{y}_t$
（甲）	(1)	(2)	(3)	(4)	(5)
1985	－9	510.8	－4 597.2	81	506.54
1986	－7	542.5	－3 797.5	49	552.02
1987	－5	594.5	－2 972.5	25	597.50
1988	－3	640.1	－1 920.3	9	642.98
1989	－1	690.3	－690.3	1	688.46
1990	1	741.2	7 41.2	1	733.94
1991	3	786.4	2 359.2	9	779.42
1992	5	834.5	4 172.5	25	824.90
1993	7	866.4	6 064.8	49	870.38
1994	9	905.1	8 145.9	81	915.83
合 计	0	7 112	7 505.8	330	7 112

表 5－19 中的动态数列年数 $n = 10$ 为偶数，其中点在 1989 年与 1990 年中间，为了简化计算，使两年的中点为原点，$x=0$，以半年为单位，则 1989 年的年次为－1，以前各年年次为－3、－5、－7、－9；1990 年的年次为＋1，以后各年的年次为 3、5、7、9，使$\sum x=0$。

将上表合计栏资料代入联立方程：

$$\begin{cases} 7\,112 = 10a \\ 7\,505.8 = 330b \end{cases}$$

则：

$$a = \frac{7\,112}{10} = 711.2$$

$$b = \frac{75\,085.8}{330} = 22.74 \text{（半年增长量）}$$

得趋势直线模型为：

$$\hat{y}_t = 711.2 + 22.74x$$

将各年年次代入模型，即可求得各年趋势值，填入上表第（5）栏。将 9 和 13 代入模型，可测定 1994 年和 1996 年某省农业总产值指数趋势值如下：

$$\hat{y}_{1994} = 711.2 + 22.74 \times 9 = 915.86 \text{（\%）}$$

$$\hat{y}_{1996} = 711.2 + 22.74 \times 13 = 1\,006.82 \text{（\%）}$$

大量现象并非是直线发展，而是呈各种曲线发展，我们可将现象变动拟合二次曲线模型、指数曲线模型等进行长期趋势预测，具体预测方法参见第九章。

三、季节变动分析

季节变动是指某些现象由于受自然因素和社会条件影响，在一年之内，随着季节更换而有规律性地变动。

季节变动的分析测定，是运用一定的方法对季度或月份的历史资料计算出季节指数，以反映现象的季节变动方向和程度。分析季节变动的主要目的是为了取其利避其害。归纳起来其意义如下：

(1) 有利于指导当前的社会生产和各种经济活动。

(2) 规划未来行动。分析季节变动，就可以根据季节变动规律，配合适当的季节模型，结合长期趋势进行经济预测，规划未来的行动。

(3) 分析季节变动，有利于消除季节变动对动态数列带来的影响，更好地研究长期趋势或循环波动。

季节变动测定的方法很多，这里着重介绍按月(或季)平均季节指数法和移动平均趋势剔除法。

(一) 按月(或季)平均季节指数法

如果时间数列不含长期趋势，即不受长期趋势因素的影响，而仅受季节变动因素影响，对这样的时间数列进行季节变动测定所采用的方法称为季节指数法，季节指数法运算的一般步骤是：

(1) 搜集历年各月(季)的资料。一般要有 3 年以上的时间数列资料，才能比较明显地呈现出季节的规律。

(2) 计算数年内同月(或同季)的平均数。

(3) 计算总的月(或季)的平均数。

(4) 计算各月(或各季)的季节指数。其公式为：

$$\text{月(季)的季节指数} = \frac{\text{月(季)平均数}}{\text{总的月(季)平均数}} \tag{5-45}$$

(5) 预测。根据季节指数和已知某年一个月或几个月的实际值，就可以采用比率法预测该年其他各月或各季的数值。

【例 5-14】 设某市1999—2003年各月汗衫、背心的销售额资料见表 5-20，并知 2004 年 4 月份、5 月份、6 月份销售额分别为 50 万元、85 万元、91 万元，要求预测该市 2004 年 7 月份、8 月份、9 月份的销售额。

解 根据所给资料算得的季节指数见表 5-20 末行所示（表中数据存在尾差，已在 11 月份调整，在此未按校正系数调整）。

表 5－20　某市 1999—2003 年汗衫、背心销售额　　单位：万元

年份＼月份	1	2	3	4	5	6	7	8	9	10	11	12	合 计
1999	22	25	30	35	40	50	90	100	105	45	30	80	652
2000	33	35	45	40	45	55	100	120	115	60	40	30	718
2001	43	50	55	60	65	68	115	135	120	70	50	35	866
2002	48	52	60	65	72	78	120	140	130	80	62	45	952
2003	50	58	64	71	78	82	130	190	132	88	71	48	1 062
合计	196	220	254	271	300	333	555	685	602	343	253	238	4 250
分月平均数	39.2	44.0	50.8	54.2	60.0	66.6	111.0	137.0	120.4	68.6	50.6	47.6	70.8
季节指数(％)	55.3	62.1	71.8	76.6	84.7	94.1	156.8	193.5	170.1	96.9	70.9	67.2	1200.0

由表 5－20 可见，该市 7～9 月份是销售旺季，则可运用相应季节指数预测该市 2004 年 7 月、8 月、9 月的汗衫、背心销售额。即：

$$y_7=\frac{50+85+91}{0.766+0.847+0.941}\times 1.568=138.8\text{（万元）}$$

$$y_8=\frac{50+85+91}{0.766+0.847+0.941}\times 1.935=171.2\text{（万元）}$$

$$y_9=\frac{50+85+91}{0.766+0.847+0.941}\times 1.701=150.5\text{（万元）}$$

例 5－14 采用的按月平均计算季节指数的方法，简单明了，计算方便，易于理解。但是，在事物发展过程中，特别是在年数较多的情况下，除了季节变动之外，还包含长期趋势、意外变动等因素在内，而按月平均的季节指数法未考虑这些因素，因而是比较粗略的。

（二）移动平均趋势剔除法

由于事物发展过程存在着长期趋势、循环变动、季节变动、不规则变动，因此，在计算季节指数时，就应将长期趋势、循环变动、不规则变动等因素的影响从动态数列的各项实际数值中剔除掉，才能得出准确的季节指数，从而使预测结果更切合实际。消除这些因素的方法有很多，实际中常用移动平均法剔除长期趋势的影响，再计算季节指数，其步骤如下：

（1）计算 12 个月的移动平均数（如是季节资料，则计算四个季度的移动平均数），得到一个新的动态数列。该数列的各项数值不能与相应的月份对齐，所以要再计算相邻的两个月移动平均数，再得到第 2 个动态数列。该数列使移动平均数位于对应的月份

上，这便是长期趋势值（T）。

（2）将观察值除以对应的趋势值，得循环变动、季节变动和不规则变动值，即：$\frac{Y}{T}=C\times S\times I$。西方国家循环变动较常发生，在我国却忽略此项变动。在此设 $C=1$，则经过第二步骤后，时间数列只剩下季节变动和不规则变动值，即 $S\times I$。

（3）将几年的同一月份加总分别求出 12 个月的平均数——即反映季节变动的值 S，S 消除了随机的不规则变动因素的影响。如有 5 年以上的资料，也可选用中位数作为月平均数。

（4）将 12 个月的平均数加总算出总的月平均数 $\overline{S}$，然后计算季节指数 $S/\overline{S}$。各月季节指数之和应为 1 200%，如果大于或小于 1 200%，应计算校正系数并进行修正，使其总和等于 1 200%。

【例 5－15】 设某市2001—2003年冷饮销售额资料见表 5－21，并知 2004 年 1 月、2 月、3 月的销售额分别为 16 万元、22 万元、52 万元，试预测 2004 年 6 月、7 月、8 月的销售额。

解 列表计算有关数据如表 5－21 所示，先算出季节指数，再进行预测。

$$\overline{S}=\frac{\sum S}{12}=101.662\ 5$$

$$\text{销售量与季节指数的比率}=\frac{16+22+52}{0.170\ 2+0.256\ 7+0.553\ 3}=91.818\ 0$$

因此

$$y_6=91.818\ 0\times 3.053\ 2\ =\ 280.34\text{（万元）}$$
$$y_7=91.818\ 0\times 2.871\ 8\ =\ 263.68\text{（万元）}$$
$$y_8=91.818\ 0\times 1.519\ 7\ =\ 139.54\text{（万元）}$$

表 5－21 移动平均趋势剔除法季节指数计算表 单位：万元

年份	月	销售量 y	移动平均数	TC	$\frac{y}{TC}$（%）	S	季节指数 $S/\overline{S}$（%）
2001	1	12					
	2	18					
	3	32					
	4	54					
	5	136					
	6	224					
			74.5				
	7	202		74.5	271.1		
			74.5				
	8	118		74.7	158.0		

续表

年份	月	销售量 y	移动平均数	TC	$\frac{y}{TC}$（%）	S	季节指数 $S/\overline{S}$（%）
			74.9				
	9	40		75.4	53.1		
			75.8				
	10	26		76.1	34.2		
			76.4				
	11	18		76.6	23.5		
			76.8				
	12	14		78.0	17.9		
			79.2				
2002	1	12		79.5	15.1	17.3	17.02
			79.8				
	2	23		80.0	28.7	26.1	25.67
			80.1				
	3	42		80.0	52.5	56.25	55.33
			79.9				
	4	62		79.9	77.6	86.65	85.23
			79.8				
	5	140		79.6	175.9	157.3	154.73
			79.3				
	6	253		79.4	318.6	310.4	305.32
			79.4				
	7	249		79.6	312.8	291.95	287.18
			79.8				
	8	122		80.8	151.0	154.5	151.97
			81.7				
	9	38		80.9	47.0	50.05	49.23
			80.1				
	10	24		81.5	29.4	31.8	31.28
			82.8				
	11	13		82.4	15.8	19.65	19.33
			81.9				
	12	15		83.1	18.1	18.0	17.71
			84.3				
2003	1	17		87.3	19.5		
			90.2				

续表

年份	月	销售量 y	移动平均数	TC	$\frac{y}{TC}$（%）	S	季节指数 $S/\overline{S}$（%）
	2	21		89.5	23.5		
			88.8				
	3	54		90.0	60.0		
			91.2				
	4	88		92.0	95.7		
			92.7				
	5	129		93.0	138.7		
			93.3				
	6	281		93.0	302.2		
			93.0				
	7	280					
	8	105					
	9	67					
	10	42					
	11	21					
	12	11					

【思考题】

1. 什么是动态数列？试比较说明它与变量数列的区别。
2. 什么是时期数列和时点数列？各有何异同？
3. 编制动态数列应遵循哪些原则？
4. 什么是序时平均数？它与算术平均数有什么异同？在动态分析中序时平均数的作用如何？
5. 什么是增减量、发展速度和增减速度？三者各有什么意义？
6. 什么是逐期增减量和累计增减量？两者的关系如何？
7. 什么是定基发展速度和环比发展速度？两者的关系如何？
8. 什么是定基增减速度和环比增减速度？发展速度与增减速度之间有什么关系？
9. 什么是平均发展速度和平均增减速度？计算平均发展速度有哪几种方法？各种方法及建立的指导思想是什么？
10. 什么是增减 1% 的绝对值？为什么要计算增减 1% 的绝对值？

第六章　统计指数

统计指数是一种表明客观现象变动的相对数，其应用相当广泛，涵盖社会经济现象和自然现象进行统计研究的各个领域。人们经常利用统计指数作为分析和预测客观现象发展变化的工具，来评价现象发展变化各种因素的综合影响。

第一节　统计指数概述

一、指数的概念

指数的涵义有广义和狭义两种。广义的指数是指一切说明现象数量变动或差异程度的相对数，如动态相对数、比较相对数、计划完成相对数等都可称为指数。狭义的指数是一种特殊的相对数，也即专指不能直接相加和对比的复杂现象综合变动程度的相对数。例如，零售物价指数，是说明全部零售商品价格变动的相对数；工业产品产量指数，是说明一定范围内全部工业产品实物量总变动的相对数，等等。统计中的指数，主要指这种狭义的指数。

二、统计指数的种类

由于分析现象的不同，统计指数可以划分为不同的种类。

（一）按指数所考察范围的不同，分为个体指数、组指数和总指数

个体指数是反映单个现象或单个事物变动的相对数，比如某种品牌型号的电视机产量指数或价格指数，都是个体指数。组指数也称类指数，是综合反映总体内某一类现象变动的相对数，如食品类、衣着类、服务类价格指数等，组指数通常也是编制总指数的中间环节。总指数是综合反映整个复杂现象总体变动情况的相对数，如商品价格总指数、工业产品产量总指数等。

（二）按指数所反映的现象特征不同，分为数量指标指数和质量指标指数

数量指标指数是反映所研究现象的数量规模变动情况的比较指标，如经济增长指数、产品产量指数、商品销量指数等。质量指标指数是反映所研究现象的质量水平变动情况的比较指标，如商品价格指数、产品成本指数、劳动生产率指数等。

（三）按照指数表现形式不同，可分为综合指数、平均指标指数和平均指标对比指数

综合指数是通过两个有联系的总量指标的对比计算的总指数；平均指标指数是用加

权平均的方法计算出来的指数，分算术平均指数和调和平均指数；平均指标对比指数则是两个联系的加权算术平均指标对比计算出来的总指数。这三类指数之间既有区别，又有密切联系，各适用于说明不同的问题。

三、统计指数的作用

统计指数的作用主要表现为以下几个方面。

（一）综合反映事物变动方向和变动程度

这是指数的主要作用。无论哪一种指数，计算的结果，一般都是用百分比表示相对指标。这个百分比大于或小于100%，表示上升或下降变动的方向，比100%大多少或小多少，就是升降变动的程度。例如零售物价指数108%，说明许多商品零售价格有涨有落，总的来讲，涨了8%。在指数中，由于指数的子项和母项是两个总量指标，所以既可以计算现象的变动程度，还可以计算子项和母项两个总量指标之差，表示现象变动产生的绝对效果。

（二）分析复杂经济现象总体变动中各个因素的变动，以及它们的变动对总体变动的影响程度

复杂现象总体的变动是由各种因素综合影响的结果，而各种因素自身变动的速度和变动的方向常常是不一致的，对总体变动的影响也不同。例如商品销售额是销售量和销售单价的乘积；产品总成本是产品产量与单位成本的乘积；产品产值是产品产量与产品价格的乘积等。将不同时期的商品销售额、产品总成本、产品产值进行比较，就能反映其总体的变动方向和变动程度。如某地区2004年商品销售额对比2003年为112%，说明2004年该地区商品销售额的增长幅度为12%。这个变动是销售量与价格两个因素共同作用的结果，借助于统计指数法可以深入分析和测定这两个因素的变动及其对销售额变动所带来的影响。

（三）分析复杂现象平均水平的变动中各个因素的变动，以及它们的变动对总平均水平变动的影响程度

例如，城镇就业人口平均工资水平的变动，既受各行业职工工资水平变动的影响，也受各行业职工构成变动的影响。借助于统计指数法，就能对全体就业人口的工资水平变动进行分析，同时分析各行业职工平均工资变动及其对全体就业人口平均工资变动的影响，分析各行业所占比重的变动及其对全体就业人口平均工资的影响。

（四）分析复杂现象总体在长时期内的发展变动趋势

借助连续编制动态指数形成的指数数列，可以反映现象在长时间的发展变化趋势。同时，如果把两个相互联系的指数数列（如居民收入指数和价格指数）加以比较，还可以进一步认识复杂的现象总体之间数量上的变动关系。

第二节 综合指数

一、综合指数编制的一般方法

总指数的计算形式有两种：综合指数和平均数指数。综合指数是总指数的基本形式。

如何设计综合指数的形式，关键是在现象联系中寻找同度量因素，而后再把它固定不变，以反映所研究总体的某种现象的变动情况。归纳起来要解决以下两个问题：

（1）用什么因素为同度量因素是合理的？

（2）把同度量因素固定在哪个时期是恰当的？

同度量因素是把不能直接相加的指标过渡为可以相加的因素。它在指数计算中起着权衡轻重的作用，所以又称它为权数。假设要求计算社会商品零售价格总指数，由于商品的单价不能相加而无法计算，用同度量因素把单价过渡为销售额就可以相加了。又如，要计算社会商品销售量指数，由于实物量计算单位不同不能相加，用同度量因素把它过渡为销售额就可以相加了。

在编制总指数时，为了分析一个因素的变动情况，就必须把另一个因素固定不变，即要把相对比的分子和分母所乘上的那个同度量因素固定在某一时期不变。在复杂现象总体中，各个不同时期的同度量因素不同，其数值也不同：有基期的，也有报告期的；有实际的，也有计划的。那么，到底同度量因素应该选择在哪个时期呢？这是统计中一个重要的理论问题，有着不同的观点。根据实践中的应用情况，确定统计指数同度量因素所属时期的一般原则是：编制数量指标指数时，以基期的质量指标作为同度量因素；编制质量指标指数时，以报告期的数量指标作为同度量因素。

二、数量指标综合指数

数量指标综合指数是说明总体规模变动情况的相对指标指数。例如，商品销售量指数、工业产品生产量指数、农业产品生产量指数、职工人数指数、股票交易量指数等。

【例 6－1】 以表6－1所列资料为例，说明其编制和计算方法。

表 6-1 某商店销售甲、乙、丙三种不同商品的有关资料

商品名称	计量单位	基期			报告期			假定销售额	
		销售量 q_0	单价 p_0	销售额 q_0p_0	销售量 q_1	单价 p_1	销售额 q_1p_1	q_1p_0	q_0p_1
甲	件	500	30	15 000	600	30	18 000	18 000	15 000
乙	kg	800	40	32 000	1 000	35	35 000	40 000	28 000
丙	m	200	60	12 000	150	90	13 500	9 000	18 000
合计				59 000			66 500	67 000	61 000

从上表的资料可以看出：甲、乙两种商品的销售量报告期比基期有所增加，而丙商品却减少了。他们各自的变化情况，可用个体销售量指数表示（用 k 代表个体指数，q_1、q_0 分别为报告期和基期的商品销售量）：

$$k_{甲}=\frac{q_1}{q_0}=\frac{600}{500}\times 100\%=120\%$$

$$k_{乙}=\frac{q_1}{q_0}=\frac{1\ 000}{800}\times 100\%=125\%$$

$$k_{丙}=\frac{q_1}{q_0}=\frac{150}{200}\times 100\%=75\%$$

计算结果表明，甲商品的销售量增加了 20%，乙商品销售量增加了 25%，丙商品销售量减少了 25%。

个体指数不能反映总体情况。因为反映三种商品销售的度量单位不相同，它们的商品销售量不能够直接相加。但是，可以借助它们各自的价格作为同度量因素。这样，把同度量因素——价格固定在基期，然后去乘以各自的销售量得到销售额，从而将它们过渡到价值形态，使三种商品由不同的使用价值形态转化为同质量的价值总量，于是就能得到三种商品基期销售额的总量和按基期价格与报告期销售量计算所得的假定销售总量，然后将这两个总量指标对比，得到三种商品销售量总指数，其一般的计算公式如下：

$$\overline{k}_q=\frac{\sum q_1p_0}{\sum q_0p_0}\times 100\%=\frac{67\ 000}{59\ 000}\times 100\%=113.5\%$$

式中：$\overline{k}_q$ 代表销售量的综合指数；q_1、q_0 代表报告期销售量和基期销售量；p_1、p_0 代表报告期价格和基期价格。

公式中的分子与分母之差为：$\sum q_1p_0-\sum q_0p_0=67\ 000-59\ 000=8\ 000$（元）

计算结果说明，由于三种商品销售量平均增长了 13.56%，从而使销售额增长了 8 000 元。这是在假定价格不变的情况下，由于销售量报告期比基期增加而增加的销售额，其经济意义很明确。

上面的计算公式，最早是由德国经济学家拉斯贝尔提出的，所以又称为拉斯贝尔数量指数公式，简称拉氏公式。如产量指数、职工人数指数、商品销售量指数等数量指数，一般都用这个公式编制和计算，将其同度量因素固定在基数。

三、质量指标综合指数

质量指标综合指数反映现象质量指标变动的情况。例如价格指数、工资水平指数、成本指数、股票价格指数等。仍以表 6－1 的资料为例，说明其编制和计算方法，根据表 6－1 的资料，编制甲、乙、丙三种商品的个体价格指数：

$$k_{甲}=\frac{p_1}{p_0}=\frac{30}{30}\times 100\% = 100\%$$

$$k_{乙}=\frac{p_1}{p_0}=\frac{35}{40}\times 100\% = 87.5\%$$

$$k_{丙}=\frac{p_1}{p_0}=\frac{90}{60}\times 100\% = 150\%$$

计算结果说明，甲商品价格保持不变，乙商品价格降低 12.5%，丙商品价格提高了 50%。

为了反映三种商品销售价格总变动情况，必须编制价格综合指数。甲、乙、丙三种商品的销售价格虽然都是以货币为计量单位，但也不能简单相加，它们也是不同度量的。甲商品是每件的价格，乙商品是每千克的价格，丙商品是每米的价格。将它们相加是没有意义的，因此也要通过同度量因素使之转化为可以相加的价值指标。这里，可以借助于它们各自的销售量作为同度量因素。按照编制综合指标指数的一般原则，把同度量因素——销售量固定在报告期，然后去乘以各自的价格，使它们过渡到价值形态。这样就得到三种商品报告期的销售额总量和按基期的价格与报告期销售量计算所得的假定销售额总量，再将这两个总量指标对比，得到三种商品的价格综合指标。

其一般公式为：

$$\overline{k}_p=\frac{\sum q_1 p_1}{\sum q_1 p_0}\times 100\% = \frac{66\,500}{67\,000}\times 100\% = 99.25\%$$

式中：$\overline{k}_p$ 代表价格综合指数，其他符号同前。

公式中的分子分母之差为：

$$\sum q_1 p_1 - \sum q_1 p_0 = 66\,500 - 67\,000 = -500\ (元)$$

计算结果表明三种商品的价格报告期比基期平均下降 0.75%，使销售额减少了 500

元。这是在假定同度量因素销售量不变，并把它固定在报告期的情况下，由于销售价格报告期比基期下降而减少了销售额，其计算结果具有现实的经济意义。但它却包含了销售量变化的因素在内。

上面这个公式，由德国经营学家曼哈·派许最早提出，故又称为派许指数公式，简称派氏公式。如物价指数、劳动生产率指数、单位成本指数，一般都用这个公式编制和计算。

四、总指数的编制原理在研究自然现象上的应用

在本书第一章第二节中明确指出，统计学研究的对象是社会现象和自然现象的数量特征和数量关系。上面介绍总指数编制原理是以社会经济现象为例的，其实，在自然现象统计研究中也需要运用指数法。如在研究生物圈的第一性生产力时，当要考察某一区域相同单位面积上的各种绿色植物的第一性生产力的大小时，就需要用指数法。

生物圈第一性生产量的过程是以阳光或 CO_2 为摄入量开始，以所生产的干物质重量为结束。但从生物过程来说，生产的干物质重量的多少，不能准确地反映第一性生产力大小和生产量的多少，而从能量角度考察则可得到比较准确的数据。

【例 6－2】 某区域平均每平方米面积收获的干物质中的化学成分量如表6－2所示，计算其总指数。

表 6－2　某区域平均每平方米面积收获干物质的化学成分量表

生物材料	草本植物 q_0	豆科植物 q_1	平均热量（4.2kJ/g） Q_n
甲	1	2	3
粗纤维	926	539	4.2
木质素	151	141	6.3
无氮浸出物	1 364	1 069	4.1
树脂及脂肪	91	288	8.8
粗蛋白质	272	590	5.5
灰 分	209	195	—
合 计	3 013	2 822	

从表 6－2 生产的干物质量计算可知，草本植物多于豆科植物（3 013>2 822）。但这个指标不能准确地反映这两类植物的第一性生产力。为此，就需要利用指数法，以表 6－2 的第 3 栏“平均热量值”为同度量因素进行测定。即：

$$\overline{k}_q=\frac{\sum q_1 p_n}{\sum q_0 p_n}=\frac{539\times4.2+141\times6.3+1\ 069\times4.1+288\times88+590\times5.5+195\times0}{926\times4.2+151\times6.3+1\ 364\times4.1+91\times8.8+272\times5.5+209\times0}$$

$$=\frac{13\ 314.4}{12\ 729.7}=1.046=104.6\%$$

以上结果表明，在该地区相同单位面积上的豆科植物的第一性生产力比草本植物大4.6%。这个方法同样可用于其他各类绿色植物的对比，也可用于对比研究多种植物间生、轮生能获得的第一性生产量的多少。这对于研究自然生态与人类社会的关系具有现实意义。

第三节　平均数指数

以个体指数为基础，采用加权平均形式编制的总指数称为平均数指数。它与综合指数相比，只是由于所掌握的资料和所采用的计算方法不同而已，两者计算结果与经济意义是一样的，平均数指数实质上是综合指数的变形。按其指数化因素的性质和平均方法不同，可以分为加权算术平均数指数和加权调和平均数指数两种。

一、加权算术平均数指数

加权算术平均数指数是对个体指数采用加权算术平均方法计算的总指数。一般情况下，在编制数量指标指数时，当掌握的资料是个体数量指数和基期的总指标时，可以采用这种形式来编制数量总指标。其计算公式为：

由个体数量指数 $k_q=\frac{q_1}{q_0}$ 可得 $q_1=k_q q_0$，

$$\overline{k}_q=\frac{\sum q_1 p_0}{\sum q_0 p_0}\times100\%=\frac{\sum k_q q_0 p_0}{\sum q_0 p_0}\times100\%$$

式中：$\overline{k}_q$ 代表数量加权算术平均数指数。

仍以表 6－1 所示资料为例，编制算术平均数指数表如表 6－3 所示。

表 6－3　算术平均数指数计算表

商品名称	销售量个体指标数（k_q）	基期销售额（$q_0 p_0$）
甲	1.20	15 000
乙	1.25	32 000
丙	0.75	12 000
合计		59 000

利用加权算术平均数的指数公式，计算的销售量指数为：

$$\overline{k}_q = \frac{\sum k_q q_0 p_0}{\sum q_0 p_0} \times 100\% = \frac{1.20 \times 15\ 000 + 1.25 \times 32\ 000 + 0.75 \times 12\ 000}{59\ 000} \times 100\%$$

$$= \frac{67\ 000}{59\ 000} \times 100\% = 113.56\%$$

$$\sum k_q q_0 p_0 - \sum q_0 p_0 = 67\ 000 - 59\ 000 = 8\ 000 \text{（元）}$$

这个计算结果与第二节的数量指标综合指数计算的结果完全一致。由此可见，当编制指数时只掌握了个体指数和基期资料，运用算术平均数公式编制总指数比较方便。

二、加权调和平均数指数

加权调和平均数指数是对个体指数用加权调和平均方法计算的总指数。通常，在编制质量指标指数时，若只掌握了报告期的总量指标和个体质量指数，可用这种方法编制质量总指数。其计算公式为：

由个体质量指数 $k_p = \frac{p_1}{p_0}$ 可得 $p_0 = \frac{p_1}{k_p}$

$$\overline{k}_p = \frac{\sum q_1 p_1}{\sum q_1 p_0} = \frac{\sum q_1 p_1}{\sum \frac{1}{k_p} q_1 p_1}$$

式中：$\overline{k}_p$ 代表质量加权调和平均数指数。

仍以表 6－1 资料为例，编制调和平均数指数计算表如表 6－4 所示。

表 6－4　调和平均数指数计算表

商品名称	商品价格个体指标数（k_p）	报告期销售额（$q_1 p_1$）
甲	1.00	18 000
乙	0.875	35 000
丙	1.50	13 500
合计		66 500

利用加权调和平均数的指数公式，计算的价格指数为：

$$\overline{k}_p = \frac{\sum q_1 p_1}{\sum \frac{1}{k_p} q_1 p_1} = \frac{66\ 500}{67\ 000} = 99.25\%$$

$$\sum q_1 p_1 - \sum \frac{1}{k_p} q_1 p_1 = 66\ 500 - 67\ 000 = -500 \text{（元）}$$

利用调和平均数指数公式计算的价格指数，与运用综合指数公式计算的价格指数，在经济内容和实际意义上也是一样的。

第四节 指数体系和因素分析

一、指数体系的概念和作用

客观现象是错综复杂的，各种因素对它的影响不是孤立的，而是相互联系、相互制约和相互影响的。统计中，除了依据现象内在因素联系编制综合指数外，同时还要应用指数体系来分析现象中各种因素的影响程度，这就必须建立指数体系。

所谓指数体系，是指若干个指数由于在数量上存在着对等关系形式的内在联系，而形成的一个有机整体。

利用指数体系，可以从相对数和绝对数两个方面分析受多种因素影响的复杂总体中，各个因素的影响程度；利用指数体系，可以进行指数之间的相互推算，已知三个指数中的任意两个，就可以推算第三个指数；通过指数体系可以对某种现象进行预测。

二、总量指标因素分析

（一）两因素分析

复杂的社会现象是由两个或两个以上的因素构成，各因素之间的客观联系是建立统计指数体系的依据。这种关系，在相对数上表现为乘积的关系，在绝对数上表现为相加的关系。如表 6－1 中某商店销售甲、乙、丙三种不同商品，按照前面已经计算出来的结果，则可以得到：

相对数关系为

商品销售额指数＝商品销售量指数×商品销售价格指数

即，
$$\frac{\sum q_1 p_1}{\sum q_0 p_0}=\frac{\sum q_1 p_0}{\sum q_0 p_0}\times\frac{\sum q_1 p_1}{\sum q_1 p_0}$$

在表 6－1 中为
$$\frac{66\ 500}{59\ 000}=\frac{67\ 000}{59\ 000}\times\frac{66\ 500}{67\ 000}$$
$$112.71\%=113.56\%\times 99.25\%$$

绝对数关系为

商品销售额增减变动总额＝因销售量变动而增减的销售额＋因销售价格变动而增减的销售额

即，
$$\sum q_1 p_1-\sum q_0 p_0=\left(\sum q_1 p_0-\sum q_0 p_0\right)+\left(\sum q_1 p_1-\sum q_1 p_0\right)$$

在表 6－1 中为
$$66\ 500-59\ 000=(67\ 000-59\ 000)+(66\ 500-67\ 000)$$
$$7\ 500=8\ 000+(-500)$$

以上的计算表明，某商店销售甲、乙、丙三种商品的销售额，报告期比基期上升了 12.71%，由此导致增加销售金额为 7 500 元。销售额变动是受以下两个因素共同影响的结果：一是由于三种商品的销售量报告期比基期上升了 13.56%，使销售额增加了 8 000 元；二是由于三种商品的销售价格报告期比基期下降了 0.75%，使销售额减少了 500 元。

通过指数体系，可对影响商品销售额的两个因素——销售量和销售价格从相对数和绝对数两个方面进行分析，并测定它们的影响程度和数额。同样，可以对产品产值与产品产量、出厂价格之间，生产总成本与产品产量、单位成本之间等社会经济现象从相对数和绝对数进行两因素分析。

（二）多因素分析

复杂社会现象变动有时受三个或三个以上的多因素变动的影响，对此，可以利用指数体系进行多因素分析，以测定各个因素变动对现象总体变动的影响程度。这种分析，从理论上讲可以推广到三个、四个甚至更多的因素分析。但实际工作中并非要精确得像会计核算一样，一分不差，统计研究中应分清主次，抓住主要矛盾，以便采取措施。因此，一般以三四个因素的分析就可以满足其要求了。

下面以表 6－5 为例说明多因素的分析方法。

表 6－5　某厂生产甲、乙两种产品原材料消耗情况表

产品名称	原材料名称	产量		原材料单耗		原材料单价（元）		原材料支出总额（万元）			
		基期	报告期	基期	报告期	基期	报告期	基期	报告期	假定	
		q_0	q_1	m_0	m_1	p_0	p_1	$q_0m_0p_0$	$q_1m_1p_1$	$q_1m_0p_0$	$q_1m_1p_0$
甲（件）	A（斤）	10	12	10	9	14	15	1 400	1 620	1 680	1 512
乙（袋）	B（米）	8	7	3.2	3.3	20	21	512	485.1	448	462
合计								1 912	2 105.1	2 128	1 974

在进行多因素现象分析时，需要注意以下两点：

（1）同度量因素固定时期的选择。为了反映一个因素变动，必须把其他因素固定不变，这也有一个选择固定时期的问题，即同度量因素固定时期的选择。一般来说，测定数量因素变动时，将质量因素固定在基期；在测定质量因素变动时，将数量因素固定在报告期，与前面讲的指数编制方法相似。其目的是要使各个因素指数的连乘积等于总量指标指数，各个因素指数变动而造成的差额之和要等于总量指标实际发生的差额。

（2）各个因素的排序。在多因素分析中，对各个因素的排序，要根据现象各因素间的内在联系加以确定，应使相邻两个变量的乘积具有独立经济意义。如企业原材料消耗总额由产品产量、产品单耗、原材料单价三个因素的乘积求得，其排序也应是如此；或者倒转过来，即为原材料消耗总额=原材料单价×产品单耗×产品产量的结果。上述两种排序，无论哪种方式，其相邻两个因素的乘积都有独立的经济意义，即“原材料单价×产品单耗”为全部产品原材料消耗总额。而“单耗×产品产量”为全部产品原材料消耗总量。这样排序，是将三因素归并为二因素，或者说，三因素是二因素的展开。如果按照“产品的原材料单耗×原材料单价×产品产量”，就不符合指数分解逻辑，因“原材料单价×产品产量”没有现实意义。

根据表6-5中的资料对原材料支出总额进行多因素分析。

相对数为

原材料支出总额指数=产量总指数×产品的原材料单耗总指数×原材料单价总指数

即
$$\frac{\sum q_1 m_1 p_1}{\sum q_0 m_0 p_0}=\frac{\sum q_1 m_0 p_0}{\sum q_0 m_0 p_0}\times\frac{\sum q_1 m_1 p_0}{\sum q_1 m_0 p_0}\times\frac{\sum q_1 m_1 p_1}{\sum q_1 m_1 p_0}$$
$$\frac{2\ 105.1}{1\ 912.0}=\frac{2\ 128.0}{1\ 912.0}\times\frac{1\ 974.0}{2\ 128.0}\times\frac{2\ 105.1}{1\ 974}$$
$$110.10\%=111.30\%\times 92.76\%\times 106.64\%$$

绝对数为

原材料支出额增减变动总额= 因产量变动而增减的原材料支出总额+因产品单耗变动而增减的原材料支出总额+因原材料单价变动而增减的原材料支出总额

即
$$\sum q_1 m_1 p_1-\sum q_0 m_0 p_0$$
$$=(\sum q_1 m_0 p_0-\sum q_0 m_0 p_0)+(\sum q_1 m_1 p_0-\sum q_1 m_0 p_0)+(\sum q_1 m_1 p_1-\sum q_1 m_1 p_0)$$
$$2\ 105.1-1\ 912.0=(2\ 128.0-1\ 912.0)+(1\ 974.0-2\ 128.0)+(2\ 105.1-1\ 974.0)$$
$$193.1(\text{万元})=216(\text{万元})+(-154)(\text{万元})+131.1(\text{万元})$$

据此可以计算以下几个指数，对各个因素进行分析。

1. 原材料支出总额指数

$$\overline{k}_{qmp}=\frac{\sum q_1 m_1 p_1}{\sum q_0 m_0 p_0}\times 100\%=\frac{2\ 105.1}{1\ 912.0}\times 100\%=110.1\%$$

$$\sum q_1 m_1 p_1-\sum q_0 m_0 p_0=2\ 105.1-1\ 912.0=193.1\ (\text{万元})$$

从上面的计算可知，原材料支出总额报告期比基期上升了10.1%，增加支出额为193.1万元。

2. 原材料支出总额因素分析

(1) 产品产量总指数。分析产量因素变动时，将作为同度量因素的两个质量因素——产品的原材料单耗和原材料单价固定在基期：

$$\overline{k}_q=\frac{\sum q_1 m_0 p_0}{\sum q_0 m_0 p_0}\times 100\%=\frac{2\ 128.0}{1\ 912.0}\times 100\%=111.3\%$$

计算结果表明，由于报告期的产量比基期增加，使原材料支出额上升 11.3%，增加支出额为：

$\sum q_1 m_0 p_0 - \sum q_0 m_0 p_0 = 2\ 128.0 - 1\ 912.0 = 216$（万元）

(2) 产品的原材料单耗总指数。这里分析产品单耗变动，对它来说，应将产量因素固定在报告期不变，而将原材料单价因素固定在基期。

$$\bar{k}_m = \frac{\sum q_1 m_0 p_0}{\sum q_1 m_1 p_0} \times 100\% = \frac{1\ 974.0}{2\ 128.0} \times 100\% = 92.76\%$$

$\sum q_1 m_1 p_0 - \sum q_1 m_0 p_0 = 1\ 974.0 - 2\ 128.0 = -154$（万元）

其结果表明，由于单位产品原材料消耗下降，使原材料费用支出额下降了 7.24%，减少原材料费用支出额 154 万元。

(3) 原材料价格总指数。此处分析原材料价格变动，应将产品产量与产品原材料单耗的乘积作为数量因素，固定在报告期：

$$\bar{k}_p = \frac{\sum q_1 m_1 p_1}{\sum q_1 m_1 p_0} \times 100\% = \frac{2\ 105.1}{1\ 974.0} \times 100\% = 106.64\%$$

$\sum q_1 m_1 p_1 - \sum q_1 m_1 p_0 = 2\ 105.1 - 1\ 974.0 = 131.1$（万元）

上述结果说明，由于原材料价格报告期比基期上涨，使原材料费用支出总额上升了 6.64%，增加支出费用 131.1 万元。

至此，将原材料费用支出总额变动的情况及其影响的因素逐个作了分析和测定，得出如下结论：

某厂生产甲、乙两种产品，消耗 A、B 两种原材料的支出总额，报告期比基期上升 10.1%，增加支出费用 193.1 万元。这是由于以下三个因素共同影响的结果：

①由于产品产量增加，使原材料费用支出上升 11.3%，增加费用支出 216 万元；

②由于产品单耗下降，影响原材料支出下降 7.24%，减少原材料费用支出 154 万元；

③因为原材料价格上涨，导致原材料费用支出上升 6.64%，使费用支出增加 131.1 万元。

说明该厂经营情况良好，贯彻了增产节约的方针，取得了可喜的成绩。

三、平均指标的因素分析

这里所讲的平均指标是指总体在分组的条件下，用加权算术平均法计算出来的平均指标。这种平均指标可分解为两个因素：一是各组所占比例（即权数）；二是各组的代表标志值。平均指标的变动，既受总体结构变动的影响，也受各组标志值变动的影响。要分别分析各因素的变动对平均指标变动的影响，就要建立平均指标的指数体系。

$$加权算术平均指标指数=\frac{\sum x_1f_1}{\sum f_1}\Big/\frac{\sum x_0f_0}{\sum f_0}$$

式中：x_1 代表报告期各组代表标志值；x_0 代表基期各组代表标志值；f_1 代表报告期各组单位数；f_0 代表基期各组单位数。

在统计中将上式称为可变构成指数。这一现象总体指数可分解为两个有联系的影响因素指数，其中单纯反映结构变动影响的指数称为结构影响指数，单纯反映各组代表标志值变动影响的指数称为固定构成指数。要建立某个影响因素指数公式，必须将另一个因素固定起来。一般来说，反映结构变动的指数，是将标志值作为同度量因素固定在基期；反映各组标志值变动的指数，是将结构作为同度量因素固定在报告期。其指数公式为：

$$结构影响指数=\frac{\sum x_0f_1}{\sum f_1}\Big/\frac{\sum x_0f_0}{\sum f_0}$$

$$固定构成指数=\frac{\sum x_1f_1}{\sum f_1}\Big/\frac{\sum x_0f_1}{\sum f_1}$$

则指数体系为：

$$可变构成指数=结构影响指数\times固定构成指数$$

或

$$\frac{\sum x_1f_1}{\sum f_1}\Big/\frac{\sum x_0f_0}{\sum f_0}=\left(\frac{\sum x_0f_1}{\sum f_1}\Big/\frac{\sum x_0f_0}{\sum f_0}\right)\times\left(\frac{\sum x_1f_1}{\sum f_1}\Big/\frac{\sum x_0f_1}{\sum f_1}\right)$$

以及

$$平均指标增减额=结构影响指数分子减分母差额+固定构成指数分子减分母差额$$

或

$$\frac{\sum x_1f_1}{\sum f_1}-\frac{\sum x_0f_0}{\sum f_0}=\left(\frac{\sum x_0f_1}{\sum f_1}-\frac{\sum x_0f_0}{\sum f_0}\right)+\left(\frac{\sum x_1f_1}{\sum f_1}-\frac{\sum x_0f_1}{\sum f_1}\right)$$

【例 6-3】 假设某商店有两个门市部，两个时期营业员人数和劳动效率资料如表 6-6 所示。计算其指数体系。

表 6-6 营业员劳动效率计算表

门市部	营业员人数（人）		人均销售额（万元）		销售总额（万元）		
	基期	报告期	基期	报告期	基期	报告期	假定
	f_0	f_1	x_0	x_1	x_0f_0	x_1f_1	x_0f_1
一	70	48	5.4	5.5	378	264	259.2
二	30	72	8.0	7.0	240	504	576.0
合计	100	120	6.18	6.4	618	768	835.2

解 由表 6－6 的资料可得：

$$人均销售额可变构成指数=\frac{\sum x_1f_1}{\sum f_1}\bigg/\frac{\sum x_0f_0}{\sum f_0}=\frac{768}{120}\bigg/\frac{618}{100}=\frac{6.4}{6.18}=103.56\%$$

$$人均销售额报告期比基期增加额=\frac{\sum x_1f_1}{\sum f_1}-\frac{\sum x_0f_0}{\sum f_0}=6.4-6.18=0.22\text{（万元）}$$

$$人均销售额结构影响指数=\frac{\sum x_0f_1}{\sum f_1}\bigg/\frac{\sum x_0f_0}{\sum f_0}=\frac{835.2}{120}\bigg/\frac{618}{100}=\frac{6.96}{6.18}=112.62\%$$

$$两个时期结构变动影响的增减额=\frac{\sum x_0f_1}{\sum f_1}-\frac{\sum x_0f_0}{\sum f_0}=6.96-6.18=0.78\text{（万元）}$$

$$人均销售额固定构成指数=\frac{\sum x_1f_1}{\sum f_1}\bigg/\frac{\sum x_0f_1}{\sum f_1}=\frac{6.4}{6.96}\times100\%=91.95\%$$

$$两个时期劳动效率变动的增减额=\frac{\sum x_1f_1}{\sum f_1}-\frac{\sum x_0f_1}{\sum f_1}=6.4-6.96=-0.56\text{（万元）}$$

所以，人均销售额可变构成指数的相对数分解体系为：

$$103.56\%=112.62\%\times91.95\%$$

人均销售额增加值的绝对数分解体系为：

0.22 万元＝0.78 万元＋(－0.56)万元

计算结果表明，全店营业员劳动效率提高 3.56%，平均每人增加售货款 0.22 万元。其中，由于人员结构变动引起劳动效率提高 12.62%，导致人均销售额增加 0.78 万元；若剔除结构变动的影响，营业员实际劳动效率不仅未提高，反而下降 8.05%，导致总体的人均销售额减少了 0.56 万元。

【思考题】

1. 什么是统计指数？它在统计分析中有哪些作用？
2. 统计指数有哪些种类？
3. 什么是综合指数？如何编制综合指数？
4. 什么是同度量因素？同度量因素在编制综合指数中有何作用？
5. 什么是平均数指数？它与综合指数有什么区别及联系？
6. 什么是指数体系？它在统计研究中有什么作用？
7. 什么是因素分析？简述因素分析的步骤。
8. 在进行多因素分析时，应注意哪些问题？

第七章 抽样推断

第一节 抽样推断基础

一、抽样调查

抽样推断是建立在抽样调查的基础上的。在统计调查中，人们总希望调查的结果越准确越好。要达到十分准确的目的，实践中只有采用全面调查的方式，如人口普查、经济普查等。但是，不是所有现象都适合于全面调查，有的现象不能进行全面调查，全面调查会是毁灭性实验，如轮胎的里程实验、灯泡的寿命实验、砖瓦的抗折耐压实验等；有的现象很难全面调查，尽管这种现象在理论上可能全面调查，但技术上难度太大，如水库鱼苗尾数调查、森林木材积蓄量调查；有的现象不必要全面调查，因为调查提问很简单，弹性小，如民意测验等。除了上述原因外，因为调查的成本太高在经济上不合算，也会放弃全面调查而选择非全面调查方式。

非全面调查包括重点调查、典型调查和抽样调查，其中只有抽样调查符合概率抽样原理，是抽样推断的基础。关于抽样调查的概念在第二章中已讨论过，它是以抽样指标数值来推断总体指标数值的一种调查，虽然它是非全面调查，但它的目的在于取得反映全面情况的统计资料，在一定意义上起到了全面调查的作用。抽样调查具有成本低、时效性强、适应面广、准确度高的特点，所以在现代统计中得到广泛的运用。

二、抽样推断

抽样推断（有些统计学家称抽样估计）是用样本数据对总体数量特征作出具有一定可靠程度的估计和判断。推断统计的程序很多，其核心是估计（Estimation）。估计是人们所熟悉的，任何人在生活中都不断地作出估计。当你要穿越马路时，如果来往车辆很多，你必须停下来观察估计车辆行驶速度、你与车辆之间的距离，以及你穿越马路的速度。当你完成了这些估计后就推断是迅速穿越马路还是等待机会。这种估计是符合科学程序的。统计中的估计，就是从积累和搜集的资料中，进行系统整理和客观分析后做出的判断。所以抽样推断就是以估计为核心的科学程序。

（一）抽样推断的特点

1．抽样推断是由部分推断全体的一种认识方法用部分来推断全体，人们会很理性地提出质疑。300 多年来，统计学家发现和创立了诸如大数定律、中心极限定理等推断和分布的理论，帮助我们认识到样本指标和相应的总体参数之间存在着的内在联系，两者的误差的分布也是有规律可循的。抽样推断提供了一套利用实际样本资料来估计或检验总体数量特征的方法，使我们有充分理由相信部分推断总体，只要遵守科学的抽样推断程序，其推断结果不仅可能，而且也是可靠的。

2．抽样推断坚持随机取样的原则

随机原则是抽选样本的基本原则，只有遵守随机原则，才能保证每个单位被抽中的机会均等，尽可能地使抽中的样本分布接近于总体分布，尽可能减少抽样误差。在重点调查中选择重点单位、在典型调查中选择典型单位均不遵循随机原则，重点单位和典型单位都不是概率抽样的结果，所以不能作为抽样推断的基础。

3．抽样推断是运用概率估计的方法

由于选择样本单位遵循随机原则，样本估计量是一个随机变量，总体参数是一个常数，用一个随机变量去估计一个常数难免有误差，所以抽样推断用的是概率估计的方法，表明用样本指标推断相应总体指标可靠程度有多大，即不超过允许误差范围的概率保证程度有多大。

4．抽样推断的误差可以事先计算并加以控制

在随机抽样的条件下，样本指标所有可能取值的分布能够加以描述，因而抽样误差的可能范围便可以加以估计。根据概率论和数理统计的原理，不仅能事先计算抽样误差，而且还能采取有效措施对抽样误差加以控制，保证抽样推断结果达到一定的可靠程度，这些都是其他非全面调查方式所做不到的。

（二）抽样推断应具备的条件

科学的估计和推断要具备以下三个条件。

1．要有合适的统计量作为估计量

统计量是样本变量的函数，根据样本变量可以构造很多统计量，但不是所有的统计量都能充当优良的统计量。如，鞋帽制造商要通过抽样调查确定鞋帽生产的尺寸号码，应以众数作为估计量，取其平均数显然是不合适的。

2．要有合理的允许误差范围

样本统计量本身是一个随机变量，要想抽样推断完全没有误差几乎是办不到的，只能用前面提到的概率估计，但误差超过一定限度，参数估计就失去了意义。如考试成绩60 分为及格，假定抽样平均数为 75 分，允许误差为 20 分，即估计考试平均成绩在55～95 分（75±20）之间，抽样推断导致两种结果，即及格与不及格，这样推断没有任何意义，因为考试结果出现及格或不及格是必然结果。

3．要有一个可接受的置信度

一切估计和推断都是要冒风险的，在实际抽样推断中并不能保证被估计的参数都落在允许的误差范围内，如果一种估计和推断的置信度很低，意味着所冒的风险很大，这就需要确定一个合理置信度。所谓置信度，就是被估计参数落在允许误差范围内的概率保证程度。如，在100次抽样推断中有10次是错误的，则10%为风险，90%为置信度。

（三）抽样推断的内容

抽样推断的主要内容包括两方面，即参数估计和假设检验。

1．参数估计

由于总体数量特征事先是不知道的，通过获得样本观察资料，对总体数量特征进行估计和推断，这种方法称之为总体参数估计。参数估计包括很多内容，本章第三节作专题讨论。

2．假设检验

当对总体变化情况不了解，不妨先对总体的状况作某种假设，然后根据样本观察资料对所作的假设进行检验，来判断这种假设的真伪，并决定是接受还是拒绝原假设，这种判断方法称为总体参数的假设检验。有关内容将在第八章展开论述。

第二节 抽样分布

一、抽样推断的基本概念

（一）总体和样本

总体概念在第一章中已经论述过，它是我们所要研究事物的全体。从总体中抽选部分单位作为观察登记的对象，由这部分单位组成的集团，被称之为样本总体，简称样本。样本作为一个集团来代表总体，而不是由样本中个别单位来代表总体。在抽样前，总体中所有单位，都是可供抽选单位，称为抽样单位，也就是我们在第一章中所讲的总体单位。如组成总人口总体中，每个人都是总体单位，也是抽样单位，在100万人口中抽取1%的人为样本，则这个样本包含了10 000个抽样单位，可见样本也是一个有容量的亚总体。

（二）参数与统计量

无论总体还是样本，都可以用诸如平均数、中位数、比率（或成数）与标准差等一些综合指标来描述它的特征，当这些指标用来描述总体特征时称为总体参数，当它们用来描述样本特征时，称为样本统计量。总体参数与样本统计量的定义、特征和符号如表7－1所示。

表 7－1　总体参数与样本统计量

	总体参数	样本统计量
定义	描述总体特征的综合指标	描述样本特征的综合指标
特征及符号	总体大小，N 总体平均数，$\overline{X}$ 总体比率，P 总体标准差，σ	样本大小，n 样本平均数，$\overline{x}$ 样本比率，p 样本标准差，s

（三）重复抽样与不重复抽样

抽取样本有两种方法，即重复抽样与不重复抽样。

（1）重复抽样。重复抽样，又称回置抽样，是每一次从总体中抽取一个单位登记后再放回总体，并参加下一次抽选，这样总体内所有抽样单位被抽中的概率相同，但可能出现某一单位连续被抽中的机会。

（2）不重复抽样。不重复抽样，又称不回置抽样，是每一次从总体中抽取一个单位，登记后不再放回原总体，不参加下一次抽选，这样每次每个单位被抽中的概率不等，但不会出现某一单位连续被抽中的机会，其标志值也就不会重复登记。

（四）样本容量和样本个数

（1）样本容量。样本容量是一个样本总体所包括的抽样单位数。样本容量大小，关系到抽样推断的准确性。如果不接受较大的抽样误差，扩大样本容量就是缩小误差的直接途径。

（2）样本个数。样本个数是指一个总体可能抽取样本的数量。了解抽样个数结合抽样方法，有助于理解抽样的原理。

可能抽样个数，从抽样方式是否考虑与抽样顺序相结合，可组成四种情况：

①重复抽样考虑抽样顺序；

②不重复抽样不考虑抽样顺序；

③重复抽样不考虑抽样顺序；

④不重复抽样考虑抽样顺序。

在抽样推断的实践中，通常只讨论前面两种情况。在重复抽样考虑抽样顺序情况下，若从总体 N 中抽取容量为 n 的样本，可能抽取的样本数为 N^n。我们可以这样考虑，在抽取第一个单位时共有 N 种可能，放回后抽取第二个单位时也有 N 种可能，依此类推，可能抽取样本数为

$$N^n = \underbrace{N \cdot N \cdot N \cdot \cdots \cdot N}_{n\text{个}N}$$

【例 7－1】　共有4个学生 A、B、C、D，现抽取 2 个学生为样本，在重复抽样并考虑抽样顺序情况下，可抽多少个样本？

解 已知，$N=4$，$n=2$；则共有 $N^n=4^2=16$ 个样本。

为了认识清楚，见图 7－1 的抽样分析。

第一次抽样				
A	AA	AB	AC	AD
B	BA	BB	BC	BD
C	CA	CB	CC	CD
D	DA	DB	DC	DD
	A	B	C	D　第二次抽样

图 7－1　重复抽样并考虑抽样顺序的抽样分析图

在不重复抽样并不考虑抽取顺序情况下，若从总体 N 中抽取容量为 n 的样本，可能抽取样本数为 $C_N^n=\dfrac{N!}{n!(N-n)!}$

【例 7－2】　依据例7－1的资料，计算在不重复抽样并不考虑抽样顺序情况下，可抽取的样本数是多少？

解 已知 $N=4$，$n=2$

$$C_N^n=\frac{N!}{n!(N-n)!}=\frac{4!}{2!(4-2)!}=\frac{4\times3\times2\times1}{2\times1\times2\times1}=6(\text{个})$$

在 16 个样本的基础上，减去重复抽样的 AA、BB、CC、DD 4 个样本，又由于不考虑抽样顺序，如样本 AB 与 BA，内容完全相同，只是顺序不一样，在不考虑顺序情况下不承认是两个样本，而视为一个样本，这样又要去掉 BA、CA、DA、CB、DB、DC 6 个样本，见图 7－2 的抽样分析。

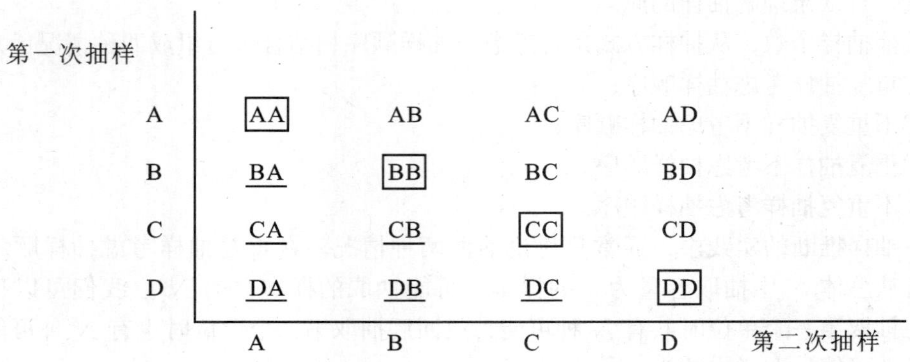

图 7－2　不重复抽样不考虑抽样顺序的抽样分析图

二、抽样推断的理论根据

（一）大数定律

大数定律亦称大数法则，是大样本统计量的推断依据，也是统计方法论中大量观察法的理论基础。大数定律是指随机现象在大量重复中出现几乎必然的规律。如投掷一枚硬币，每次出现正面或反面虽然是偶然的，但在大量重复时，出现正面的次数与总投掷次数之比，必然充分接近于1/2，即随机事件的频率在它的概率上下摆动，这是历史上最早发现的大数定律之一。大数定律有贝努里大数定律、普洼松大数定律、车比雪夫大数定律等。下面介绍早期贝努里大数定律。

设 x_n 是 n 次贝努里实验中事件 A 发生的频率，p 是每次实验中 A 发生的概率，则对任意正整数 ε 有

$$\lim_{n\to\infty} P\left\{\left|\frac{x_n}{n}-p\right|<\varepsilon\right\}=1$$

上式表示 n 足够大时，随机事件发生的频率 $\frac{x_n}{n}$ 就会接近于概率 p，体现了频率的稳定性。它说明当 n 很大时，事件发生的频率与概率有较大偏差的可能性很小，这时可以用频率代替概率。

大数定律的普遍意义在于，独立同分布的大量重复随机变量，其平均数与它们共同期望值之间的偏差，可以有很大把握被控制在任意给定的范围内。换句话说，样本平均数与总体平均数之间的误差可以有很大的把握被控制在任意给定的要求之内。这就是人们用样本平均数估计总体平均数的理论依据。

（二）中心极限定理

中心极限定理是大样本分布的依据，是指在一定条件下，大量相互独立的随机现象的概率分布是以正态分布为极限。不论样本取自正态总体还是非正态总体，只要总体的期望值和方差存在，当样本增大时，平均数抽样分布将接近正态分布。

设从平均数为 μ、方差为 σ^2 的任意总体中抽取大小为 n 的样本，当 n 充分大时，样本平均数 $\bar{x}$ 的抽样分布，近似服从平均数为 μ、方差为 σ/n 的正态分布。这里注意，当 n 充分大，多少为充分大呢？一般说来样本容量不少于 30 个抽样单位，统计学中称大样本。中心极限定理的重要性，在于说明许多随机变量分布是正态或接近正态，它允许用样本统计量对总体参数做出判断，无须知道关于总体分布的任何情况，这就可以简化统计推断中许多统计量的分布问题，所以它是数理统计中的重要工具。

三、抽样分布

抽样分布，亦称样本统计量分布。是指统计量这个随机变量的全部可能值构成的新总体所具有的分布及数字特征，实践中常用的是正态总体的统计量分布，如样本平均数

($\overline{x}$) 分布、卡方 (χ^2) 分布、t 分布、F 分布等。

(一) 重复抽样下的平均数和比率分布

1. 样本平均数的分布

样本统计量是一个随机变量，样本平均数 $\overline{x}$ 也是一个随机变量，它的取值有大有小，分散程度不同，我们希望找出一些能集中反映 $\overline{x}$ 分布特点的特征数值。通常我们用抽样平均数的平均数和抽样平均数的标准差作为抽样平均数分布的特征数。所以样本平均数的分布是由总体中全部样本平均数的可能取值和与之相应的概率组成。

设从总体中抽出样本 x_1，x_2，…，x_n，由于重复抽样，x_1，x_2，…，x_n 是互相独立的，我们设总体平均数为 $\overline{X}$，方差为 σ^2，则样本平均数的期望值和方差分别为：

$$E(\overline{x}) = E\left(\frac{x_1 + x_2 + \cdots + x_n}{n}\right) = \overline{X}$$

$$\sigma(\overline{x}) = \sigma\left(\frac{x_1 + x_2 + \cdots + x_n}{n}\right) = \frac{\sigma^2}{n}$$

【例 7-3】 有5名学生统计学考试成绩分别为 60、65、70、75、80 分，随机从中抽出 2 名学生组成样本，试描述样本平均数的分布。

解 已知 $N=5$，$n=2$。

(1) 总体平均数分布

①总体分布平均数 $\overline{X}$

$$\overline{X} = \frac{\sum x_i}{n} = \frac{60+65+70+75+80}{5} = 70 \text{（分）}$$

②总体方差 σ^2

$$\sigma^2 = \frac{\sum(x_i - \overline{X})^2}{N} = \frac{(60-70)^2 + (65-70)^2 + (70-70)^2 + (75-70)^2 + (80-70)^2}{5}$$

$$= 50(\text{分})$$

$$\sigma = \sqrt{50}$$

(2) 样本平均数分布

①重复抽样下可能抽取样本个数为 N^n：

可能样本个数 $N^n = 5^2 = 25$ (个)，其样本平均数的分布如表 7-2、表 7-3 和图 7-3 所示。

表 7-2 重复抽样样本平均数

样本变量	60	65	70	75	80
60	60	62.5	65	67.5	70
65	62.5	65	67.5	70	72.5
70	65	67.5	70	72.5	75
75	67.5	70	72.5	75	77.5
80	70	72.5	75	77.5	80

表 7-3 重复抽样平均数分布情况

样本平均成绩	频数	频率
60	1	1/25
62.5	2	2/25
65	3	3/25
67.5	4	4/25
70	5	5/25
72.5	4	4/25
75	3	3/25
77.5	2	2/25
80	1	1/25
合计	25	25/25

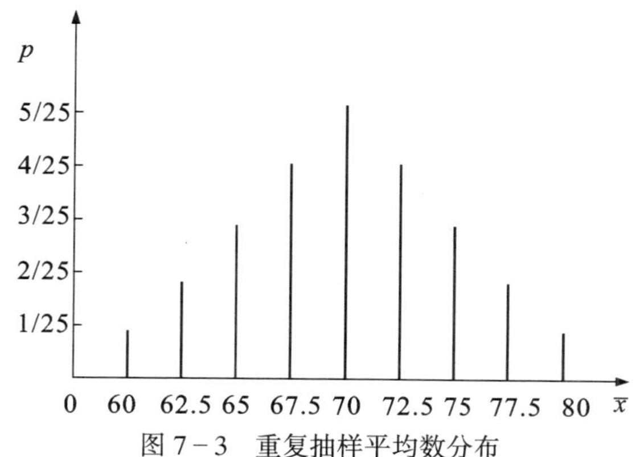

图 7-3 重复抽样平均数分布

② 样本分布的平均数 $E(\overline{x})$

$$E(\overline{x})=\frac{\sum \overline{x}_i \cdot f_i}{\sum f_i}$$

$$=\frac{60\times1+62.5\times2+65\times3+67.5\times4+70\times5+72.5\times4+75\times3+77.5\times2+80\times1}{25}$$

$$=\frac{1\ 750}{25}=70(\text{分})$$

③样本平均数的方差 $\sigma^2(\overline{x})$

$$\sigma^2(\overline{x})=\frac{\sum[\overline{x}_i-E(\overline{x})]^2\cdot f_i}{\sum f_i}$$
$=[(60-70)^2\times1+(62.5-70)^2\times2+(65-70)^2\times3+(67.5-70)^2\times4+(70-70)^2\times5+(72.5-70)^2\times4+(75-70)^2\times3+(77.5-70)^2\times2+(80-70)^2\times1]/25$
$=25$（分）

④样本平均数的标准差 $\sigma(\overline{x})$

$\sigma(\overline{x})=\sqrt{25}=5$(分)

2. 样本比率的分布

总体比率 p（或总体成数）是具有某种特征的单位占总体中的比重，在变异指标中我们已经知道，比率（或成数）是一个特殊的平均数，抽样比率分布实质上是（0，1）样本平均数分布，因为 $P=\frac{N_1}{N}=\overline{X}$，$p=\frac{n_1}{n}$，且 p 也是一个随机变量，可以由样本平均数分布的性质得结论为：

$$E(p)=E(\overline{x})=\overline{X}=P$$
$$\sigma_p=\sqrt{\frac{P(1-P)}{n}}$$

（二）不重复抽样下的平均数与比率的分布

1. 样本平均数分布

由于不重复抽样比起重复抽样来，每次抽样时总体内各单位被抽中的概率是不等的，其抽样分布也有所不同。

【例 7－4】 仍用例7－3的资料，要求描述样本平均数的分布。

解 （1）总体平均数分布参见例 7－3。

（2）样本平均数分布。

①不重复抽样下可能抽取样本的个数为（考虑抽样顺序）：

$$C_N^n=\frac{N!}{(N-n)!}=\frac{5!}{(5-2)!}=20\text{（个）}$$

其样本平均数分布如表 7－4、表 7－5 和图 7－4 所示。

表 7－4 不重复抽样样本平均数

样本变量	60	65	70	75	80
60	—	62.5	65	67.5	70
65	62.5	—	67.5	70	72.5
70	65	67.5	—	72.5	75
75	67.5	70	72.5	—	77.5
80	70	72.5	75	77.5	—

表 7-5 不重复抽样平均数分布情况

样本平均成绩	频数	频率
62.5	2	2/20
65.0	2	2/20
67.5	4	4/20
70.0	4	4/20
72.5	4	4/20
75.0	2	2/20
77.5	2	2/20
合计	20	20/20

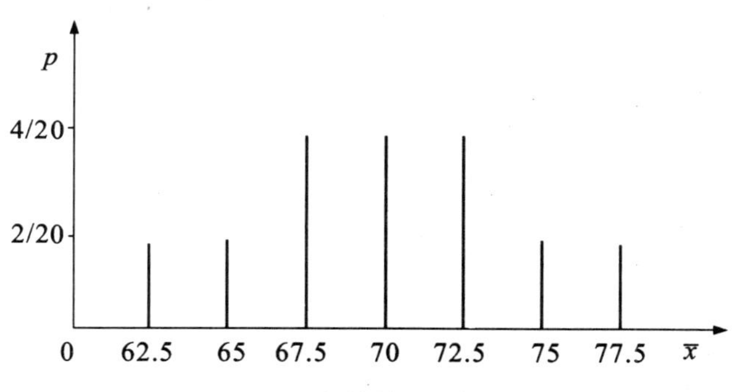

图 7-4 不重复抽样平均数分布

②样本分布的平均数 $E(\overline{x})$

$$E(\overline{x})=\frac{\sum\overline{x}_i\cdot f_i}{\sum f_i}$$

$$=\frac{62.5\times2+65\times2+67.5\times4+70\times4+72.5\times4+75\times2+77.5\times2}{20}$$

$$=\frac{1\ 400}{20}=70(\text{分})$$

③样本平均数方差 $\sigma^2(\overline{x})$

$$\sigma^2(\overline{x})=\frac{\sum[\overline{x}_i-E(\overline{x})]^2\cdot f_i}{\sum f_i}$$

$$=\frac{(62.5-70)^2\times2+(65-70)^2\times2+(67.5-70)^2\times4+(70-70)^2\times4+(72.5-70)^2\times4+(75-70)^2\times2+(77.5-70)^2\times2}{20}$$

$$=\frac{375}{20}=18.75\ (\text{分})$$

④样本平均数的标准差 $\sigma(\overline{x})$

$$\sigma(\overline{x})=\sqrt{18.75}=4.33\text{（分）}$$

2．抽样比率分布

$$E(p)=P$$

$$\sigma_p=\sqrt{\frac{P(1-P)}{n}\left(1-\frac{n}{N}\right)}$$

第三节　抽样误差

抽样误差是指由于按随机原则抽取样本，使所抽到的样本不足以代表总体结构，而引起样本指标与总体指标之间的差异。如例 7－3 中，总体平均数 $\overline{X}=70$ 分，如果我们以抽中第一位同学 60 分与第二位同学 65 分组成第一个样本，样本平均数 $E(\overline{x})$为 62.5 分，比总体平均数少 7.5 分；如果我们抽中第三位同学 70 分与第五位同学 80 分组成第二个样本，样本平均数 $E(\overline{x})$为 75 分，比总体平均数多 5 分，说明这两个样本都不能完全代表总体结构，使样本平均数与总体平均数真值之间产生差异，这种差异就是抽样误差。

抽样推断只是抽查部分单位，即使最严格地遵守随机原则，也不可能使样本总体结构与全体总体结构完全一致，因而抽样误差是抽样推断中不可避免的，也是固有的。影响抽样误差的因素很多，主要包括：

（1）总体各单位标志值的差异程度。差异程度越大则抽样误差越大，反之则越小。极端地说，如果总体各单位没有差异，也就不存在抽样误差了。

（2）样本单位数。在其他条件相同的情况下，样本单位数越多，抽样误差越小。只有全面调查才可能不存在抽样误差。

（3）抽样方法。抽样方法不同，抽样误差也不一样，一般说来，重复抽样的误差比不重复抽样的误差要大一些。

（4）抽样组织形式。不同的抽样组织形式有不同的抽样误差，在抽样单位数相同的情况下，等距抽样、类型抽样比简单随机抽样、整群抽样所产生的误差要小一些。

在抽样调查中，总体参数的真值是不知道的，每一次抽样的结果其确切的抽样误差也无法知道，但只有知道了抽样误差之后，才能对总体参数真值进行估计推断，因此这就陷于矛盾之中。根据抽样的理论，如果总体的方差已知，在样本容量和抽样方式确定以后，所有可能样本的抽样误差的平均离差大小是可以计算出来的，这就是我们要讨论的抽样平均误差。

一、抽样平均误差

抽样平均误差，是样本平均数分布的标准差，它反映样本平均数（比率）与总体平均数（比率）的平均误差程度，记作 $\mu_{\bar{x}}$ 和 μ_p。

（一）平均数的抽样平均误差

前面介绍了抽样方法不同，产生抽样误差也不一样，因此在计算抽样平均误差时也应区分重复抽样和不重复抽样方法下的两种情况。

1．重复抽样下的抽样平均误差

数理统计证明，抽样平均误差的大小，与总体标志变动程度和样本容量大小两个因素有关。其关系式为：

$$\mu_{\bar{x}}=\sqrt{\frac{\sigma^2}{n}}=\frac{\sigma}{\sqrt{n}}$$

式中 σ 为总体标准差。

【例 7－5】 仍以例7－3资料，计算重复抽样下的抽样平均误差 $\mu_{\bar{x}}$。

解 已知 $\sigma=\sqrt{50}$，$n=2$，则：

$$\mu_{\bar{x}}=\frac{\sigma}{\sqrt{n}}=\frac{\sqrt{50}}{\sqrt{2}}=5\text{（分）}$$

2．不重复抽样下的抽样平均误差

不重复抽样，由于被抽中的单位不再放回总体，同一单位不可能被重复抽中，其标志值也不会发生重复登记，因此在同样条件下，不重复抽样误差要比重复抽样误差小一些，统计学家在计算抽样平均误差时，在重复抽样平均误差的计算式基础上加了一个修正系数（有的书上称校正系数）$\sqrt{\frac{N-n}{N-1}}$，即：

$$\mu_{\bar{x}}=\frac{\sigma}{\sqrt{n}}\cdot\sqrt{\frac{N-n}{N-1}}$$

式中：N 为总体单位数；n 为样本单位数。

当 N 很大时，修正系数分母不用减 1，这样可以近似于 $\sqrt{\frac{N-n}{N}}=\sqrt{1-\frac{n}{N}}$，当 $\frac{n}{N}$ 接近于 0 时，修正系数接近于 1，修正效果甚微，不重复抽样的平均误差也就接近于重复抽样的平均误差，在统计实务中，通常用 $\frac{\sigma}{\sqrt{n}}$ 来代替 $\sqrt{\frac{\sigma^2}{n}\left(1-\frac{n}{N}\right)}$。

【例 7－6】 仍以例7－3资料，计算不重复抽样下的抽样平均误差。

解 已知 $N=5$，$n=2$，$\sigma=\sqrt{50}$，则：

$$\mu_{\bar{x}}=\frac{\sigma}{\sqrt{n}}\cdot\sqrt{\frac{N-n}{N-1}}=\frac{\sqrt{50}}{\sqrt{2}}\cdot\frac{\sqrt{5-2}}{\sqrt{5-1}}=4.33\text{（分）}$$

（二）比率的抽样平均误差

比率（有的书上称成数。注意：比率是按 1/100 计算，成数则按 1/10 计算）实质上是品质标志量化表现。设总体单位数为 N，将具有某种属性的单位的标志值用“1”

表示，单位数为 N_1，其比率（或成数）为$\frac{N_1}{N}=P$；不具有某种属性的单位的标志值用“0”表示，单位数为 N_0，其比率（或成数）为$\frac{N_0}{N}=Q$，则：

$$N_1+N_0=N,\ P+Q=1$$

$$P=\frac{N_1}{N},\ Q=\frac{N_0}{N}=\frac{N-N_1}{N}=1-P$$

其比率（成数）平均数和标准差为：

$$\overline{x}_p=\frac{0\times N_0+1\times N_1}{N}=\frac{N_1}{N}=P$$

$$\sigma=\sqrt{\frac{(0-P)^2N_0+(1-P)^2N_1}{N}}=\sqrt{\frac{P^2N_0+Q^2N_1}{N}}$$

$$=\sqrt{P^2Q+Q^2P}=\sqrt{PQ(P+Q)}=\sqrt{P(1-P)}$$

比率（成数）的抽样误差，其计算原理基本与平均数相同，比率的抽样平均误差也是表明样本比率与总体比率离差的一般水平，由于总体比率 P 可以表现为（0，1）分布的平均数，它的抽样平均误差为：

（1）重复抽样 $\mu_{\overline{x}}=\sqrt{\frac{P(1-P)}{n}}$

（2）不重复抽样 $\mu_{\overline{x}}=\sqrt{\frac{P(1-P)}{n}\left(1-\frac{n}{N}\right)}$

【例 7-7】 调查某地区儿童的入学率，从10 000名适龄儿童中抽取 400 名调查，调查结果有 320 名儿童已经入学，试计算抽样入学率的平均误差。

解 因为 $P=\frac{n_1}{n}=\frac{320}{400}=80\%,P(1-P)=80\%\times(1-80\%)=16\%$

（1）重复抽样：

$$\mu_{\overline{x}}=\sqrt{\frac{P(1-P)}{n}}=\sqrt{\frac{16\%}{400}}=2\%$$

（2）不重复抽样：

$$\mu_{\overline{x}}=\sqrt{\frac{P(1-P)}{n}\left(1-\frac{n}{N}\right)}=\sqrt{\frac{16\%}{400}\times\left(1-\frac{400}{10\ 000}\right)}=1.96\%$$

以上计算结果说明，用样本入学率 80% 来估计该地区适龄儿童入学率，其误差平均在 2% 左右。

（三）抽样推断中几个重要关系

为了从抽样分布和抽样误差讨论中，帮助我们认识几个重要关系，先将以上例题内容集中起来对比观察（参见表 7-6），可以总结如下几个重要关系。

表 7-6

例题序	抽样方法	总体分布		样本分布		
		平均数 $\overline{X}$ (分)	标准差 σ	平均数 $E(\overline{x})$ (分)	标准差 $\sigma_{\overline{x}}$ (分)	抽样平均误差 $\mu_{\overline{x}}$ (分)
7-4	重复抽样	70	$\sqrt{50}$	70	5	
7-5	重复抽样	70	$\sqrt{50}$	70	4.33	
7-6	不重复抽样	70	$\sqrt{50}$	70		5
7-7	不重复抽样	70	$\sqrt{50}$	70		4.33

(1) 抽样分布的平均数等于总体平均数。表 7-6 中，$\overline{X}=E(\overline{x})=70$ 分，充分证明了用样本平均数来估计总体平均数是优良的估计量。

(2) 抽样分布中的标准差 $\sigma_{\overline{x}}$ 就是抽样平均误差 $\mu_{\overline{x}}$。表 7-6 中，重复抽样 $\sigma_{\overline{x}}=\mu_{\overline{x}}=5$ 分，不重复抽样 $\sigma_{\overline{x}}=\mu_{\overline{x}}=4.33$ 分。

(3) 抽样平均误差 $\mu_{\overline{x}}$ 比总体标准差 σ 小得多，因为 $\mu_{\overline{x}}=\frac{\sigma}{\sqrt{n}}$，所以仅为总体标准差的 $\frac{1}{\sqrt{n}}$。表 7-6 中，$\sigma=\sqrt{50}=7.071$，$\mu_{\overline{x}}=5$，$\mu_{\overline{x}}$ 为 σ 的 $\frac{5}{7.071}=\frac{1}{\sqrt{2}}=0.71$，这就有理由使我们充分相信抽样推断的可靠性。

(4) 不重复抽样平均误差比重复抽样平均误差小。表 7-6 中，不重复抽样误差 $\mu_{\overline{x}}=4.33$，小于重复抽样误差 $\mu_{\overline{x}}=5$。这就为我们采用不同抽样方法来控制抽样误差提供了依据。

(5) 抽样平均误差的大小，与总体标准差 σ 成正比，与样本单位数 n 的平方根成反比。这就为我们通过调整样本容量来控制抽样误差提供了依据。如将样本容量 n 扩大到原来的 4 倍，则抽样平均误差 $\mu_{\overline{x}}$ 就会缩小到原来的 1/2，若抽样平均误差 $\mu_{\overline{x}}$ 允许增加一倍，则样本容量 n 只需原来的 1/4。

二、抽样极限误差

抽样误差是客观存在、难于消灭的，误差越大，样本价值越小，但也不是误差越小越好，缩小误差势必增加抽样单位、改良抽样方式，这需要增加很多费用。因此可以根据统计研究的目的和信息使用者的要求，确定一个可以允许的误差范围，在这个范围内抽样推断是有效的，我们把这种允许误差范围称为极限误差，用 $\Delta_{\overline{x}}$ 和 Δ_p 表示抽样平均数和抽样比率的极限误差。

$$\Delta_{\bar{x}} = |\bar{x} - \bar{X}|$$

$$\Delta_p = |p - P|$$

上式表示样本平均数和样本比率的下限和上限数值，我们很容易将上面等式变成下列的不等式关系：

$$\bar{x} - \Delta_{\bar{x}} \leqslant \bar{X} \leqslant \bar{x} + \Delta_{\bar{x}}$$

$$p - \Delta_p \leqslant P \leqslant p + \Delta_p$$

上面第1个不等式表示：被估计的总体平均数是以抽样平均数为中心，在 $\bar{x} - \Delta_{\bar{x}}$ 至 $\bar{x} + \Delta_{\bar{x}}$ 这个区间内变动，这个区间称为平均数的置信区间；第2个不等式表示被估计的总体比率是以抽样比率为中心，在 $p - \Delta_p$ 至 $p + \Delta_p$ 的区间内变动，这个区间称为比率的置信区间。抽样平均数和抽样比率，与其总体平均数和总体比率的绝对离差不能超过 $\Delta_{\bar{x}}$ 和 Δ_p，所以我们把这种离差冠以极限。

例如农产品调查中，若总体平均亩产为500kg，允许抽样误差为5kg，则必须要求样本的估计值在（500±5）kg的范围内，即485～515kg之间才符合要求。又如某产品的合格率在96%，极限误差为2%，则样本比率的估计值在（96±2）%，即94%～98%之间才是符合要求的。

第七章 抽样推断

三、抽样误差的概率度

基于概率估计的要求，允许的极限误差通常要以抽样平均误差 $\mu_{\bar{x}}$ 和 μ_p 为标准单位来衡量。把极限误差 $\Delta_{\bar{x}}$ 或 Δ_p 分别除以 $\mu_{\bar{x}}$ 和 μ_p 得到相对数 z，表示误差范围为抽样平均误差的 z 倍。z 是测量估计可靠程度的一个参数，称为抽样误差的概率度。

$$z = \frac{\Delta_{\bar{x}}}{\mu_{\bar{x}}} = \frac{|\bar{x} - \bar{X}|}{\mu_{\bar{x}}} \quad 或 \quad \Delta_{\bar{x}} = z\mu_{\bar{x}}$$

$$z = \frac{\Delta_p}{\mu_p} = \frac{|p - P|}{\mu_p} \quad 或 \quad \Delta_p = z\mu_p$$

在抽样推断中确定了极限误差的区间范围，但样本估计量并不一定落在这个区间内，它落在极限误差范围内的概率是由该估计量的抽样分布所决定的，落在极限误差范围内的概率就是抽样推断的可靠程度，亦称概率保证程度。

极限误差区间与概率保证程度有着紧密关系，下面举例说明。

仍以例7－3资料，根据表7－2和图7－3可以编制平均成绩分布表如表7－7所示。

表7－7 重复抽样平均成绩分布表

样本平均数	60	62.5	65	67.5	70	72.5	75	77.5	80
频数	1	2	3	4	5	4	3	2	1
概率	1/25	2/25	3/25	4/25	5/25	4/25	3/25	2/25	1/25

总体平均成绩 70 分事先是不知道的，需要用样本平均数进行估计。

若 $P(|\overline{x}-\overline{X}|\leqslant 2.5)=\frac{13}{25}=52\%$，则

$$P(67.5\leqslant\overline{x}\leqslant 72.5)=\frac{4}{25}+\frac{5}{25}+\frac{4}{25}=\frac{13}{25}$$

若 $P(|\overline{x}-\overline{X}|\leqslant 5)=\frac{19}{25}=76\%$，则

$$P(65\leqslant\overline{x}\leqslant 75)=\frac{3}{25}+\frac{4}{25}+\frac{5}{25}+\frac{4}{25}+\frac{3}{25}=\frac{19}{25}$$

若 $P(|\overline{x}-\overline{X}|\leqslant 7.5)=\frac{23}{25}=92\%$，则

$$P(62.5\leqslant\overline{x}\leqslant 77.5)=\frac{2}{25}+\frac{3}{25}+\frac{4}{25}+\frac{5}{25}+\frac{4}{25}+\frac{3}{25}+\frac{2}{25}=\frac{23}{25}$$

这说明在重复抽样下，抽样平均数与总体平均数绝对误差不超过 2.5 分的概率为 52%，以 52% 的概率保证在一次抽样中使上述误差得以实现。同理，抽样误差不超过 7.5 分的概率为 92% 等。可见抽样允许误差范围越大，抽样估计的置信度也越大；抽样允许误差范围越小，则抽样估计的置信度越低。

中心极限定理告诉我们，大样本平均数服从正态分布，可按正态分布来作估计推断。正态分布图形见图 7－5。

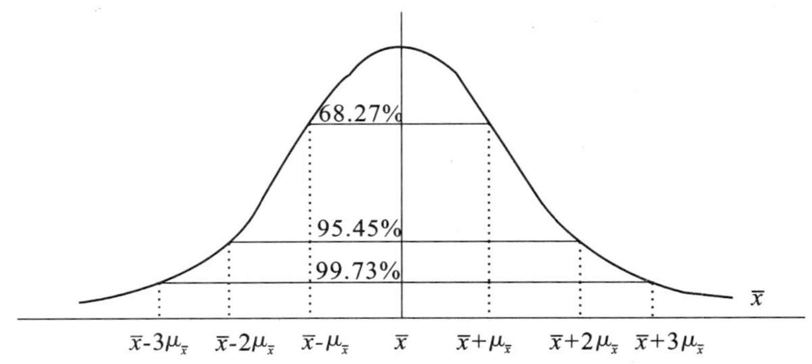

图 7－5 标准正态分布图

上图表明抽样平均数与总体平均数误差不超过 $\mu_{\overline{x}}$ 的概率为 68.27%，抽样误差不超过 $2\mu_{\overline{x}}$ 的概率为 95.45%，抽样误差不超过 $3\mu_{\overline{x}}$ 的概率为 99.73%。

由于概率度 $z=\frac{|\overline{x}-\overline{X}|}{\mu_{\overline{x}}}$，所以抽样误差的概率就是概率度 z 的函数，即

$$P(|\overline{x}-\overline{X}|\leqslant z\mu_{\overline{x}})=F(z)$$

因此，上述关系式可以表述为：

$z=1$ 时，$F(z)=68.27\%$

$z=2$ 时，$F(z)=95.45\%$

$z=3$ 时，$F(z)=99.73\%$

统计学家将这种对应关系编成了《正态分布概率表》（见附表一），给定 z 值，便可以直接从表上查找抽样误差的概率，即概率保证程度。

第四节　参数估计

抽样估计就是利用实际调查计算的样本指标来估计总体相应指标的数值，由于总体指标是表明总体数量特征的参数，所以也称参数估计。总体参数估计有点估计和区间估计两种。

一、总体参数的点估计

总体参数的点估计又称定值估计，就是用样本统计量作为总体相应参数的估计值。如 $\overline{x}=\hat{X}$，表示以样本平均数 $\overline{x}$ 作为总体平均数 $\overline{X}$ 的估计值。例如对某地区 10 万亩粮食作物抽样调查，计算样本平均数为亩产 500kg，这个数值作为全地区粮食作物的亩产水平，可推断其总产量为 50×10^6kg。这种估计方法比较简单，但不够充分，估计结果往往不是对就是错，而且不能提供估计推断的误差情况。如果估计与事实相差甚远，这种估计就没有现实意义。

总体参数估计，可以用不同的样本统计量，诸如平均数、众数、中位数、比率等。那么哪种统计量作为总体参数的估计值才最优良呢？这就需要对统计量进行评价。作为优良的统计量一般应当符合下列三个标准。

1．无偏性

即样本统计量的期望值应等于被估计总体参数。如果 θ 是被估计的参数，$\hat{\theta}$ 是估计 θ 的样本统计量，则当 $E(\hat{\theta})=\theta$ 时，就称 $\hat{\theta}$ 为 θ 的无偏估计量。虽然每次抽样估计有正负误差，但在多次反复估计中，正负误差互相抵消，样本分布的平均数应当等于总体平均数，这在第二节抽样分布中证实了 $E(\overline{x})=\overline{X}$，$E(p)=P$。所以样本平均数和比率作为总体平均数和比率的估计值符合无偏性要求。

2．一致性

也称相合性，当样本单位数充分大时，样本统计量也充分靠近总体参数。一般说来，样本容量 n 增大时，估计数 $\hat{\theta}$ 更趋近于 θ，我们称 $\hat{\theta}$ 为 θ 的一致估计量。即

$$\lim_{n\to\infty}P\{|\overline{x}-\overline{X}|<\varepsilon\}=1$$

式中：ε 为任意小数。

3．有效性

即作为优良估计量的方差应比其他估计量的方差小。如果 $\hat{\theta}_1$ 和 $\hat{\theta}_2$ 都是 θ 的无偏估

计量，而 $\hat{\theta}_1$ 的方差小于 $\hat{\theta}_2$ 的方差，即 $\sigma^2_{\hat{\theta}_1} < \sigma^2_{\hat{\theta}_2}$，$\hat{\theta}_1$ 相对来说是更有效的估计量。如图 7－6 所示。

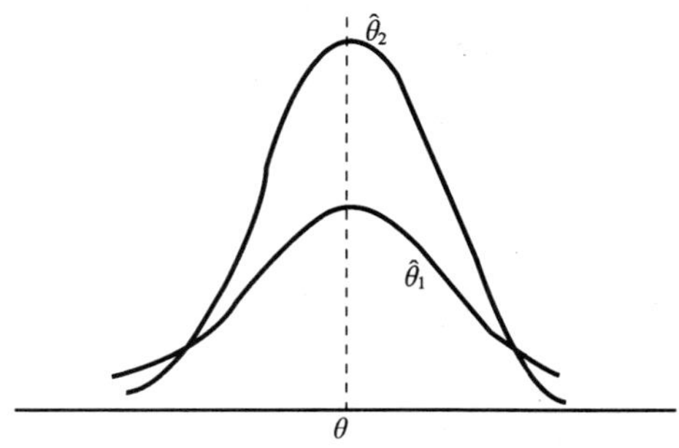

图 7－6　估计量 $\hat{\theta}_1$ 和 $\hat{\theta}_2$ 的分布示意图

在总体为正态分布时，样本的平均数 $\overline{x}$ 和样本中位数 M_e 都是总体平均数的无偏估计量，但数理统计可以证明，算术平均数的方差小于中位数的方差，即 $\sigma^2_{\overline{x}} < \sigma^2_{M_e}$，所以平均数相对来说是更为有效的估计量。

抽样比率（或成数）是（0，1）分布平均数的表现形式，评价其是否是优良估计量也适合上述三个标准的要求。

二、总体参数的区间估计

所谓区间估计，就是估计总体参数的区间范围，并要求估计成立的概率保证程度。

在一定概率保证下，总体平均数和比率的置信区间为：

下限为　$\overline{x} - \Delta_{\overline{x}}$，$p - \Delta_p$；

上限为　$\overline{x} + \Delta_{\overline{x}}$，$p + \Delta_p$。

以上置信区间也可用以下不等式表示：

$$\overline{x} - \Delta_{\overline{x}} \leqslant \overline{X} \leqslant \overline{x} + \Delta_{\overline{x}}$$

$$p - \Delta_p \leqslant P \leqslant p + \Delta_p$$

我们知道，$\Delta_{\overline{x}} = z\mu_{\overline{x}}$，$\Delta_p = z\mu_p$，这是抽样估计中的极限误差，总体参数落在这个允许的极限误差范围内的概率并非百分之百，我们把不落在这个允许误差范围内的概率称显著水平，记作 α，那么落于这个允许误差范围内的概率就是 $1-\alpha$。这就是抽样推断的概率保证程度。如显著水平取 1%，则概率保证程度为 $1-\alpha = 1 - 1\% = 99\%$。在标准正态分布表中，可以根据极限误差中的 z 值，查到相应的概率保证程度 $F(z)$，也可根据给定的概率保证程度 $F(z)$，查得相应的临界值 z（即若干倍抽样平均误差）。

【例 7－8】　经调查计算，样本的亩产量 $\overline{x} = 600$kg，抽样平均误差 $\mu_{\overline{x}} = 3$kg，现给定极限误差 $\Delta_{\overline{x}} = 6$kg。要求计算总体平均亩产量落在估计区间的概率。

解 已知 $\overline{x}=600\text{kg}$，$\mu_{\overline{x}}=3\text{kg}$，$\Delta_{\overline{x}}=6\text{kg}$

下限 $\overline{x}-\Delta_{\overline{x}}=600-6=594\text{kg}$

上限 $\overline{x}+\Delta_{\overline{x}}=600+6=606\text{kg}$

$\Delta_{\overline{x}}=z\mu_{\overline{x}}$，$z=\dfrac{\Delta_{\overline{x}}}{\mu_{\overline{x}}}=\dfrac{6}{3}=2$

查正态概率表，$z=2$ 时，$F(z)=95.45\%$。

说明在 10 000 次抽样中，总体平均数落在（594～606）kg 这个区间的次数有 9 545 次，其余55 次总体平均数落在这个区间以外，如果要接受这个区间估计事实就要冒 4.55% 犯错误的风险。

三、参数估计的应用

（一）总体平均数估计

对总体平均数进行区间估计时，可以先给定概率保证程度的要求，去估计抽样误差的可能范围；也可以先给定允许极限误差的要求，去推算概率保证程度，因此在总体平均数估计中相应就有两套模式。

（1）根据概率保证 $F(z)$估计极限误差 $\Delta_{\overline{x}}$的可能范围，其步骤为：

①随机抽取样本，计算样本平均数 $\overline{x}$；

②计算样本抽样平均误差 $\mu_{\overline{x}}$；

③根据 $F(z)$查标准正态分布表，求临界值 z 并计算极限误差 $\Delta_{\overline{x}}=z\mu_{\overline{x}}$；

④区间估计：下限 $\overline{x}-\Delta_{\overline{x}}$，上限 $\overline{x}+\Delta_{\overline{x}}$。

【例 7-9】 在某系3 000名学生中抽选 30 名学生为样本，调查某公共课程的考试成绩，根据过去资料总体方差 $\sigma^2=36$，通过整理计算已知 $\overline{x}=80$ 分，要求在 90% 概率保证程度下对该系学生平均成绩进行区间估计。

解 ①$\overline{x}=80$ 分；

②$\mu_{\overline{x}}=\dfrac{\sigma}{\sqrt{n}}=\dfrac{\sqrt{36}}{\sqrt{30}}=\dfrac{6}{5.48}=1.1$（分）；

③$F(z)=90\%$，查表得 $z=1.96$，则

$\Delta_{\overline{x}}=z\mu_{\overline{x}}=1.96\times1.1=2.15$；

④下限为 $80-2.15=77.85$（分），上限为 $80+2.15=82.15$（分）。

由此可见，在 90% 概率保证程度下，该系某公共课程平均成绩在（77.85～82.15）分之间。

（2）根据给定的极限误差范围 $\Delta_{\overline{x}}$，求概率保证程度 $F(z)$，其步骤为：

①随机抽取样本，计算样本平均数 $\overline{x}$；

②计算抽样平均误差 $\mu_{\overline{x}}$；

③根据给定极限误差 $\Delta_{\bar{x}}$ 和 $\mu_{\bar{x}}$ 求 z 值，查表确定相应概率保证程度 $F(z)$；

④区间估计：下限 $\bar{x}-\Delta_{\bar{x}}$，上限 $\bar{x}+\Delta_{\bar{x}}$。

【例 7－10】 仍以例7－9的资料，若给定的极限误差为 2.18 分，对该系某公共课程平均成绩进行区间估计。

解 ①$\bar{x}=80$ 分。

②计算抽样平均误差（不重复抽样）：

$$\mu_{\bar{x}}=\sqrt{\frac{36}{30}\left(1-\frac{30}{3\ 000}\right)}=1.09\text{（分）}$$

③求 z 临界值确定概率保证程度：

$$\Delta_{\bar{x}}=z\mu_{\bar{x}},\quad z=\frac{\Delta_{\bar{x}}}{\mu_{\bar{x}}}=\frac{2.18}{1.09}=2$$

由 $z=2$，查正态概率表 $F(z)=95.45\%$ 。

④区间估计：

下限为 $80-2.18=77.82$（分），

上限为 $80+2.18=82.18$（分）。

由此可见，在 95.45% 概率保证程度下，该系平均成绩在（77.82～82.18）分之间。

点估计：该系某公共课程平均成绩为 80 分。

（二）总体比率估计

总体比率的估计与总体平均数估计相类似，也有两套模式，其估计步骤与平均数基本相同。

1. 根据 $F(z)$估计 Δ_p

【例 7－11】 某电子产品使用寿命在3 000h 以下为不合格品，从 5 000 个产品中随机抽取 100 个产品对其使用寿命进行检查，其中有 2 个电子产品使用寿命仅为 2 600h，其余产品均超过 3 000h，要求在 71.5% 概率保证下，对该电子产品的平均合格率进行区间估计。

解 ①计算该电子产品平均合格率：

$$p=\frac{n_1}{n}=\frac{100-2}{100}=\frac{98}{100}=98\%$$

②计算抽样平均误差（重复抽样）：

$$\mu_p=\sqrt{\frac{p(1-p)}{n}}=\sqrt{\frac{98\%\ (1-98\%\ )}{100}}=0.014=1.4\%$$

③计算极限误差 Δ_p：

因 $F(z)=71.5\%$ ，查表 $z=1.07$，则

$$\Delta_p=z\mu_p=1.07\times1.4\%\ =1.5\%$$

④区间估计：

下限为 98% −1.5% =96.5%；

上限为 98% +1.5% =99.5%。

由此可见，在 71.5% 概率保证下，估计该电子产品平均合格率在 96.5% ～99.5% 之间。

点估计：该电子产品的合格率为 98%。

2. 根据 Δ_p 估计 $F(z)$

【例 7－12】 仍以例7－11的资料，假定给定的极限误差 Δ_p 不超过 2%，对该电子产品平均合格率进行区间估计。

解 ①抽样合格率 $p=98\%$

②计算抽样平均误差 μ_p（不重复抽样）：

$$\mu_p=\sqrt{\frac{p(1-p)}{n}\left(1-\frac{n}{N}\right)}=\sqrt{\frac{98\%(1-98\%)}{100}\left(1-\frac{100}{5\,000}\right)}=0.0138=1.38\%$$

③求临界值 z，查表知 $F(z)$：

$$z=\frac{\Delta_p}{\mu_p}=\frac{0.02}{0.013\,8}=1.45$$

由 $z=1.45$，查表知 $F(z)=85.29\%$

④区间估计：下限为 98% −2% =96%

上限为 98% +2% =100%

可见，在 85.29% 概率保证程度下，估计该电子产品的平均合格率在 96% ～100% 之间。

点估计：该电子产品平均合格率为 98%。

第五节 使用 t 分布进行区间估计

前面我们讨论抽样推断，其样本容量都着眼于大于 30 个抽样单位的，抽样分布服从正态分布。但当样本容量不足 30 个单位或更小，进行参数估计时，又如何处理样本统计量呢？对于这种情况，可采用 t 分布进行参数区间估计，本节作简要介绍。

一、t 分布的特征

英国统计学家戈赛特在 20 世纪初期完成了他的“t 分布理论”。该理论特征是：①它是小样本分布，样本容量小于 30 个抽样单位；②每一个可能的样本大小都有一个不同的 t 分布；③假定总体为正态或接近正态分布。

t 分布无需从数学上推导，它与正态分布之间的关系可作直观认识。这两种分布都是对称的，一般说来，t 分布比正态分布要平坦些，随着样本容量逐渐增多，t 分布接近正态分布。事实上，对于样本容量超过 30 个抽样单位时，一般用正态分布来取代 t 分布。t 分布图参见图 7－7。

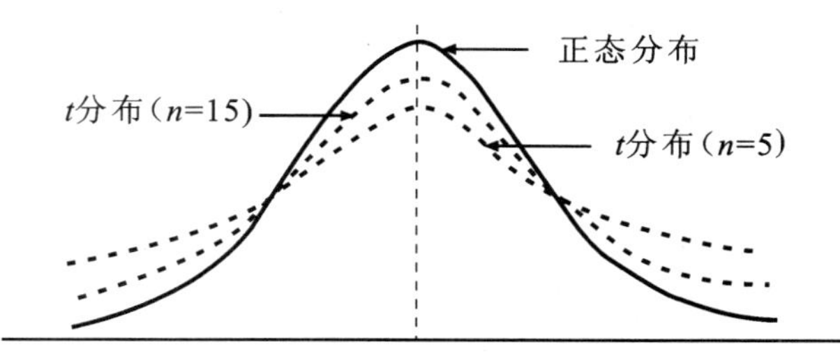

图 7－7　正态分布和两个样本大小不同的 t 分布比较

二、自由度

对于每一个不同大小的样本都有一个单独的 t 分布，用统计术语表述，就是对于每一个可能的自由度，都有一个不同的 t 分布。那么什么是自由度呢？这里可以定义为：我们能够自由选择的数值的数目。

假使研究两个样本数值 a 和 b，已知两个数值平均数为 16，即 $(a+b)/2=16$。在这种情况下，a 和 b 可以是任意数，但两者之和必须是 32。如果我们对 a 任意取值假设为 10，而 b 则不能任意取值，只能是 22，否则就不能保证它们的平均值为 16。如果样本有 6 个项，已经知道它们的平均数为 16，即 $(A+B+C+D+E+F)/6=16$。这种情况下，能够自由取值的变量数只能是 6－1＝5 个。因此，2 个样本数值，有 1 个自由度(2－1＝1)；6 个样本数值，有 5(6－1＝5)个自由度；当有 n 个样本大小时，自由度便是 $n-1$。

三、t 分布表的使用

相对正态分布表，t 分布表有三个特点：其一，构造上表现更为紧凑，显示面积和 t 值只有很少几个百分数（10%，5%，2%，1%），由于每一个数目自由度都有一个不同的 t 分布，列表将十分冗长，事实上，我们常用上面几个百分数的值就可以了。其二，t 分布表不着眼于被估计总体参数是否要落在置信区间内的机会，恰恰相反，它估计总体参数不会落在置信区间以内的机会。其三，必须指定所要研究的自由度。如是按 90% 概率保证，对一个大小为 15 的样本，那就是用 14 个自由度（df）作一个估计量。查 t 分布表，可在 0.10 栏下面、14 个自由度的这一行，那里 t 值为 1.7161，表明如果从平均数两侧加上正负 $1.761\sigma_{\bar{x}}$，这两个界限之内曲线下的面积是 90%，而在该面积以外则是 10%，就是我们前面所讲的显著性水平 α。参见图 7－8。

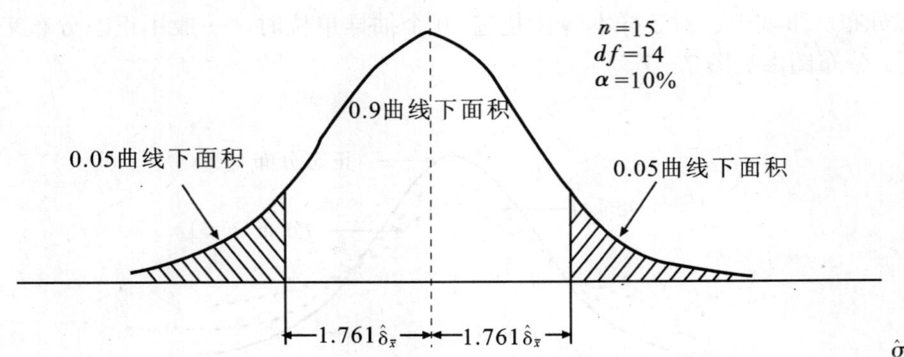

图 7-8 按 14 个自由度和 90% 的置信区间计算的 t 分布

【例 7-13】 假设钢珠的直径总体上服从正态分布，现从一批钢珠中随机抽取 9 个，测量它的直径并求得样本平均数是 31.06mm，样本标准差是 0.25mm，试以 95% 的概率保证，估计钢珠直径的置信区间。

解 已知 $n=9$，$df=8$，$\alpha=5\%$，$\sigma=s=0.25$

①$\bar{x}=31.06$mm;

②$\mu_{\bar{x}}=\dfrac{\sigma}{\sqrt{n}}=\dfrac{0.25}{\sqrt{9}}=0.083$;

③$t_{(n-1)}=t_8=2.306$，则

$$\Delta_{\bar{x}}=t\mu_{\bar{x}}=2.306\times0.083=0.192$$

④下限：$\bar{x}-\Delta_{\bar{x}}=31.06-0.192=30.868$（mm）;

上限：$\bar{x}+\Delta_{\bar{x}}=31.06+0.192=31.252$（mm）。

可见，在 95% 的概率保证下，估计该批钢珠直径在 30.868～31.252mm 之间。参见图 7-9。

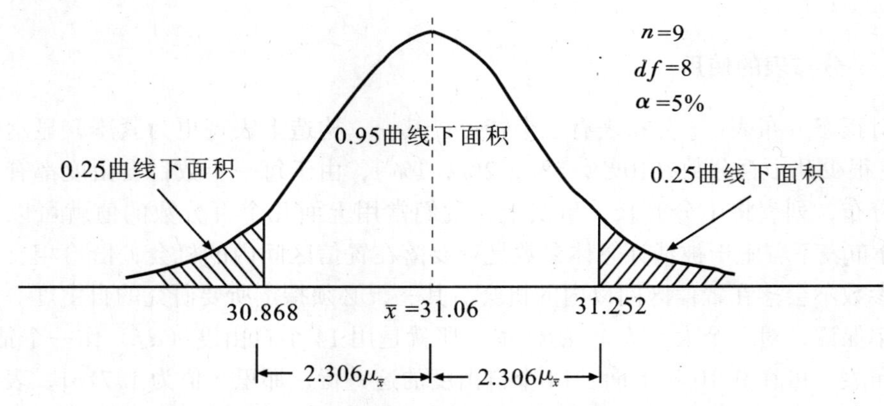

图 7-9 按 8 个自由度和 95% 的置信区间计算的 t 分布

从上例中可以发觉，钢珠直径区间估计与前面讲述大样本区间估计过程基本相同，惟一区别就是应用了 t 分布，在抽样推断中，只要样本中容量小于 30，而总体标准差又是未知的，我们就使用 t 分布。

第六节　样本容量的确定

我们已经掌握了极限误差与概率保证程度和抽样平均误差的关系，即 $\Delta_{\bar{x}}=z\mu_{\bar{x}}$。$\Delta_{\bar{x}}$为允许的极限误差，$\mu_{\bar{x}}$为抽样平均误差，而 z 就是抽样推断的概率保证程度。要缩小误差需以降低概率保证程度为代价，要提高概率保证程度又要以增加误差为代价，在抽样平均误差 $\mu_{\bar{x}}$不变的情况下，两者关系是矛盾的。从极限误差的关系式中可以看出，如果缩小抽样平均误差 $\mu_{\bar{x}}$，就可能同时缩小极限误差 $\Delta_{\bar{x}}$和提高概率保证程度 z。在讲述抽样平均误差时，已经知道扩大样本容量可以调节和控制抽样误差，因此，我们在抽样平均误差 $\mu_{\bar{x}}$基础上讨论样本容量的确定。

一、估计总体平均数时样本容量的确定

（1）总体方差已知，采用重复抽样方法，则

$$\Delta_{\bar{x}}=z\mu_{\bar{x}}=z\frac{\sigma}{\sqrt{n}}$$

上式两边平方整理后得

$$n=\frac{z^2\sigma^2}{\Delta_{\bar{x}}^{\ 2}}$$

（2）总体方差已知，采用不重复抽样方法，则

$$\Delta_{\bar{x}}=z\mu_{\bar{x}}=z\sqrt{\frac{\sigma^2}{n}\left(1-\frac{n}{N}\right)}$$

上式两边平方整理后得

$$n=\frac{Nz^2\sigma^2}{N\Delta_{\bar{x}}^{\ 2}+z^2\sigma^2}$$

二、估计总体比率时样本容量的确定

由 $\Delta_p=z\mu_p$ 可推出：

（1）重复抽样下样本容量

$$n=\frac{z^2p\ (1-p)}{\Delta_p^{\ 2}}$$

（2）不重复抽样下样本容量

$$n=\frac{Nz^2p(1-p)}{N\Delta_p{}^2+z^2p(1-p)}$$

【例 7－14】 要对某乡农户收入进行一次抽样调查。已知该乡有农户 1 000 户，根据邻乡的经验，农户年收入标准差约为 1 500 元。要求以 95% 概率保证程度，这个乡必须抽多大样本，才能保证估计出这些农户的平均收入在允许误差 500 元以内。

解 已知 $N=1\ 000$，$\sigma=1\ 500$，$\Delta_{\bar{x}}=500$，$F(z)=95\%$

查表知 $z=1.96$。

(1) 重复抽样下样本容量

$$n=\frac{z^2\sigma^2}{\Delta_{\bar{x}}{}^2}=\frac{1.96^2\times1\ 500^2}{500^2}=34.6\approx35\text{（户）}$$

(2) 不重复抽样下样本容量

$$n=\frac{Nz^2\sigma^2}{N\Delta_{\bar{x}}{}^2+z^2\sigma^2}=\frac{1\ 000\times1.96^2\times1\ 500^2}{1\ 000\times500^2+1.96^2\times1\ 500^2}=33.9\approx34\text{（户）}$$

【例 7－15】 对某型号电池进行电流强度检验，根据以往正常生产经验数据，已知电流强度标准差 $\sigma=0.4$ 安，要求在 99.73% 的概率保证下，必须抽多大样本，才能保证估计出的该型号电池的平均电流强度在允许误差 0.08 安培以内；若合格率 $p=90\%$，要求在 99.73% 的概率保证下，抽样合格率误差范围不超过 5%，试计算必要的抽样数目。

解 已知 $F(z)=99.73\%$，查表知 $z=3$；$\sigma=0.4$ 安，$p=90\%$。

(1) 重复抽样下样本容量

$$n_1=\frac{z^2\sigma_x^2}{\Delta_{\bar{x}}{}^2}=\frac{3^2\times0.4^2}{0.08^2}=225\text{（个）}$$

$$n_2=\frac{z^2p\ (1-p)}{\Delta_p{}^2}=\frac{3^2\times0.9\times0.1}{0.05^2}=324\text{（个）。}$$

以上平均数和比率两种计算结果有所不同，通常取较大者，即 $n=324$（个）。

(2) 不重复抽样下样本容量确定（略）。

三、使用上述公式应注意的问题

(1) 计算样本容量时，一般总体方差是未知的，可以用抽样方差替代。其中，人们提出比率方差一个代表性的最保守策略的 p 值为 0.5，其方差最大值用 0.25 代替，因为 0.25 方差可产生最大可能样本。

(2) 抽样中，同时估计总体平均数和比率，可以计算出两个样本容量，为了保证抽样推断的准确性，应取其中较大的，如例 7－15。

(3) 计算出样本容量的结果为小数，应取其比这个数大的最小整数代替。如 $n=28.15$，那么应取 29，不按四舍五入取其 28。

第七节 随机抽样的基本组织形式

随机抽样的基本组织形式包括简单随机抽样、等距抽样、类型抽样和整群抽样。

一、简单随机抽样

简单随机抽样，又称纯随机抽样，它是按照随机原则直接从总体的 N 个单位中抽取 n 个单位作为样本，使每个抽样单位被抽中概率相同。简单随机抽样是最基本的抽样方式，对于每个抽样单位来说，被抽中机会均等，而被抽中完全是偶然的，随机原则能够保证各单位在样本中均匀分布。这种抽样组织方式的优点是简便易行，适用于总体单位不多且标志值之间差异不大的现象。

简单随机抽样最常用的方法是使用随机数字表，这种表是由计算机或其他随机方法制成的，即认为 0，1，2，…，9 这 10 个数字出现的概率是相同的。参见表 7－8。

表 7－8 1250 个随机数字表（节选）

1581922396	2068577984	8262130892	8874856049	4617557488
0928105582	7295088579	9586000652	7055508767	6472382934
4112077556	3440672486	1882412963	0684012006	0933147914
7457477468	5435810788	967085913	1291265730	4890031305
0099520858	3090908872	2039593181	5973470495	9776135501
7245174840	2276698645	8416549348	4676463101	2229367983
6749420382	4832630032	5670984959	5432114610	2966095680
5503161011	7413686599	1198757695	0414294470	0140121598
7164238934	7666127259	5263097712	5133648980	4011966963
3593969525	0272759769	0385998186	9999089966	7544056852
4192054466	0700014629	5169439659	8408705169	1074337131
9697426117	6488888550	4031652526	8123543276	0927534537
2007950579	9564268448	3457416988	1531027886	7016633739
4584768758	2889278610	8859431731	864376845	4141314518
3840145867	9120831830	7228567652	1267178884	4020651657

例如，一个单位有 1 000 名职工，我们希望从中抽出 20 名职工作为样本，事先给每个职工指定一个号码，从 0～999，然后查阅表 7－8，按系统方法挑选每个职工代号，使用 2 位数字，步骤如下：

(1) 从左侧一栏开始，各栏都从上往下，每行只取前面两位数字。如本例第一行是 15，第二行是 09，第三行是 41，依次往下数，选取等于和小于 20 的两位数为抽样单位。

(2) 到达左侧最后一栏底行时，如果不重复的两位数仍不足 20 个，还可以回到起点，即左侧第一栏的顶端，并开始选取每行第三和第四位数字，这将从 81，28，12 开始往下数，选取等于和小于 20 的两位数字，直到选足 20 个两位数号码为止。

二、等距抽样

等距抽样，又称机械抽样，它是对研究的总体单位按一定的顺序排列，每隔一定的间隔抽取一个或若干个单位，并把抽中单位组成样本进行观察的一种抽样方法。

设总体 N 个单位中抽取一个样本容量为 n 的样本，先将总体分为 n 个相等的部分，每部分包括 k 个单位，即 $N/n=k$。按顺序先从第一部分 k 个单位中随机抽取 i 个单位，第二部分则抽取 $i+k$ 个单位，第三部分抽取 $i+2k$ 个单位……从最后一部分中抽取 $i+(n-1)k$ 个单位，这样共抽出 n 个单位构成样本。

例如，要从某班 40 名学生中抽取 5 名学生作为样本，先将该班学生分成 5 个相等部分，每部分中包含 8 名学生，即 $k=\frac{N}{n}=\frac{40}{5}=8$。随机从第一部分中抽出第一个抽样单位为 4，则第二部分抽样单位为 12($4+k=4+8=12$)；第三部分抽样单位为 20（$4+2k=4+2\times8=20$)；第四部分为 28，第五部分为 36。这样由 4、12、20、28 和 36 构成样本总体。

等距抽样方式较之简单随机抽样方式好，因为样本在总体各单位之间分布更为均匀，抽样误差相对较小。进行按次序排队的等距离抽样时，可用两种标志作为排队的依据，一是按有关标志排队，如选择农产量抽样单位时，可按平均亩产高低顺序排队；选择城乡居民家庭收入抽样单位时，可按每户全年收入高低排队，这些标志与抽样调查目的和内容有密切关系。另一种按无关标志排队，如城乡居民家庭收入调查时，按住宅门牌号码或户主姓氏笔画排队来选择样本单位，这些标志与抽样调查结果毫无实际联系。在国外，等距抽样基本上按无关标志排队取样，认为这样抽样可以使被抽中单位在总体中分布比较均匀，减少抽样误差。

三、类型抽样

类型抽样，又称分层抽样，是将总体中各单位按其属性特征划分成若干类型或层次，然后在各类各层中用简单随机抽样方式，或等距抽样方式抽取所需的样本单位。由于划类分层使各单位差异缩小，比较容易选出有代表性的样本。我国曾在农产量调查中推广“划类选典”方法，把类型抽样和典型调查结合起来。

类型抽样通常按各类单位数占总体单位总数的比率来抽取样本，单位数较多的类型就会多取样，保持各类型样本单位数与整个样本容量之比，等于各类型单位数与总体单位总量之比。这种方法的优点是：①样本大小相同的类型抽样比简单随机抽样和等距抽样更富有代表性；②如果对代表性要求相同，类型抽样所抽取样本中的单位数可以比简单随机抽样和等距抽样所需要的少；③类型抽样的结果，不但能推断及全总体，还能推算各个类型总体，使我们能够得到分类型的全面数字资料。

四、整群抽样

以上三种抽样方式都是直接从总体中抽取个别单位组成样本，在整群抽样中，则先将总体按自然状态分为若干群，然后随机抽取其中部分群作为样本，并在已抽中的群内对所有单位进行全面调查。

整群抽样，其样本代表性比起上述三种抽样方式，明显要差一些。其优点也是简单方便，可省时省钱，适于特殊情况下使用。如流水线上的工业产品质量检验，农业普查，工业普查后复查等。由于总体划分成群后，总体方差分解成群间方差和群内方差，对于抽中的群实行全面调查，影响整群抽样误差的大小主要是群间方差，与类型抽样相反，整群抽样在于扩大群内误差程度，达到缩小群间误差、提高抽样推断效果的目的。

【思考题】

1. 什么是抽样推断？它有哪些特点？
2. 抽样推断应具备哪些条件？
3. 抽样推断有哪些基本概念？
4. 什么是大数定律？有什么意义？
5. 什么是中心极限定理？有什么重要性？
6. 什么是样本平均数的分布？
7. 什么是抽样误差？影响抽样误差的因素有哪些？
8. 什么是抽样平均误差、极限误差和抽样误差的概率度？
9. 简述抽样推断中几个重要关系。
10. 什么是参数估计？有哪两种形式？
11. 作为优良估计量应符合哪些条件？
12. 总体参数的区间估计有哪两种模式？
13. 随机抽样基本组织形式有哪些？

第八章　假设检验

第一节　假设检验概述

一、假设检验的基本概念

统计推断的内容包括参数估计和假设检验两方面。假设检验就是对总体参数或总体分布形式做一个假设，然后通过抽取的样本，对假设的正确性进行判断，从而决定接受或者拒绝原假设。通常决定是否拒绝原假设，取决于检验样本指标与所假设的总体指标的差异是否显著，故假设检验又称“显著性检验”。假设检验分为参数假设检验和非参数假设检验。本章主要讨论参数假设检验。

下面通过一个例子来说明假设检验的思想。

【例 8-1】　某企业生产一种零件，过去的资料表明，零件的平均长度为 4cm，标准差为 0.1cm。改革工艺后，抽查了 100 个零件，测得样本平均长度为 3.95cm。问：工艺改革前后零件的长度是否发生了显著的变化？

这是关于工艺改革后零件的平均长度（总体平均数）是否等于 4cm 的假设检验。在这里，样本的平均长度出现差异，只有两种可能：一是改革后的总体平均长度不变，但由于抽样的随机性使得样本平均数与总体平均数之间存在抽样误差；二是由于工艺条件的变化，使得总体平均数发生了显著的变化。我们可以这样推断：如果样本平均数与总体平均数之间的差异，未超出抽样误差范围，则认为总体平均数不变；如果样本平均数与总体平均数之间的差异，超出了抽样误差范围，则认为总体平均数发生了显著的变化。

根据样本平均数的抽样分布定理，$\frac{\overline{x}-\bar{X}}{\sigma/\sqrt{n}} \sim N(0,1)$。在给定的一个小概率界限 α 下，可以构造出一个小概率事件 $\frac{|\overline{x}-\bar{X}|}{\sigma/\sqrt{n}} > z_{\alpha/2}$，使得其概率为 $P(\frac{|\overline{x}-\bar{X}|}{\sigma/\sqrt{n}} > z_{\alpha/2}) = \alpha$。由于 α 很小，根据“小概率事件实际不可能发生的原理”，我们认为在一次抽样中，事件 $\frac{|\overline{x}-\bar{X}|}{\sigma/\sqrt{n}} > z_{\alpha/2}$ 不可能发生。如果发生了，则说明样本的误差超出了抽样误差范围，我们应该怀疑导致这一小概率事件发生的前提假设，即认为原假设不合理，从而拒绝原

假设。如果小概率事件没有发生，即$\frac{|\bar{x}-\bar{X}|}{\sigma/\sqrt{n}} \leqslant z_{\alpha/2}$，则说明样本的误差在抽样误差范围内，我们没有理由怀疑原假设，因此接受原假设。

在本例中，$\bar{x}=3.95$，$\sigma=0.1$，$n=100$，假设$\bar{X}=4$，给定$\alpha=0.01$，查正态分布表得$z_{\alpha/2}=2.58$，计算样本统计量得：

$$\frac{|\bar{x}-\bar{X}|}{\sigma/\sqrt{n}}=\frac{|3.95-4|}{0.1/\sqrt{100}}=5>z_{\alpha/2}=2.58$$

而$\frac{|\bar{x}-4|}{\sigma/\sqrt{n}}>2.58$是个小概率事件，这一事件在这次抽样中发生了，因此应拒绝原假设，即应推断工艺改革后零件的长度有了显著变化。

由上例可见，假设检验有以下两个特点：

第一，检验的思维方法与数学里的“反证法”相似，“反证法”先将要证明的结论假设为不正确的，作为进一步推论的条件之一使用，最后推出矛盾的结果，以此否定事先所作的假设。同样，为了检验某个假设正确与否，我们首先假设它是正确的，然后根据抽样理论和样本信息，计算由此假设而导致的结果是否合理，从而判断是否接受原假设。

第二，依据“小概率事件原理”，即小概率事件在一次实验观察中几乎不可能发生的原理，若在一次观察中小概率事件发生了，则认为原假设是不合理的；反之，小概率事件没有发生，则认为原假设是合理的。其实，我们在日常生活中，不仅不肯接受概率为0的事件，而且对小概率事件，也持否定态度。比如，虽然偶尔也有媒体报道陨石降落的消息，但人们不必担心天空降落的陨石会砸伤自己。在例8－1中，拒绝原假设是在小概率$\alpha=0.01$下得出的，也就是说，这一推断结果有$(1-0.01)\times100\%=99\%$的把握程度。

从上例的分析过程中，可以得出假设检验的基本步骤。

（1）提出原假设和备选假设。每个检验都可以同时提出一对相互对立的假设，分别称为原假设H_0和备选假设H_1。原假设是需要检验的假设，检验结果二者必取其一：接受原假设并拒绝备选假设；或者拒绝原假设并接受备选假设。

假设一般有以下三种形式：

A. H_0：$\bar{X}=\bar{X}_0$；H_1：$\bar{X}\neq\bar{X}_0$。这种形式的假设检验称为双尾检验。

B. H_0：$\bar{X}=\bar{X}_0$；H_1：$\bar{X}<\bar{X}_0$（或H_0：$\bar{X}\geqslant\bar{X}_0$；$H_1$：$\bar{X}<\bar{X}_0$）。这种形式的假设检验称为左尾检验。

C. H_0：$\bar{X}=\bar{X}_0$；H_1：$\bar{X}>\bar{X}_0$（或H_0：$\bar{X}\leqslant\bar{X}_0$；$H_1$：$\bar{X}>\bar{X}_0$）。这种形式的假设检验称为右尾检验。

选择哪一种假设形式，要根据实际情况来确定。对于探索性研究和质量控制检测，任何一个方向的变化（变大或变小）都要进行检查，即结论不具有方向性时，用双尾检验是合适的；而对于只有一个方向上的变化是重要的，即结论具有方向性（例如，一种新型的减肥药实际减肥多少？一种新的治疗方法是否能使得癌肿瘤会减小?)，则应该用左尾检验或右尾检验。

(2) 选择合适的检验统计量。不同的假设检验问题需要选择不同的检验统计量。

(3) 选择显著性水平 α，确定临界值。小概率 α 也称为显著性水平，给定了 α，就可以由有关的概率分布表查得临界值，临界值作为一个分界点，从而确定 H_0 的接受区域和拒绝区域。例 8-1 中临界值为 $-z_{\alpha/2}$，$z_{\alpha/2}$，接受区域为 $[-z_{\alpha/2}, z_{\alpha/2}]$，拒绝区域为 $(-\infty, -z_{\alpha/2}) \cup (z_{\alpha/2}, +\infty)$。

(4) 比较检验统计量的值与临界值的关系。

(5) 做出决策。如果检验统计量的值落在拒绝区域内，说明样本的情况与原假设有显著性差异，应拒绝原假设；如果检验统计量的值落在接受区域内，说明样本的情况与原假设没有显著性差异，应接受原假设。

二、显著性水平

要检验原假设 H_0 的正确与否，关键在于构造一个小概率事件 $z>z_\alpha$，使得 $P(z>z_\alpha)=\alpha$。当 H_0 为真时，如果不巧，小概率事件 $z>z_\alpha$ 发生了，按照检验法则应该拒绝 H_0，α 刚好就是 H_0 为真而被拒绝的概率，亦即表示拒绝原假设所冒的风险。在检验过程中，只要判别 z 和 z_α 的关系就可以对 H_0 做出接受或拒绝的决策，这是因为 z_α 作为临界值，把检验区域分为两部分：接受区域和拒绝区域。当检验统计量落入接受区域时，应该接受 H_0；当检验统计量落入拒绝区域时，应该拒绝 H_0，因为这时候检验统计量表现出与总体的显著不同。所以，α 叫做假设检验的显著性水平，假设检验又称显著性检验。α 小到什么程度才合适呢？对于不同的检验问题，α 可以选取不同的值。但要记住，我们选择最低标准作为一个可接受的概率或显著性水平也是一种冒险，我们用于检验一个假设的显著水平愈高，拒绝一个本来是真实的原假设的概率也愈大。α 取值大小，主要根据研究问题的性质及对结论准确性的要求而定，α 通常选取 0.01，0.05，0.10 等。

三、两种类型的错误

在例 8-1 中，根据样本信息和给定的显著性水平 $\alpha=0.01$，我们做出了拒绝 H_0 的决策，在这里有可能出现一个意外情况：实际上工艺改革后零件的长度没有发生显著变化，而是抽取的 100 个零件恰好是比较短的，导致平均长度小了，这时我们犯了“弃真”错误。另一个情况是，实际上工艺改革后零件的长度发生了显著变化，而在抽样的时候，恰好抽取到的样本是符合标准的零件，导致平均长度为 4cm，根据检验法则我们应该做出接受 H_0 的决策，这时我们犯了“取伪”错误。

一个假设检验是根据样本提供的信息来判断的，由于样本的随机性，总会存在错误决策的风险。这种检验有四种可能结果。

(1) 错误决策：H_0 为真，但被拒绝，此类“弃真”错误称为第一类错误。

(2) 正确决策：H_0 为真，并被接受。

(3) 正确决策：H_0 为不真，并被拒绝。

(4) 错误决策：H_0 为不真，但被接受，此类“取伪”错误称为第二类错误。

具体见表 8－1。

表 8－1　统计决策

决策	总体的实际状态	
	H_0 为真	H_0 不真
拒绝 H_0	第一类错误 概率：α	正确决策 概率：$1-\beta$
接受 H_0	正确决策 概率：$1-\alpha$	第二类错误 概率：β

第一类错误和第二类错误都是检验失真的表现，应该尽可能地避免，如果不能完全避免，也应该对其发生的概率加以控制。

第一类错误产生的原因是在原假设为真的情况下，检验统计量刚好落入小概率的拒绝区域，因此，犯第一类错误的概率就等于显著性水平，即等于 α。我们可以通过控制显著性水平大小的方式，来控制犯第一类错误的概率，α 定得越小，犯第一类错误的概率就越小。

第二类错误产生的原因是，把不正确的原假设当作正确的而接受了，犯第二类错误的概率记为 β。

由于抽样的随机性，在假设检验中要完全避免两类错误是不可能的，只能尽量控制犯错误的概率。一个好的检验法则总是希望犯两类错误的概率都很小，但是犯第一类错误的概率 α 和犯第二类错误的概率 β 之间的关系是相反的，在样本量 n 一定的条件下，α 越小，β 越大；反之，α 越大，β 越小。这是因为 α 越小，接受区域就越大，因此接受不真的原假设的概率 β 也越大。为了同时减小 α 和 β，只有增大样本容量，减小抽样分布的离散性，这样才能达到目的。α 和 β 两者的关系图如图 8－1 所示。

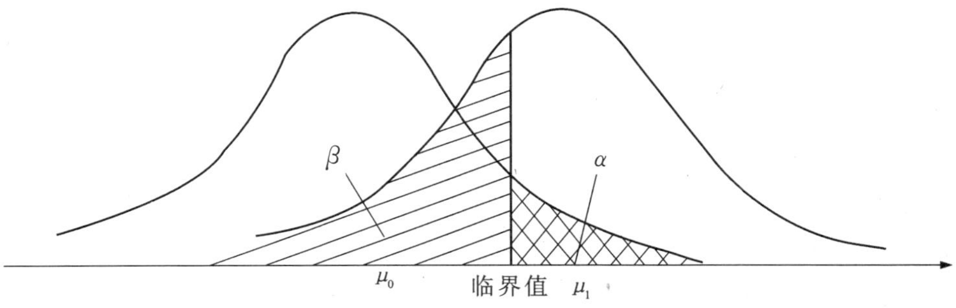

图 8－1　两类错误概率的关系图

【例 8-2】 在一个谋杀案的审判中，要求法庭在 H_0 和 H_1 之间做出决策，其中 H_0：被告无罪；H_1：被告有罪。法庭可能犯的第一类错误是：被告无罪但判他有罪；第二类错误是：被告有罪但判他无罪。犯第一类错误的性质是“冤枉了好人”，第二类错误的性质是“放过了坏人”。为了减小“冤枉好人”的概率（法律上的许多改革与规定都是由此出发），应尽可能接受原假设，判被告无罪，这就有可能增大了“放过坏人”的概率；反过来，为了不“放过坏人”，增大拒绝原假设的概率，相应地就又增加了“冤枉好人”的可能性，这就是 α 和 β 的关系。当然，这只是在“一定的证据下”的两难选择，如果进一步收集有关的证据，在证据充分的条件下，就有可能做到既不冤枉好人，又不放过坏人。

四、假设检验的功效

在检验中，对 α 和 β 的选择取决于犯两类错误所要付出的代价。若“弃真”所付的代价较大，则应取较小的 α，而容忍较大的 β；反之，若“取伪”所付的代价更大，则不得不取较大的 α 以求较小的 β。通常的做法是先确定 α，也就是事先控制原假设为真时拒绝它的概率。由此可见，原假设是受到保护而不轻易否定的。

检验效果的好与坏，与犯两类错误的概率有关。一个有效的检验首先是犯第一类错误的概率 α 不能太大，否则的话，就会经常产生“弃真”现象。另外，在犯第一类错误概率得到控制的条件下，犯“取伪”错误的概率 β 也要尽可能地小，也就是说“不取伪”的概率 $1-\beta$ 应尽可能增大。统计学中把 $1-\beta$ 称为检验功效，它表示当原假设不真实时拒绝它的概率，$1-\beta$ 越大，检验判别能力就越好；反之，$1-\beta$ 越小，检验判别能力就越差。在给定 α 的情况下，使 β 最小或使 $1-\beta$ 最大的检验叫做最佳检验。

五、双尾检验与单尾检验

在前面介绍的统计检验程序中，我们看到，通过确定的检验统计量、事先给出的显著性水平，可以找出一个临界值，将统计量的取值范围划分成接受区域与拒绝区域两部分。对于不同形式的假设，H_0 的接受区域和拒绝区域也不同，双尾检验、左尾检验和右尾检验的说法是对检验统计量的抽样分布中拒绝区域的位置而言的。一个假设的双尾检验，有两个拒绝区域，适用于 H_0：$\bar{X}=\bar{X}_0$；H_1：$\bar{X}\neq\bar{X}_0$ 时的这种场合。假定一个灯泡制造厂生产产品平均使用寿命达到规定标准 2 000h，寿命过短，产品失去市场销路；寿命过长，灯丝要加粗而提高产品成本。为了观察生产过程中产品是否正常，从产品中抽出一个样本进行假设检验。H_0：$\bar{X}=2\,000$h，由于该厂希望既不小于也不大于 2 000h，备择假设为 H_1：$\bar{X}\neq 2\,000$h。如果灯泡平均寿命高于或低于 2 000h 过多就拒绝原假设，这就是双尾检验，其拒绝区域位于统计量分布的两个尾端。但有些情况不适合用双尾检验，而只需单尾检验。假设一个单位从上述灯泡厂购买大量灯泡，要求灯泡的使用寿命必须达到2 000h，当每批货到时，采购人员抽检一个样本，决定是否接收到货。如果灯泡平均使用寿命低于 2 000h，就会拒绝收货，倘若灯泡平均使用寿命高于 2 000h，采购人员是不会拒绝收货的，因为质量比期望好，又不付出额外费用。采购人员的假设是 H_0：$\bar{X}=2\ 000$h；H_1：$\bar{X}<2\ 000$h，这就是单尾检验。单尾检验有左尾检验和右尾检验。左尾检验的拒绝区域完全位于统计量分布的左侧尾端，右尾检验的拒绝区域完全位于统计量分布的右侧尾端，如图 8－2 所示。

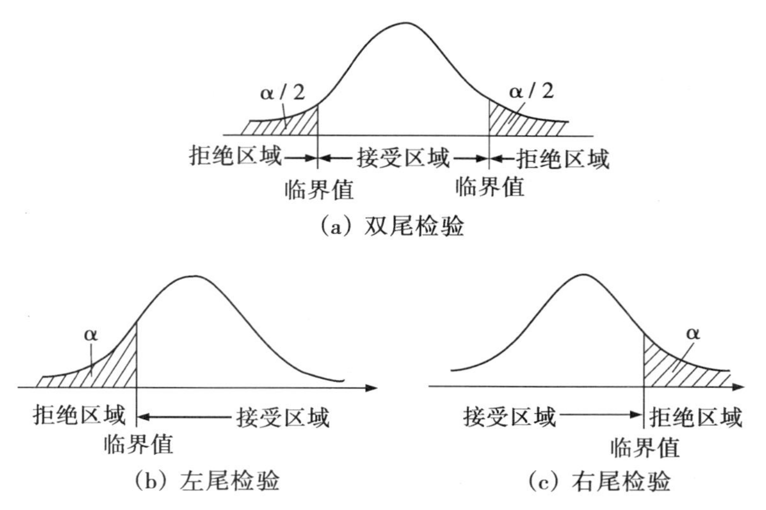

图 8－2　双尾检验和单尾检验示意图

第二节　平均数的假设检验

一、已知总体方差 σ^2 情况下的检验方法

设总体 $X\sim N(\bar{X},\ \sigma^2)$，总体方差 σ^2 已知，$(x_1,\ x_2,\ \cdots,\ x_n)$ 为总体的一个样本，样本平均数为 $\bar{x}$，现在对总体均值 $\bar{X}$ 进行检验。

根据抽样分布定理，样本平均数 $\bar{x}$ 服从正态分布 $N(\bar{X},\ \sigma^2/n)$，所以，在 H_0：$\bar{X}=\bar{X}_0$ 成立时，检验统计量 z 及其分布为：

$$z=\frac{\bar{x}-\bar{X}_0}{\sigma_0/\sqrt{n}}\sim N\ (0,\ 1)$$

不管是大样本还是小样本，在已知总体方差 σ^2 情况下，统计量 z 均服从标准正态分布。利用服从正态分布的统计量 z 进行的假设检验称为“U－检验”。

单个总体平均数的 U－检验，其检验法则见表 8－2。

表 8-2 单个总体平均数的 U-检验法则

H_0 与 H_1	检验统计量	检验法则	检验性质
H_0：$\bar{X}=\bar{X}_0$ H_1：$\bar{X}\neq\bar{X}_0$	$z=\frac{\bar{x}-\bar{X}_0}{\sigma_0/\sqrt{n}}$	$\vert z\vert>z_{\alpha/2}$，拒绝 H_0 $\vert z\vert\leqslant z_{\alpha/2}$，接受 H_0	双尾检验
H_0：$\bar{X}\leqslant\bar{X}_0$ H_1：$\bar{X}>\bar{X}_0$	$z=\frac{\bar{x}-\bar{X}_0}{\sigma_0/\sqrt{n}}$	$z>z_\alpha$，拒绝 H_0 $z\leqslant z_\alpha$，接受 H_0	右尾检验
H_0：$\bar{X}\geqslant\bar{X}_0$ H_1：$\bar{X}<\bar{X}_0$	$z=\frac{\bar{x}-\bar{X}_0}{\sigma_0/\sqrt{n}}$	$z<-z_\alpha$，拒绝 H_0 $z\geqslant -z_\alpha$，接受 H_0	左尾检验

（一）双尾检验

【例 8-3】 设某异常区磁场强度服从正态分布，由以前观测知道 $\bar{X}_0=56$，$\sigma_0=20$，现有一台新型号的仪器，用它对该区进行磁测，抽取了 41 个点，其平均值 $\bar{x}=61.1$，问用此仪器测出的结果是否符合要求？

解 提出假设 H_0：$\bar{X}=\bar{X}_0=56$；H_1:$\bar{X}\neq 56$。

因标准差 σ_0 已知，故用 U-检验，取 $\alpha=0.05$，查正态分布表得临界值 $z_{\alpha/2}=1.96$，由于

$$z=\frac{61.1-56}{20/\sqrt{41}}=1.65<1.96=z_{\alpha/2}$$

统计量的样本取值落入接受域内，故接受原假设，即新仪器磁测结果符合要求。

【例 8-4】 某车间用一台包装机包装葡萄糖，袋装糖重服从正态分布，当机器正常时，其均值为 0.5kg，标准差为 0.015kg。某日开工后，为检验包装机工作是否正常，随机地抽取它所包装的 9 袋糖，称得重量为（kg）：0.520，0.497，0.511，0.506，0.498，0.524，0.512，0.515，0.518。问机器工作是否正常？

解 提出假设 H_0：$\bar{X}=\bar{X}_0=0.5$；H_1：$\bar{X}\neq 0.5$。

由题意已知，$n=9$，$\sigma_0=0.015$，故用 U-检验，取 $\alpha=0.05$，查正态分布表得临界值 $z_{\alpha/2}=1.96$，计算出样本平均值 $\bar{x}=0.511$，则有

$$z=\frac{0.511-0.5}{0.015/\sqrt{9}}=2.2>1.96=z_{\alpha/2}$$

统计量的样本取值落入拒绝域内，故拒绝原假设，认为此时包装机工作不正常。

（二）单尾检验

【例 8-5】 消费者协会接到消费者投诉，指控某品牌纸包装饮料存在容量不足，有欺骗消费者之嫌。包装上标明的容量为 250mL。消费者协会从市场上随机抽取 50 盒

该品牌纸包装饮品，测试发现平均含量为 248mL，按照历史资料，总体的标准差是 4mL。这是生产中正常的波动，还是厂商的有意行为？消费者协会能否根据该样本数据，判定该饮料厂商欺骗了消费者呢？

解 因为消费者协会希望通过样本数据推断厂商的欺骗行为，因此用左尾检验。提出假设

H_0：$\bar{X} \geqslant 250$；H_1：$\bar{X} < 250$

由题意已知，$n=50$，$\sigma_0=4$，故用 U－检验，取 $\alpha=0.05$，查正态分布表得临界值 $-z_\alpha=-1.645$，则有

$$z=\frac{248-250}{4/\sqrt{50}}=-3.54<-1.645=-z_\alpha$$

统计量的样本取值落入拒绝域内,故拒绝原假设，即认为厂商有欺骗行为。

【例 8－6】 有一工厂生产一种灯管，已知灯管的寿命服从正态分布，标准差为 200h。根据以往的生产经验，知道灯管的平均寿命不会超过 1 500h。为了提高灯管的平均寿命，工厂采用了新的工艺。为了弄清楚新工艺是否真的能提高灯管的平均寿命，他们测试了新工艺生产的 25 只灯管的寿命，其平均值是 1 575h。试问：可否由此判定是新工艺提高了灯管的平均寿命？

解 因为我们关心的是灯管寿命是否大于 1 500h，因此用右尾检验。提出假设

H_0：$\bar{X} \leqslant 1\,500$；H_1：$\bar{X} > 1\,500$

由题意已知，$n=25$，$\sigma_0=200$，故用 U－检验，取 $\alpha=0.05$，查正态分布表得临界值 $z_\alpha=1.645$，则有

$$z=\frac{1\,575-1\,500}{200/\sqrt{25}}=1.875>1.645=z_\alpha$$

统计量的样本取值落入拒绝域内，故拒绝原假设，即认为新工艺确实提高了灯管的平均寿命。

二、未知总体方差 σ^2 情况下的检验方法

在未知总体方差 σ^2 情况下，对于大样本（$n>30$）的情形，检验统计量 $z=\dfrac{\overline{x}-\bar{X}_0}{\sigma_0/\sqrt{n}}$ 中的总体标准差 σ_0 可以用样本标准差 s 代替，根据大样本的抽样分布定理，此时统计量 $z=\dfrac{\overline{x}-\bar{X}_0}{s/\sqrt{n}}$，仍然服从标准正态分布，利用上述的 U－检验进行检验。

对于小样本（$n<30$）的情形，此时检验统计量 $\dfrac{\overline{x}-\bar{X}_0}{s/\sqrt{n}}$ 不再服从标准正态分布，而是服从自由度为 $n-1$ 的 t 分布，需要采用 t 分布来检验总体均值，检验的统计量为

$$t=\frac{\overline{x}-\bar{X}_0}{s/\sqrt{n}}\sim t(n-1)$$

利用服从 t 分布的统计量 t 进行的假设检验称为"t－检验"。

单个总体平均数的 t－检验，其检验法则见表 8－3。

表 8－3 单个总体平均数的 t－检验法则

H_0 与 H_1	检验统计量	检验法则	检验性质
H_0：$\bar{X}=\bar{X}_0$ H_1：$\bar{X}\neq\bar{X}_0$	$t=\dfrac{\bar{x}-\bar{X}_0}{s/\sqrt{n}}$	$\|t\|>t_{\alpha/2}\ (n-1)$，拒绝 H_0 $\|t\|\leqslant t_{\alpha/2}\ (n-1)$，接受 H_0	双尾检验
H_0：$\bar{X}\leqslant\bar{X}_0$ H_1：$\bar{X}>\bar{X}_0$	$t=\dfrac{\bar{x}-\bar{X}_0}{s/\sqrt{n}}$	$t>t_\alpha\ (n-1)$，拒绝 H_0 $t\leqslant t_\alpha\ (n-1)$，接受 H_0	右尾检验
H_0：$\bar{X}\geqslant\bar{X}_0$ H_1：$\bar{X}<\bar{X}_0$	$t=\dfrac{\bar{x}-\bar{X}_0}{s/\sqrt{n}}$	$t<-t_\alpha\ (n-1)$，拒绝 H_0 $t\geqslant -t_\alpha\ (n-1)$，接受 H_0	左尾检验

【例 8－7】 一种汽车配件的平均长度要求为12cm，高于和低于该标准均被认为是不合格的。汽车生产企业在购进配件时，通常是经过招标，然后对中标的配件提供商提供的样品进行检验，以决定是否购进。现对一个配件提供商的 10 个样本进行了检验，结果如下（单位：cm）：

12.2　10.8　12.0　11.8　11.9　12.4　11.3　12.2　12.0　12.3

假定该供货商生产的配件长度服从正态分布，在 0.05 的显著性水平下，检验该供货商提供的配件是否符合要求？

解 提出假设 H_0：$\bar{X}=\bar{X}_0=12$；H_1：$\bar{X}\neq 12$。

根据样本数据计算得，$\bar{x}=11.89$，$s=0.493\ 2$。

由于 $n<30$ 为小样本，故采用 t－检验，根据自由度 $n-1=10-1=9$，查 t 分布表得 $t_{\alpha/2}(n-1)=t_{0.025}(9)=2.262$。

计算检验统计量

$$|t|=\left|\frac{\bar{x}-\bar{X}_0}{s/\sqrt{n}}\right|=\left|\frac{11.89-12}{0.4932/\sqrt{10}}\right|=|-0.7053|=0.7053<2.262=t_{0.025}\ (9)$$

统计量的样本取值落入接受域内，故接受原假设，即认为供货商提供的配件符合要求。

【例 8－8】 某厂生产的乐器用合金弦线的抗拉强度服从均值为10 560kg/cm^2 的正态分布，今改进工艺后生产一批合金线，从中抽出 10 根，测得其抗拉强度为（kg/cm^2）：

10 512　10 623　10 668　10 554　10 776　10 707　10 557　10 581　10 666
10 670

问改进工艺后生产的合金线的抗拉强度是否有显著提高？（取 $\alpha=0.05$）

解 我们关心的结果是抗拉强度是否提高了，由于 σ^2 未知，因此用 t - 检验的右尾检验。提出假设

H_0：$\bar{X} \leqslant 10\ 560$；$H_1$：$\bar{X} > 10\ 560$

根据样本计算得 $\bar{x} = 10\ 631.4$，$s = 80.997$；

根据自由度 $n-1=10-1=9$，$\alpha=0.05$，查 t 分布表得 $t_\alpha(n-1)=t_{0.05}(9)=1.833$；

计算检验统计量

$$t=\frac{\bar{x}-\bar{X}_0}{s/\sqrt{n}}=\frac{10\ 631.4-10\ 560}{80.997/\sqrt{10}}=2.788>1.833=t_{0.05}\ (9)$$

统计量的样本取值落入拒绝域内，故拒绝原假设，即认为改进工艺后合金弦线的抗拉强度有明显的提高。

第三节　比率的假设检验

在单个总体比率的假设检验中，由抽样分布我们知道，样本比率是一个特殊的平均数，当样本量 n 大于 30，np 和 $n(1-p)$ 都大于 5 时，其抽样分布近似为正态分布，检验统计量 z 近似服从标准正态分布：

$$z=\frac{p-P}{\sqrt{\frac{P(1-P)}{n}}}\sim N\ (0,\ 1)$$

式中：p 代表样本比率；P 代表假设的总体比率。

检验统计量 z 近似服从标准正态分布，因此这也是 U - 检验。

单个总体比率的假设检验，其检验法则见表 8 - 3。

表 8 - 3　单个总体比率的检验法则

H_0 与 H_1	检验统计量	检验法则	检验性质
H_0：$p=p_0$ H_1：$p\neq p_0$	$z=\frac{p-P}{\sqrt{\frac{P(1-P)}{n}}}$	$\lvert z\rvert > z_{\alpha/2}$，拒绝 H_0 $\lvert z\rvert \leqslant z_{\alpha/2}$，接受 H_0	双尾检验
H_0：$p\leqslant p_0$ H_1：$p>p_0$	$z=\frac{p-P}{\sqrt{\frac{P(1-P)}{n}}}$	$z>z_\alpha$，拒绝 H_0 $z\leqslant z_\alpha$，接受 H_0	右尾检验
H_0：$p\geqslant p_0$ H_1：$p<p_0$	$z=\frac{p-P}{\sqrt{\frac{P(1-P)}{n}}}$	$z<-z_\alpha$，拒绝 H_0 $z\geqslant -z_\alpha$，接受 H_0	左尾检验

（一）双尾检验

【例 8-9】 化肥厂生产合成氨，按规定含氮量为 80%，现在取 50kg，一班 8h 共抽取 400kg 进行检验，测得平均浓度为 84%，试以 0.05 的显著性水平检验质量有没有明显的差异。

解 含氮量过高过低都是属于不合格产品，检验没有方向性，因此用双尾检验。提出假设

H_0：$p=80\%$；H_1：$p\neq 80\%$

由显著性水平 $\alpha=0.05$ 查正态分布表得临界值 $z_{\alpha/2}=1.96$，计算检验统计量

$$z=\frac{0.84-0.8}{\sqrt{\frac{0.8\ (1-0.8)}{400}}}=2>1.96=z_{\alpha/2}$$

检验统计量的样本取值落入拒绝域内，故拒绝原假设，即认为合成氨含氮量和标准含量有明显的差异。

（二）单尾检验

【例 8-10】 某企业声明有30%以上的消费者对其产品质量满意。如果随机调查 600 名消费者，表示对该企业产品满意的有 220 人。试在显著性水平 $\alpha=0.05$ 下，检验调查结果是否支持企业的自我声明。

解 我们关心的是企业是否说了实话，即满意的消费者人数是否超过 30%，因此用右尾检验。提出假设

H_0：$p\leqslant 30\%$；H_1：$p>30\%$

计算出样本比率 $p=220/600=0.37$，总体假设的比率 $P=0.3$，查正态分布表得临界值 $z_\alpha=1.645$，则有

$$z=\frac{0.37-0.3}{\sqrt{\frac{0.3\ (1-0.3)}{600}}}=3.7>1.645=z_\alpha$$

检验统计量的样本取值落入拒绝域内，故拒绝原假设，即认为企业的声明属实。

【例 8-11】 某市对成年人检查，随机抽取100人的样本，发现有 41 人患有不同程度的牙疾，问以 0.05 的显著性水平是否能说明该市患有牙疾的人不超过 50%？

解 待检验的假设为患有牙疾的人是否不超过 50%，因此采用左尾检验。提出假设

H_0：$p\geqslant 50\%$；H_1：$p<50\%$

计算出样本比率 $p=\frac{41}{100}=0.41$，总体假设的比率 $P=0.5$，查正态分布表得临界值 $-z_\alpha=-1.645$，则有

$$z=\frac{0.41-0.5}{\sqrt{\frac{0.5\ (1-0.5)}{100}}}=-1.8<-1.645=-z_\alpha$$

统计量的样本取值落入拒绝域内，故拒绝原假设，即认为该市患有牙疾的人不超过50%。

第四节　总体方差的假设检验

方差或标准差是衡量变量的离散程度，研究生产活动的均衡性、产品质量的稳定性等常用的指标，因此，总体方差 σ^2 的检验也是假设检验的重要内容之一。总体方差的检验，不论样本容量 n 是大是小，都要求总体服从正态分布，这是由检验统计量的抽样分布决定的。总体方差的检验统计量服从自由度为 $n-1$ 的 χ^2 分布

$$\chi^2=\frac{(n-1)s^2}{\sigma_0^{\ 2}}\sim\chi^2\ (n-1)$$

利用服从 χ^2 分布的统计量 χ^2 进行的假设检验称为"χ^2－检验"。其检验法则见表8－5。

表8－5　χ^2 检验法则

H_0 与 H_1	检验统计量	检验法则	检验性质
H_0：$\sigma^2=\sigma_0^{\ 2}$ H_1：$\sigma^2\neq\sigma_0^{\ 2}$	$\chi^2=\frac{(n-1)s^2}{\sigma_0^{\ 2}}$	$\chi^2>\chi^2_{\alpha/2}(n-1)$或 $\chi^2<\chi^2_{1-\alpha/2}(n-1)$，拒绝 H_0 $\chi^2_{1-\alpha/2}(n-1)<\chi^2<\chi^2_{\alpha/2}(n-1)$，接受 H_0	双尾检验
H_0：$\sigma^2\leqslant\sigma_0^{\ 2}$ H_1：$\sigma^2>\sigma_0^{\ 2}$	$\chi^2=\frac{(n-1)s^2}{\sigma_0^{\ 2}}$	$\chi^2>\chi^2_{\alpha/2}(n-1)$，拒绝 H_0 $\chi^2\leqslant\chi^2_{\alpha/2}(n-1)$，接受 H_0	右尾检验
H_0：$\sigma^2\geqslant\sigma_0^{\ 2}$ H_1：$\sigma^2<\sigma_0^{\ 2}$	$\chi^2=\frac{(n-1)s^2}{\sigma_0^{\ 2}}$	$\chi^2<\chi^2_{1-\alpha/2}(n-1)$，拒绝 H_0 $\chi^2\geqslant\chi^2_{1-\alpha/2}(n-1)$，接受 H_0	左尾检验

【例8－12】　啤酒生产企业采用自动生产线灌装啤酒，每瓶的装填量为640mL，假定生产标准规定每瓶装填量的标准差不能超过和不应低于4mL，企业质检部门抽取了10瓶啤酒进行检验，得到的样本标准差为 $s=3.8$mL。试以0.10的显著性水平检验装填量的标准差是否符合要求？

解　由于方差过高过低都不符合生产标准，依题意提出假设

H_0：$\sigma^2=4^2$；H_1：$\sigma^2\neq4^2$

根据显著性水平 $\alpha=0.10$ 和自由度 $n-1=10-1=9$，查 χ^2 分布表得

$\chi^2_{0.10/2}\ (n-1)\ =\chi^2_{0.05}\ (10-1)\ =16.919\,0$

$\chi^2_{1-0.10/2}\ (n-1)\ =\chi^2_{0.95}\ (10-1)\ =3.325\,11$

计算检验统计量

$$\chi^2=\frac{(n-1)s^2}{{\sigma_0}^2}=\frac{(10-1)\times 3.8^2}{4^2}=8.122\ 5$$

则　$\chi^2_{0.95}$（9）$=3.325\ 11<\chi^2=8.122\ 5<\chi^2_{0.05}$（9）$=16.919\ 0$

统计量的样本取值落入接受域内，故接受原假设，即认为填装量的标准差符合生产要求。

【例 8－13】　某种导线，要求其电阻的标准差不得超过 0.005Ω，现在从一批导线中取样品 9 根，测得 $s=0.007\Omega$，问在显著性水平 $\alpha=0.05$ 下，能认为这批导线的方差显著偏大吗？

解　由于我们关心的是方差是否偏大，因此用右尾检验。提出假设

H_0：$\sigma^2\leqslant 0.005^2$；$H_1$：$\sigma^2>0.005^2$

由题意，在 $\alpha=0.05$ 和自由度 $n-1=9-1=8$，查 χ^2 分布表得 $\chi^2_{0.05}(8)=15.5$。

计算检验统计量

$$\chi^2=\frac{(n-1)s^2}{{\sigma_0}^2}=\frac{(9-1)\times 0.007^2}{0.005^2}=15.68>15.5=\chi^2_{0.05}(8)$$

统计量的样本取值落入拒绝域内，故拒绝原假设，即认为这批电阻的方差显著偏大。

【思考题】

1. 什么是假设检验？假设检验的基本步骤是什么？
2. 什么是显著性水平？什么是检验功效？两者的联系与区别是什么？
3. 假设检验的两类错误是什么？
4. 什么是双尾检验和单尾检验？它们的区别是什么？
5. 什么是 U－检验？它的应用条件是什么？
6. 什么是 t－检验？它的应用条件是什么？
7. 什么是 χ^2－检验？它的应用条件是什么？

第九章　相关与回归分析

第一节　相关与回归分析概述

一、相关分析的概念及种类

（一）函数关系与相关关系

自然界和人类社会中的各种客观现象普遍存在着相互联系、彼此依存的关系。这种现象之间的关系用数量表现时即有函数关系和相关关系两种不同类型。

在数学中，当一个或 n 个变量取一定值时，另一个变量便有一个确定的值与之相对应，变量间的这种关系称之为函数关系。一般把作为影响因素的变量称之为自变量，把发生对应变化的变量称为因变量。其一般表达式为 $y=f(x)$，$z=f(x,y)$等。在这种关系式中，当自变量选定每一个值时，因变量都有惟一的确定值与之相对应。例如，圆的周长 L 与半径 R 的关系，可用 $L=2\pi R$ 表示；又如，产品的单位成本 S 是由一定时期内生产某产品的总费用 C 除以总产量 Q 求得的，其关系式为 $S=C/Q$。以上两式中，R、C、Q 是自变量，L、S 为因变量。

在许多情况下，当一个或 n 个变量取一定数值时，与之相对应的另一变量不存在确定值，但它仍按某种规律在一定范围内变化。例如产品产量与劳动生产率有较密切联系。一般来说，当工人人数确定时，劳动生产率高，一定时期内产品产量大。但产品产量又受原材料供应、市场需求等多种因素制约，因此这两个变量之间虽存在因果关系，但并非存在确定性的对应关系。我们把这种具有一定关联、又存在不确定性的变量间的相互关系称为相关关系。

由此可见，函数关系与相关关系的主要区别表现为变量之间的对应数值是否确定，即函数关系是确定的，相关关系是不确定的。但两者也有一定联系。一方面，在研究相关关系时常常借用函数关系的形式近似地表达变量间的相互关系；另一方面，本来具有函数关系的变量，当存在观测误差时，其函数关系又往往以相关的形式表现出来。也就是说，在一定条件下，变量之间的函数关系和相关关系是可以相互转换的。研究客观现象的函数关系时要采用数学分析方法，而研究客观现象的相关关系时必须借助于统计学中的相关与回归分析方法。

（二）相关关系的种类

变量间的相关关系可以按不同的标志加以分类。

(1) 按相关的程度划分，可以分为完全相关、不相关和不完全相关，见图 9－1。完全相关是指两个变量中，一个变量的变化完全由另一个变量所确定。在这种情况下，变量间的相关关系即为函数关系。如圆的面积由它的半径决定，即 $A=\pi R^2$。若两个变量彼此互不影响，其数量变化各自独立，则称为不相关。如商场的营业额与某一机械厂工人的劳动生产率是毫不相关的。当两个变量之间的关系，介乎完全相关和不相关之间时，称为不完全相关，这是相关分析的主要研究对象。

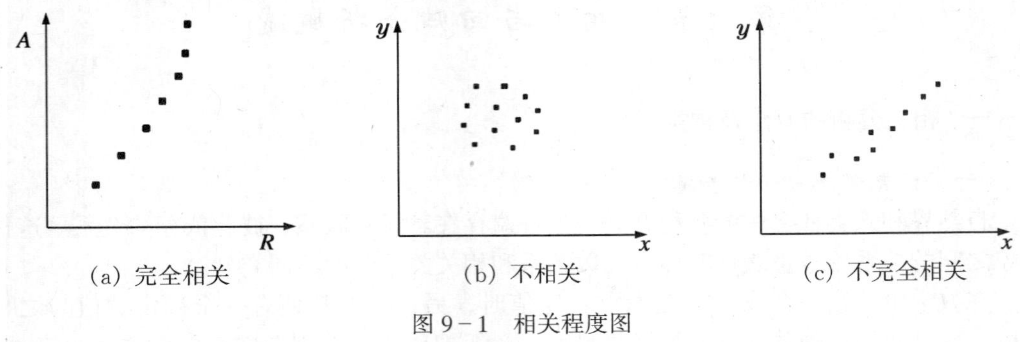

图 9－1　相关程度图

(2) 按相关的方向划分，可分为正相关和负相关，见图 9－2。当两个变量的变动方向一致时称为正相关。如政府税收随国民经济的发展而增长。如果一个现象的数量增加，而另一个现象的数量减少，那么我们称变量间存在负相关。如产品材料的消耗量随着工人技术水平的提高而降低等。

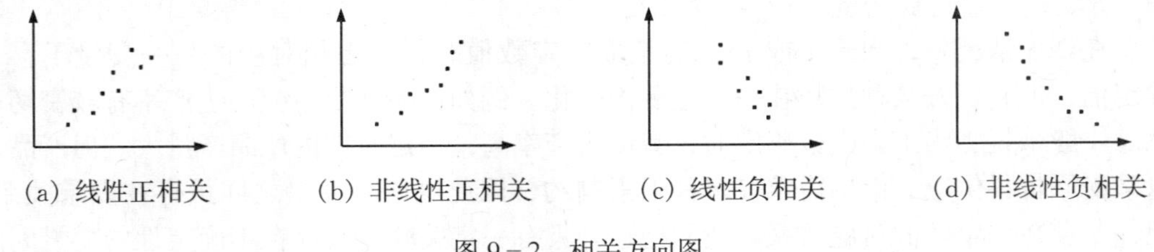

图 9－2　相关方向图

(3) 按相关的形式划分，可分为线性相关和非线性相关。当两个变量间的关系大致呈现线性关系时，称之为线性相关。如产品总成本与原材料的消耗一般呈现为线性关系。如果两个变量在坐标系中相关点的分布近似于某种曲线方程的关系，则称这种关系为非线性相关。如产品的平均成本与产品总量就是一种非线性负相关的关系。

(4) 按研究变量的多少划分，可分为单相关、复相关和偏相关。两个变量之间的相关，称为单相关。当研究一个变量与两个或两个以上的其他变量的相关关系时，称为复相关。例如某种商品销售额与消费者收入及其平均价格之间具有相关关系，这种关系便是一种复相关。在存在复相关的条件下，假定其他变量不变，专门考察其中两个变量间的相关关系，称为偏相关。例如，假定商品价格不变的条件下，某商品销售额与消费者收入的关系就是一种偏相关。

（三）相关分析的概念及主要内容

所谓相关分析，就是研究变量之间相互依存关系的密切程度，它通过计算相关系数来表明。具体地说，它包括以下四方面内容：

（1）根据整理后的原始资料，绘制相关图表，判别相关关系是否存在，如果存在，相关关系呈现的形态和方向是什么。

（2）计算相关系数，测定变量间相关关系的密切程度。

（3）根据初制相关图表，建立相关关系的数学模型：如果变量之间表现为直线相关，采用配合直线方程的办法；如果表现曲线相关，就用各种曲线方程与其配合。使用这样的方法可以找到变量之间彼此依存、相互联系的大致规律。

（4）根据求得的直线趋势或曲线趋势的方程式，用自变量的若干数据，求得相应因变量的若干估计量。估计量与实际值之间的误差程度是通过计算估计标准误差确定的。估计标准误差小，表明估计较精确；反之，表明不太精确。

二、回归分析的概念及内容

（一）回归分析的概念

“回归”一词最早由英国研究生物学的遗传学家高尔顿（Francis Galton，1822—1911 年）在 1877 年提出。他在研究子女身高与父母身高之间关系时发现：身材特别高的父母所生的孩子其身材并非特别高，而身材特别矮的父母所生孩子的身材也并非特别矮，无论父母身高如何，其子女身高都有向同代人类平均身高逼近的趋势。他把这种现象叫做“身高数值从一极端向另一极端的回归”。以后，他的学生皮尔逊（Karl Pearson，1857—1936 年）又用观察数据证实了这一现象，当时称这种现象为回归现象。同时，他把回归的概念与数学的方法结合起来研究现象之间的这种相关关系。

现象之间的相关关系，虽然不是严格的函数关系，但它们之间的关系可以通过函数关系近似地描绘出来。统计学上将这种通过建立数学模型，近似地反映变量之间相关关系的数学方法称为回归分析。与相关分析不同，回归分析中必须事先研究确定相关变量中，哪个（或 n 个）为自变量，哪个（或 n 个）为因变量。一般把自变量作为研究时给定的非随机变量，而因变量则是随机的。

（二）回归分析的内容

回归分析是指将具有相关关系现象的变量转变为函数关系，即通过建立变量间的数学模型来研究变量间相关关系的一种统计分析方法。具体内容包括以下两个方面：

（1）确定现象之间相关关系的数学模型——回归方程式。用函数关系式近似地表现变量间的相关关系，进而找出现象间相互依存关系在数量上的规律性，作为判断、推算、预测随机变量变化的依据。

（2）模型建立后，需对其精确度进行检验。统计学上一般通过计算估计标准误差测定所建模型的精确度。估计标准误差小，说明模型的适合精度高，所作统计分析结论的效果较好；估计标准误差大，说明模型的适合精度低，统计分析结论的效果就差。

三、相关分析与回归分析比较

由以上分析可知，在研究目的和方法上，相关分析与回归分析之间是有明显区别的。第一，相关分析是研究变量之间相关的方向和相关的程度，但相关分析不能提供变量间相互关系的表达形式，也无法从一个变量的变化来推测另一个变量的变化情况。回归分析则是研究变量之间相互关系的表达形式，通过确定一个相关的数学表达式，根据这个数学表达式，由已知变量来估算、推测另一个未知变量。第二，相关分析可以不必确定变量中哪个是自变量，哪个是因变量，其涉及的变量可以都是随机变量。而回归分析则必须事先研究确定具有相关关系的变量中哪个为自变量，哪个为因变量。一般地说，回归分析中因变量是随机的，自变量是给定的非随机变量。

然而，相关分析和回归分析相辅相成，具有密切的联系。首先，它们具有共同的研究对象。其次，相关分析需要依靠回归分析来表明现象数量相关的表达形式，而回归分析则需要依靠相关分析来表明现象数量变化的相关程度。只有当变量之间存在着高度相关时，进行回归分析寻求的数学模型才有实际意义。

在应用相关与回归分析时应注意两点：第一，对没有内在联系的事物进行相关和回归分析，不但没有实际意义，反而导致荒谬的结论。第二，相关分析和回归分析只是定量分析的手段，在复杂、多变的社会经济现象中，它无法全面、准确地判断现象的内在联系。因此在应用这种方法对客观现象进行研究时，一定要注意把定性分析和定量分析结合起来，在定性分析的基础上进行定量分析。

第二节 相关分析

一、相关图表的编制

如果对现象总体内两种相关变量做相关分析，制作相关表或相关图可以直观地判断现象总体内两种变量之间大致呈现何种关系的形式。操作方法首先是通过实际调查取得一系列成对的标志值资料，作为相关分析的原始数据。然后根据资料是否分组，将资料按标志值大小顺序排列在表格内，就成相关表。根据相关表中的资料，在直角坐标系中，以横轴表示自变量，纵轴表示因变量，标出每对标志值的散布点，即编制成相关图。通过相关图可以大致看出两个变量之间有无相关关系、相关形态、方向和密切程度。

例如，为研究分析产量和单位成本的关系，抽取 10 个同类企业有关的原始资料按产量大小顺序编制简单相关表，见表 9－1 和表 9－2。

表 9－1　原始资料表

产量（件）	20	30	40	20	30	90	40	60	50	80
单位成本（元/件）	18	17	15	19	16	11	14	12	13	11

表 9－2　简单相关表

产量（件）	20	20	30	30	40	40	50	60	80	90
单位成本（元/件）	18	19	16	17	14	15	13	12	11	11

现在用表 9－2 的资料绘制单位成本随产量变化而变化的相关图如图 9－3 所示。从图中 10 个散布点的分布情况可判断出，该产品的单位成本与其产量之间存在着非线性相关的关系。

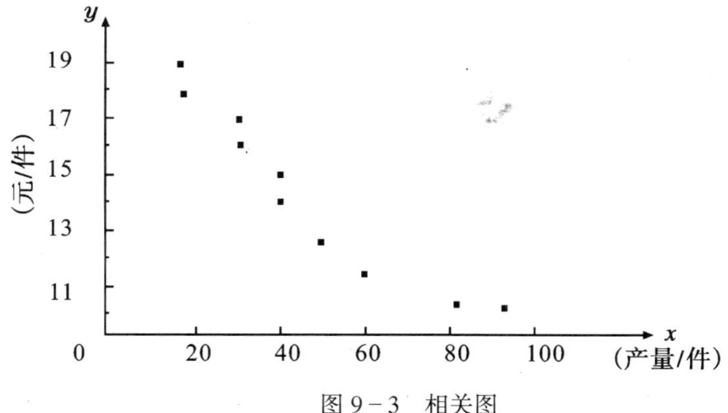

图 9－3　相关图

二、相关系数的计算

相关表和相关图只能大致反映变量之间的相关关系，但不能从数量上表明相关的密切程度。测定现象之间相关程度需计算相关系数、相关指数等统计分析指标，本节仅介绍相关系数及其计算方法。

现象间的相关关系有直线相关和曲线相关。社会经济现象之间的相关，多属直线相关。故一般情况下，相关系数是指在线性相关条件下，说明两变量之间相关关系紧密程度的统计分析指标，通常用 r 表示。相关系数的计算方法有若干种，最容易理解的一种叫积差法。积差法对相关系数定义为：两变量的协方差与两变量各自标准差乘积之比。其相应的定义公式为：

$$r=\frac{\sigma_{xy}^2}{\sigma_x\sigma_y} \tag{9-1}$$

式中：r 代表相关系数；

$\sigma_x=\sqrt{\frac{1}{n}\sum(x-\overline{x})^2}$代表变量 x 的标准差；

$\sigma_y=\sqrt{\frac{1}{n}\sum(y-\overline{y})^2}$代表变量 y 的标准差；

$\sigma_{xy}^2=\frac{1}{n}\sum(x-\overline{x})(y-\overline{y})$ 代表变量 x 与 y 协方差。

协方差有两个作用，它显示变量 x 和 y 相关的方向和程度：

(1) 协方差为正数，相关系数也为正，表示两变量为正相关；协方差为负数，相关系数也为负，表示两变量为负相关。

(2) 协方差的绝对值小，表示变量间的相关程度低；反之，表示两变量的相关程度高。

按定义公式计算相关系数十分繁琐，而且在计算平均数 $\overline{x}$ 与 $\overline{y}$ 时常常会出现除不尽的小数，从而影响 $x-\overline{x}$ 和 $y-\overline{y}$ 的准确性，以致使相关系数的数值出现较大误差。我们利用代数推演的方法可得到若干计算相关系数的简捷式。当只有 x 与 y 的原始相关资料时，可运用公式（9－2）计算相关系数：

$$r=\frac{n\sum xy-\sum x\sum y}{\sqrt{n\sum x^2-(\sum x)^2}\cdot\sqrt{n\sum y^2-(\sum y)^2}} \tag{9-2}$$

当已知 x 与 y 的平均数时，可使用式（9－3）计算相关系数：

$$r=\frac{\sum xy-n\cdot\overline{x}\cdot\overline{y}}{\sqrt{\sum x^2-n\,\overline{x}^2}\cdot\sqrt{\sum y^2-n\,\overline{y}^2}} \tag{9-3}$$

三、相关系数的应用

相关系数用于对变量 x 与 y 线性相关状况的判断如下：

(1) 当$|r|=1$时，x 与 y 为完全线性相关，两者存在确定的函数关系。

(2) 当$|r|=0$时，x 与 y 为完全没有直线相关的关系。

(3) 当$0<r<1$时，表示 x 与 y 为正相关，r 值越接近 1，表示 x 与 y 直线相关程度越高；反之，则越低。

(4) 当$-1<r<0$时，表示 x 与 y 为负相关，r 值越接近 -1，表示 x 与 y 的直线负相关程度越高；反之，则越低。

下面举例介绍相关系数的应用。

【例 9－1】 假定某商场1995—2002年销售额与利润的统计资料如表 9－3 所示。

表 9－3　某商场 1995—2002 年销售额与利润相关表　　单位：亿元

年份	销售额	利润	年份	销售额	利润
1995	3	0.60	1999	3.6	0.75
1996	3.1	0.65	2000	4	0.80
1997	3.2	0.70	2001	4.5	0.90
1998	3.4	0.72	2002	4.8	1

（1）根据定义公式计算相关系数：首先根据表 9－3 资料计算 $\overline{x}$ 和 $\overline{y}$，再列出定义公式相关系数计算表，计算表内各栏有关数据见表 9－4。

表 9－4　定义公式相关系数计算表　　单位：亿元

年份	销售额 x	利润 y	$x-\overline{x}$	$y-\overline{y}$	$(x-\overline{x})^2$	$(y-\overline{y})^2$	$(x-\overline{x})(x-\overline{y})$
1995	3	0.60	－0.7	－0.165	0.49	0.027 2	0.115 5
1996	3.1	0.65	－0.6	－0.115	0.36	0.013 2	0.069 0
1997	3.2	0.70	－0.5	－0.065	0.25	0.004 2	0.032 5
1998	3.4	0.72	－0.3	－0.045	0.09	0.002 0	0.013 5
1999	3.6	0.75	－0.1	－0.015	0.01	0.000 2	0.001 5
2000	4	0.80	＋0.3	＋0.035	0.09	0.001 2	0.010 5
2001	4.5	0.90	＋0.8	＋0.135	0.64	0.018 2	0.108 0
2002	4.8	1	＋1.1	＋0.235	1.21	0.055 2	0.258 5
$\sum$	29.6	6.12	—	—	3.14	0.121 4	0.609 0

注：$\overline{x}=\frac{29.6}{8}=3.7$（亿元）；$\overline{y}=\frac{6.12}{8}=0.765$（亿元）。

再根据表 9－4 各栏数值计算 σ_x、σ_y 和 σ_{xy}^2：

$$\sigma_x=\sqrt{\frac{1}{n}\sum(x-\overline{x})^2}=\sqrt{\frac{1}{8}\times 3.14}=0.627$$

$$\sigma_y=\sqrt{\frac{1}{n}\sum(y-\overline{y})^2}=\sqrt{\frac{1}{8}\times 0.121\,4}=0.123$$

$$\sigma_{xy}^2=\frac{1}{n}\sum(x-\overline{x})(y-\overline{y})=\frac{1}{8}\times 0.609\,0=0.076$$

最后，将以上计算结果代入定义公式，计算其相关系数：

$$r=\frac{\sigma_{xy}^2}{\sigma_x\sigma_y}=\frac{0.076}{0.627\times 0.123}=0.985$$

计算结果表明，该商场销售额与利润线性相关程度很高。

下面再分别用两种简捷式测定相关系数。

（2）根据 x、y 原始资料，测定相关系数。

首先根据 x、y 原始资料编制简捷式相关系数计算表见表 9－5。

表 9－5　简捷式相关系数计算表　　单位：亿元

年份	销售额 x	利润 y	x^2	y^2	xy
1995	3	0.60	9	0.360 0	1.800
1996	3.1	0.65	9.61	0.422 5	2.015
1997	3.2	0.70	10.24	0.490 0	2.240
1998	3.4	0.72	11.56	0.518 4	2.448
1999	3.6	0.75	12.96	0.562 5	2.700
2000	4	0.80	16	0.640 0	3.200
2001	4.5	0.90	20.25	0.810 0	4.050
2002	4.8	1	23.04	1	4.800
$\sum$	29.6	6.12	112.66	4.803 4	23.253

再将表 9－5 中有关数据代入简捷公式：

$$r=\frac{n\sum xy-\sum x\sum y}{\sqrt{n\sum x^2-(\sum x)^2}\cdot\sqrt{n\sum y^2-(\sum y)^2}}$$
$$=\frac{8\times 23.253-29.6\times 6.12}{\sqrt{8\times 112.66-(29.6)^2}\times\sqrt{8\times 4.8034-(6.12)^2}}$$
$$=0.985$$

（3）根据 $\overline{x}$、$\overline{y}$ 计算相关系数。

$$r=\frac{\sum xy-n\cdot\overline{x}\cdot\overline{y}}{\sqrt{\sum x^2-n\,\overline{x}^2}\cdot\sqrt{\sum y^2-n\,\overline{y}^2}}$$
$$=\frac{23.253-8\times 3.7\times 0.765}{\sqrt{112.66-8\times 3.7^2}\times\sqrt{4.8034-8\times 0.765^2}}$$
$$=0.985$$

计算相关系数方法较多，定义公式是最基本的，易于理解，但计算麻烦。简捷公式由定义公式推演而得，易于操作。我们应根据不同条件择便运用。

四、显著性检验

构成总体的单位数很多时，要研究总体的相关系数，往往通过抽取样本的办法，根据样本观测值计算相关系数，这就会出现抽样误差，使人们对它的可靠性产生怀疑，所以有必要对所求样本相关系数 r 进行显著性检验。一般可采用 t－检验或查《相关系数检验表》来确定 r 的显著性。

（一）t－检验法

首先，计算样本相关系数 r 的 t 值：

$$t=\frac{r\cdot\sqrt{n-2}}{\sqrt{1-r^2}}$$

在一元线性回归条件下，t 服从 $t(n-2)$ 分布，n 为样本数。其次，根据给定的显著性水平 α（在社会经济现象中，α 值一般取 0.05）和自由度（$n-2$），查找 t 分布表中相应的临界值 $t_{\alpha/2}$。

最后，进行判定：若 $|t|\geqslant t_{\alpha/2}$，表明 r 在统计上是显著的，也就是说在显著水平 α 条件下变量之间的线性关系是显著的；若 $|t|<t_{\alpha/2}$，表明 r 在统计上是不显著的，样本的相关系数不能代表总体。

【例 9－2】 根据上例计算结果，$r=0.985$，$\alpha=0.05$，$n=8$，试计算 r 的 t－检验值。

$$t=\frac{0.985\times\sqrt{8-2}}{\sqrt{1-0.985^2}}=\frac{2.412\ 4}{0.172\ 6}=13.979$$

查 t 分布表可知，$\alpha=0.05$，自由度为 6 的临界值 $t_{\alpha/2}=2.447$，上式中的 t 值远远大于 2.447。因此，r 通过显著性检验，说明商场的销售额与利润之间存在着十分显著的线性相关。以此资料建立的回归模型有实际意义。

（二）相关系数检验法

首先确定显著性水平 α，根据自由度（$n-2$）可查相关系数临界值表（见附录），查得对应的临界值 r。当 $|r|>r_0$ 时表明变量间的线性关系是显著的。

【例 9－3】 仍以上面资料为例，当 $\alpha=0.05$，自由度为 6 时，查相关系数临界表可得 $r_0=0.704$，由于 $r=0.985>r_0$，同样可证明销售额与利润之间的线性相关关系是十分显著的。

附录：

相关系数临界值表

自由度（n）	显著性水平（α）	
	0.05	0.01
1	0.997	1.000
2	0.950	0.990
3	0.878	0.959

续表

自由度（n）	显著性水平（α）	
	0.05	0.01
4	0.811	0.917
5	0.754	0.874
6	0.704	0.834
7	0.666	0.798
8	0.632	0.765
9	0.602	0.735
10	0.576	0.708
11	0.553	0.684
12	0.532	0.661
13	0.514	0.641
14	0.497	0.623
15	0.482	0.606
16	0.468	0.590
17	0.456	0.575
18	0.444	0.561
19	0.433	0.549
20	0.423	0.537
25	0.381	0.487
30	0.349	0.449
35	0.325	0.418
40	0.304	0.393
45	0.287	0.372
50	0.273	0.354
60	0.250	0.325
70	0.232	0.302
80	0.217	0.283
90	0.205	0.267
100	0.195	0.254

第三节 一元线性回归分析

一、一元线性回归模型的建立和应用

一元线性回归模型，即一元直线回归方程，其基本公式为：

$$y = a + bx \tag{9-4}$$

式中：y 为对现象的估计值，因变量；

a 为直线的起点值，数学上称为直线的截距；

b 为反映因变量随自变量变动的变化率，数学上称斜率；

x 为回归模型的自变量。

上式中 a 和 b 是模型的参数，又称回归系数。这是根据 x、y 实际观察值求解的数值，一旦解出 a 和 b，变量之间的回归模型即可建立。

怎样的观察数据可建立一元线性回归模型？用什么方法建立？大致有以下三个原则：

（1）将两个变量的成对数据绘成散点图时，图上各点的散布趋势近似直线。

（2）根据观察数据计算的两变量间的相关系数，确认它们之间存在显著的相关关系，再建立一元线性回归模型。

（3）应根据最小二乘法（最小平方法）原理建立一元线性回归模型，以保证实际与理论离差的代数和等于零，即 $\sum(y - y_c) = 0$；或者说，使离差的平方和为最小，即 $\sum(y - y_c)^2 =$ 最小值。

所谓最小二乘法就是使估计值与观察值离差平方和最小来求解回归系数的一种方法。

设 Q 为离差平方和，则 $Q = \sum(y - a - bx)^2$。

显然，离差平方和 Q 的大小依赖于 a 和 b 的取值。根据微积分中求极小值的原理，可知 Q 存在极小值；同时，欲使 Q 达到最小，Q 对 a 和 b 的偏导数必须等于零。即：

令：

$$\begin{cases} \dfrac{\partial Q}{\partial a} = -2\sum(y - a - bx) = 0 \\ \dfrac{\partial Q}{\partial b} = -2\sum x(y - a - bx) = 0 \end{cases}$$

加以整理后得：

$$\begin{cases} na + b\sum x = \sum y \\ a\sum x + b\sum x^2 = \sum xy \end{cases}$$

求解以上方程组可得：

$$b=\frac{n\sum xy-\sum x\sum y}{n\sum x^2-(\sum x)^2} \tag{9-5}$$

$$a=\frac{\sum y-b\sum x}{n} \tag{9-6}$$

【例9-4】 利用表9-3销售额与利润的相关数据，来建立该商场销售额与利润的一元线性回归模型，以此估计今后利润增长的趋势。

解 设商场利润与销售额 x 呈线性关系为：

$$y=a+bx$$

将表9-5简捷式相关系数计算表合计类的有关数据代入式（9-5）和式（9-6），求得回归系数为：

$$b=\frac{8\times 23.253-29.6\times 6.12}{8\times 112.66-29.6^2}=\frac{4.872}{25.12}=0.193\ 9$$

$$a=\frac{6.12-0.193\ 9\times 29.6}{8}=0.047\ 6$$

回归模型为：$y=0.047\ 6+0.193\ 9x$

上式中，0.193 9表示销售额每增长1元，商业利润可增加0.193 9元；0.047 6反映的是商场营业的平均基本利润。从现象的实际出发，销售额 x 是具有一定量的数值，若 x 趋近于零，本回归模型便失去实际意义了。

二、回归方程的显著性检验

（一）估计标准误差

估计标准误差是用绝对数说明回归模型代表性大小的统计分析指标，它通过因变量实际值与理论值离差的平均数求得，故又称离差法。但这不是简单平均，而是经过乘方、算术平均，再开方得到的。其定义公式为：

$$S_{yx}=\sqrt{\frac{\sum(y-\hat{y})^2}{n-2}} \tag{9-7}$$

式中：S_{yx}为估计标准误差；y 为因变量的实际值；$\hat{y}$为根据回归模型推算出的因变量的预测值；$n-2$ 为回归估计自由度。其中，n 为因变量实际值的个数，因为模型中包括估计量 a 和b，因此失去了两个自由度。

当实际观察值较多且数值较大时，根据定义公式计算估计标准误差十分麻烦，实际操作时可运用以下简化式：

$$S_{yx}=\sqrt{\frac{\sum y^2-a\sum y-b\sum xy}{n-2}} \tag{9-8}$$

式（9-8）中，a 与b 是已知的，故又称参数法。根号内的其他数据在建立一元线性回归模型时，均已计算出来了，故只需择项代入公式便可迅速求得估计标准误差了。

【例 9－5】 仍以例9－1的资料为例，已知

$\sum y^2=4.8034$，$\sum y=6.12$，$\sum xy=23.253$，$a=0.0476$，$b=0.1939$，$n=8$
则

$$S_{yx}=\sqrt{\frac{4.8034-0.0476\times 6.12-0.1939\times 23.253}{8-2}}=\sqrt{\frac{0.0036}{6}}=0.0235\text{（亿元）}$$

计算结果表明，根据回归模型测算的利润，与实际利润相比，每 1 元利润平均误差约 0.023 5 元。这个数越大，表明估计值的代表性越小；反之则大。如果 $S_{yx}=0$，表明估计值和观察值没有差异，变量 x 和 y 为完全线性相关。

（二）相关系数与估计标准误差的关系

这两个指标在数量上具有如下关系：

$$r=\sqrt{\frac{\sigma_y^2-S_{yx}^2}{\sigma_y^2}}=\sqrt{1-\frac{S_{yx}^2}{\sigma_y^2}} \qquad (9-9)$$

式中：r 为相关系数；σ_y 为变量数列的标准差；S_{yx}为估计标准误差。

【例 9－6】 仍用表9－4资料来验证，得：

$$\sigma_y^2=\frac{1}{n}\sum(y-\overline{y})^2=\frac{0.1214}{8}=0.0152$$

$$S_{yx}^2=\frac{0.0036}{6}=0.0006$$

故 $r=\sqrt{1-\frac{0.0006}{0.0152}}=0.980$

计算结果表明，相关系数为 0.980，与前面计算结果基本相同，所差 0.005 是由于近似计算过程中小数点取位多少所致。从式（9－9）可知，r 与 S_{yx} 的变化方向是相反的，r 越小，S_{yx}越大，表明线性相关程度较低；反之，则较高。相关系数 r 是用相对数形式表明相关程度，较直观，而且能直接辨别出变量之间是正相关还是负相关；估计标准误差以绝对数形式表明相关程度，它反映估计值和观察值之间的平均误差，这一指标提供了离差的具体数值，但不能直接显示变量间的相关程度。一般情况下，回归模型的可信程度用相对数形式表示。

（三）判定系数

判定系数用 r^2 表示，这是测定回归直线适合度的又一个相对数形式的指标。由相关系数与估计标准误差的关系式可以得到：

$$r^2=1-\frac{S_{yx}^2}{\sigma_y^2} \qquad (9-10)$$

当观察值较多时可以不考虑自由度，直接根据 n 项计算估计标准误差，于是又可以得到：

$$r^2=1-\frac{\sum(y-\hat{y})^2}{\sum(y-\overline{y})^2} \qquad (9-11)$$

【例 9-7】 根据上例建立的回归模型 $y=0.0476+0.1939x$，可推算自1995—2002年8年中每年的利润估计值 $\hat{y}$，再根据表9-6所列资料用式（9-11）计算得：

$$r^2=1-\frac{0.0032}{0.1214}=0.9736$$

$$r=\sqrt{0.9736}=0.987$$

为了求得 r^2，使用式（9-11）需要一系列的冗长计算，为了避免这些计算（即表9-6的计算），统计学家又设计了一个简捷的计算公式，借用在回归分析中确定的数值表达如下：

$$r^2=\frac{a\sum y+b\sum xy-n\overline{y}^2}{\sum y^2-n\overline{y}^2} \tag{9-12}$$

在例9-4回归分析中，得到了 a 和 b 两个参数值，为了求 a 和 b 两个参数，我们已经列表计算出下列数据：

$a=0.0476 \qquad b=0.1939 \qquad n=8$

$\sum y=6.12 \qquad \sum y^2=4.8034 \qquad \sum xy=23.253 \qquad \overline{y}^2=\left(\frac{6.12}{8}\right)^2=0.585^2$

将已知数据代入式（9-12）得

$$r^2=\frac{0.0476\times6.12+0.1939\times23.253-8\times0.585^2}{4.8034-8\times0.585^2}=\frac{0.1185}{0.1218}=0.9729$$

$$r=\sqrt{0.9729}=0.986$$

利用式（9-12）大大简化了计算 r 的演算过程，结果与第二节相关系数计算的结果基本一致，也验证了利润与销售额高度线性相关。

表 9-6 判定系数计算表 单位：亿元

年份	销售额 x	利润 y	$\hat{y}$	$y-\hat{y}$	$(y-\hat{y})^2$	$(y-\overline{y})^2$
1995	3	0.60	0.63	−0.03	0.000 9	0.027 2
1996	3.1	0.65	0.65	0	0	0.013 2
1997	3.2	0.70	0.67	+0.03	0.000 9	0.004 2
1998	3.4	0.72	0.71	+0.01	0.000 1	0.002 0
1999	3.6	0.75	0.74	+0.01	0.000 1	0.000 2
2000	4	0.80	0.82	−0.02	0.000 4	0.001 2
2001	4.5	0.90	0.92	−0.02	0.000 4	0.018 2
2002	4.8	1.00	0.98	+0.02	0.000 4	0.055 2
$\sum$	29.6	6.12	6.12	—	0.003 2	0.121 4

构成总体的单位数不是很多时，为了简便判断现象之间相关程度的高低，一般可将

社会经济现象中的相关系数划分为4个等级：$|r|<0.3$ 为不相关，$0.3\leqslant|r|\leqslant0.5$ 为低相关，$0.5<|r|\leqslant0.8$ 为显著相关，$|r|>0.8$ 为高度相关。

三、防止回归方程的误用

（1）一个估计的回归方程式只有在与观察值所在样本的相同范围内使用才是有效的，范围变了就应另建新的估计方程。

（2）用回归方程预测未来趋势值时要进行认真评估，要分析未来的趋势与过去的趋势是否基本保持一致。如果未来的现象与过去现象有较大差异，则用过去观察数据推导出来的回归线便失去趋势预测的意义了。

（3）回归与相关分析只反映现象之间的关联程度、方向和数量联系，并不表示现象之间的因果关系。换句话说，回归方程中的自变量不能反映因变量变化的原因。如果要分析现象变化的原因，应考虑各方面因素，作定性分析。

第四节　多元线性回归分析

一、多元线性回归模型的一般式

在对现象进行定量分析时，我们还会遇到的是某一现象的变动受关联的两个或两个以上因素的影响，且期间存在着显著的线性相关关系，这就是多元线性回归分析的问题。其一般表达式为：

$$\hat{y}=b_0+b_1x_1+b_2x_2+\cdots+b_kx_k \tag{9-13}$$

二、多元线性回归方程建模

多元线性回归方程可用矩阵表达和求解。如果多元回归方程的自变量不多，只有二元或三元，则可用方程组法求解。

如果是两个自变量 x_1 和 x_2 与一个因变量 y 呈线性相关关系，则可建立二元线性回归模型：

$$\hat{y}=b_0+b_1x_1+b_2x_2 \tag{9-14}$$

依据最小二乘法法则，从二元线性回归模型可以求得以下正规方程组：

$$\begin{cases}\sum y=nb_0+b_1\sum x_1+b_2\sum x_2\\ \sum x_1y=b_0\sum x_1+b_1\sum {x_1}^2+b_2\sum x_1x_2\\ \sum x_2y=b_0\sum x_2+b_1\sum x_1x_2+b_2\sum {x_2}^2\end{cases} \tag{9-15}$$

同理，从三元线性回归模型也可求得正规方程组（略）。

现举例说明二元线性回归模型的建立。

商业企业的利润主要受两个因素影响，首先是商品销售额，其次是商品的流通费用额。一般情况下，销售额大，利润多；反之，则利润少。费用额低，利润多；反之，则利润少。

【例 9-8】 现对某地10个零售商业企业调查，其资料见表 9-7。

表 9-7 某地区 10 个零售企业调查资料 单位：万元

商场序号	1	2	3	4	5	6	7	8	9	10
销售额	40	43	48	42	41	45	47	50	52	56
费用额	4.8	4.9	5.7	5.0	4.8	5.0	5.7	5.7	6.1	6.5
利润额	1.8	2.0	2.1	1.9	1.9	2.1	2.2	2.4	2.5	2.6

首先，将上述资料中利润额确定为因变量 y，商品销售额及费用额分别确定为自变量 x_1 和 x_2；然后，分别编制商品销售额与利润额相关表及散点图，费用额与利润额的相关表及散点图（略）；再观察散点图，发现利润额与销售额、费用额分别近似地表现为线性关系，即可编制二元线性回归模型数据计算表，见表 9-8。

表 9-8 二元线性回归模型数据计算表 单位：万元

序号	销售额 x_1	费用额 x_2	利润额 y	x_1y	x_2y	x_1x_2	${x_1}^2$	${x_2}^2$	y^2
（甲）	(1)	(2)	(3)	(4)	(5)	(6)	(7)	(8)	(9)
1	40	4.8	1.8	72.0	8.64	192.0	1 600	23.04	3.24
2	43	4.9	2.0	86.0	9.80	210.7	1 849	24.01	4.00
3	48	5.7	2.1	100.8	11.97	273.6	2 304	32.49	4.41
4	42	5.0	1.9	79.8	9.50	210.0	1 764	25.00	3.61
5	41	4.8	1.9	77.9	9.12	196.8	1 681	23.04	3.61
6	45	5.0	2.1	94.5	10.50	225.0	2 025	25.00	4.41
7	47	5.7	2.2	103.4	12.54	267.9	2 209	32.49	4.84
8	50	5.7	2.4	120.0	13.68	285.0	2 500	32.49	5.76
9	52	6.1	2.5	130.0	15.25	317.2	2 704	37.21	6.25
10	56	6.5	2.6	145.6	16.90	364.0	3 136	42.25	6.76
Σ	464	54.2	21.5	1 010.0	117.90	254 2.2	21 772	297.02	46.89

最后，将表 9-8 中有关数据代入二元线性回归方程组（式（9-15））求得相关系数 b_0、b_1 和 b_2。

$$\begin{cases}21.5 = 10b_0 + 464b_1 + 54.2b_2 \\ 1\ 010 = 464b_0 + 21\ 772b_1 + 2\ 542.2b_2 \\ 117.9 = 54.2b_0 + 2\ 542.2b_1 + 297.02b_2\end{cases}$$

解此方程组，求得回归系数为：

$$b_1 = 0.068\ 7,\ b_2 = -0.155\ 8,\ b_0 = -0.193\ 2$$

据此，可以建立该地区零售商业企业的利润额与商品销售额、流通费用额之间的回归分析模型为：

$$\hat{y} = -0.193\ 2 + 0.068\ 7x_1 - 0.155\ 8x_2$$

假设某月该地区某一商场的销售额达 60 万元，费用额为 7 万元，则根据所建模型可预测，其利润额大致可达到 2.8 万元。即：

$$\hat{y} = -0.193\ 2 + 0.068\ 7 \times 60 - 0.155\ 8 \times 7 = 2.838 \text{（万元）}$$

三、复相关系数和估计标准误差的测定

如前所述，相关系数是说明现象之间线性相关方向和相关程度的统计分析指标，无论是两变量的相关系数还是多变量的相关关系，都需用相关系数检验之。为了区别起见，通常把一元线性相关系数称为单相关系数，把二元及更多元的线性相关系数称为复相关系数。二元线性相关系数的简捷公式如下：

$$r = \sqrt{1 - \frac{\sum y^2 - b_0 \sum y - b_1 \sum x_1 y - b_2 \sum x_2 y}{\sum y^2 - n\,\overline{y}^2}} \qquad (9-16)$$

仍以上述资料为例：

$$\overline{y} = \frac{\sum y}{n} = \frac{21.5}{10} = 2.15 \text{（万元）}$$

用简捷公式计算利润额与销售额、费用额之间的复相关系数为：

$$r = \sqrt{1 - \frac{46.89 - (-0.193\ 2) \times 21.5 - 0.068\ 7 \times 1\ 010 - (-0.155\ 8) \times 117.9}{46.89 - 10 \times 2.15^2}}$$
$$= 0.981$$

由此可见，商品利润额与销售额、费用额之间存在较紧密的线性相关关系。

与一元线性回归估计标准误差的测定方程相似，多元线性回归估计标准误差公式（简捷式，以二元回归为例）为：

$$S_{yx} = \sqrt{\frac{\sum y^2 - b_0 \sum y - b_1 \sum x_1 y - b_2 \sum x_2 y}{n-3}}$$

将以上资料代入上式得：

$$S_{yx} = \sqrt{\frac{46.89 - (-0.193\ 2) \times 21.5 - 0.068\ 7 \times 1\ 010 - (-0.155\ 8) \times 117.90}{10-3}}$$

$$=\sqrt{\frac{0.0256}{7}}=0.06(\text{万元})$$

以上计算表明，根据二元回归模型测算的利润与实际利润相比，每1元利润平均误差约0.06元。估计值与实际值较接近，此模型有实际意义。

第五节　非线性回归分析

在研究现象的相关关系时，有时会发现现象之间并不一定呈直线关系，用直线去描述并不理想，甚至是无意义的。而用某些曲线，如抛物线、双曲线、幂函数或指数函数曲线描述则更能正确地反映现象间的依存关系。用曲线去描述一组现象间的相关关系的统计分析方法，称为非线性回归分析。

非线性回归分析的描述方法、计算方法均比线性相关复杂得多。然而，在多数情况下，非线性问题可以通过变量的变换改成线性问题，运用线性回归分析方法解决非线性回归问题，从而大大简化计算。

一、抛物线回归方程

许多现象的变化关系，往往近似于抛物线的形状，它的回归方程的表达式是：

$$\hat{y}=a+bx+cx^2$$

式中的 a、b、c 是抛物线函数的参数，可用待定系数法求得。假设一组观察值 y 与 x 呈抛物线关系，所要适合的回归方程应该按最小二乘法原理满足 $\sum(y-\hat{y})^2=$ 最小值的条件，即：

$$\sum[y-(a+bx+cx^2)]=\text{最小值}$$

对上式求偏导数，并令其等于零，则可得如下方程组：

$$\begin{cases}na+b\sum x+c\sum x^2=\sum y\\ a\sum x+b\sum x^2+c\sum x^3=\sum xy\\ a\sum x^2+b\sum x^3+c\sum x^4=\sum x^2y\end{cases}\qquad(9-17)$$

将观察值 y、x 代入以上方程组，求解此方程组，可得到惟一的一组解，就是抛物线方程式的参数 a、b、c 的值。

二、其他曲线方程

1. 双曲线方程

当因变量随自变量而增加，最初增加很快，以后渐趋减慢而后呈现平稳之势，这种相关关系可以采用双曲线拟合，建立双曲线回归方程，并进行回归分析。

双曲线函数　$\dfrac{1}{y}=a+\dfrac{b}{x}$

令 $y'=\frac{1}{y}$，$x'=\frac{1}{x}$，变量代换后即得线性方程：

$$y'=a+bx'$$

这样就可用线性回归法求得双曲线方程参数 a 与 b。

2．对数曲线方程

很多情况下，对数曲线与双曲线图形比较接近。用这两种曲线可适合同一组样本点，这时可通过计算各自的相关系数，哪一种曲线相关系数大，方程的适合精度则高，就选哪一种曲线配合回归。

对数曲线方程为 $y=a+b\lg x$，令 $x'=\lg x$，则得线性方程：

$$y=a+bx'$$

这样就可用线性回归法求解对数曲线方程参数 a 与 b。

【例 9－9】 对某矿区中13个相邻样本点的某种伴生金属含量进行测定，得样本数据如表 9－9 所示。根据这些观察数据可找出某种伴生金属含量与距离的关系。

表 9－9 样本点距离及伴生金属含量测定数据

矿样点	距离 x	含量 y	矿样点	距离 x	含量 y
1	2	106.42	8	11	110.59
2	3	108.20	9	14	110.60
3	4	109.58	10	15	110.90
4	5	109.50	11	16	110.76
5	7	110.00	12	18	110.00
6	8	109.93	13	19	111.20
7	10	110.49			

解 根据 13 对样本数据的散点图（略）可知，用对数曲线或双曲线来拟合这些样点较适宜。

（1）对数函数 $y=a+b\lg x$ 拟合，令 $x'=\lg x$，得线性方程 $y=a+bx'$，将表中各个距离 x_i 变换为 $x_i'(\lg x_i)$，再将有关数据代入式（9－5）及式（9－6）即可求得：

$$a=106.50,\ b=3.66$$

伴生金属含量 y 与距离 x 间的关系式为：

$$y=106.50+3.66\lg x$$

按式（9－3）计算该回归方程的相关系数 $r=0.895$。由 $\alpha=0.05$，自由度 $=13-2=11$，查相关系数临界值表得：临界值 $r_{0.05}=0.533$。因 $r=0.895>r_{0.05}$，所以该回归方程有意义。根据式（9－8）求出回归方程的估计标准误差 S_{yx}。

$$S_{yx}=\sqrt{\frac{\sum y^2-a\sum y-b\sum xy}{n-2}}=\sqrt{\frac{3.97}{11}}=0.6$$

(2) 用双曲线函数$\frac{1}{y}=a+\frac{b}{x}$拟合，令 $y'=\frac{1}{y}$，$x'=\frac{1}{x}$，得线性方程：$y'=a+bx'$，将数据变换后，按式（9－5）及式（9－6）计算得该线性回归方程的参数为：

$a=8.979\times10^{-3}$，$b=7.9\times10^{-4}$

将 a、b 代入双曲线函数式，得到伴生金属含量 y 与距离 x 间的回归方程为：

$$\frac{1}{y}=8.979\times10^{-3}+\frac{7.9\times10^{-4}}{x}$$

同理，求出相关系数 $r=0.967$，因 $r_{0.05}=0.553$，$r>r_{0.05}$，故方程有意义。

同理，求得方程的估计标准误差，$S_{yx}=0.35$。

上面两种曲线都可以用来反映伴生金属含量与样本点距离的相关关系，但是比较起来，用双曲线表示效果更好，方程的精确度更高。

3．幂函数曲线方程

若因变量随自变量增大而呈一定比例地快速增长，但没有指数曲线增长幅度大，则宜选用幂函数曲线。幂函数曲线方程为：

$$y=ax^b$$

等式两边取对数得：$\lg y=\lg a+b\lg x$，令 $\lg y=y'$，$\lg x=x'$，$\lg a=a'$，则上式变为线性方程：

$$y'=a'+bx'$$

求解 a'后代入替代式，可求得幂函数曲线方程参数 a；这里，所求线性方程的 b 值就是曲线方程参数 b。

4．指数曲线方程

当因变量随自变量的增加越来越急剧地增大（y 与 x 接近等比级数关系）时，可以建立指数曲线方程进行回归分析。指数曲线方程为：

$$y=ab^x$$

等式两边取对数：

$$\lg y=\lg a+x\lg b$$

令：$\lg y=y'$，$\lg a=a'$，$\lg b=b'$，则有线性方程：

$$y'=a'+b'x$$

求解 a'、b'后代入替代式，可求得指数曲线方程参数 a 与 b 的值。

此外，一些特殊的指数函数曲线方程，如公佰兹（Gomperte）曲线方程 $y=ae^{bx}$，罗杰斯提（Logistic）曲线方程 $y=\frac{1}{a+be^{-x}}$等，也都可以用替代式将其改变为线性方程后求解，本节不作赘述。

【思考题】

1. 什么是相关关系？什么是函数关系？两者主要区别在哪里？
2. 什么是相关分析？什么是回归分析？两者有何区别及联系？
3. 回归分析应注意哪些问题？
4. 相关系数和协方差在相关分析中各有何作用？
5. 怎样进行一元线性回归分析和二元线性回归分析？
6. 相关与回归分析是如何进行显著性检验的？
7. 曲线方程的回归分析一般采用什么方法？举例说明之。

第十章　统计预测

第一节　统计预测概述

一、统计预测的意义

在市场经济环境中，企业之间的优胜劣汰是竞争机制作用的必然结果。企业要在激烈的市场竞争中立于不败之地，就必须“高瞻远瞩”，掌握行业、产品发展的基本脉络，因势利导地做出科学的预计和决策。其实，不仅是经济工作者需要有“鉴往知来”的本领，一切从事社会科学和自然科学的研究者和决策人都需要对事物发展趋势做出科学的预计和推测。所以，概括地说，预测就是根据过去和现在所有的信息，以及现象之间的相互联系，运用一定的科学手段和方法，对所研究事物的未来状态做出的科学预计和推测。统计预测是根据过去和现有的资料，运用统计理论和统计方法，对未来的事物的特征和变化趋势做出判断和预见。统计预测主要作用表现为：

（1）揭示事物发展规律，是人们认识世界、改造世界的重要手段。

（2）根据已知推测未知，为正确决策提供根据，预测是决策的依据。

二、统计预测分类

统计预测可以按不同的方法和要求进行分类。

（1）按预测方法可以分为定性预测和定量预测。定性预测是根据实践经验和有关理论对现象未来的状态和特征做出预测。这种方法的优点是：简单易行，灵活性强，能充分发挥专业人士的主观能动性，对受多因素影响的复杂现象的预测有较好效果。缺点是：带有一定的主观性、偏向性，缺乏直观和科学的数学推理。定量预测是在对统计数据进行分析的基础上，根据有关的统计理论和方法建立数学模型，然后对现象的变化发展做出数量上的描述。这种方法的优点是：科学严密，直观可信。缺点是：统计数据往往不易收集，尤其对多因素影响的复杂现象，不易用一个数学模型作正确的推测和估计。

在实际工作中，定量分析和定性分析常需结合运用。因为定性预测需要定量处理，定量预测之前或之后都离不开定性分析，两者相互补充，各有侧重。统计预测主要是定量预测。

（2）按预测的范围可以分为宏观预测和微观预测。宏观预测是指对社会总体进行全局性的预测，如对社会基本建设投资规模，物价变动趋势，国民经济发展速度，居民消费水平，人口发展趋势等等的预测。微观预测是指对单个社会单元活动的预测，如对某个企业产品的产量、销售额、利润的预测等等。

（3）按预测的对象可以分为社会经济现象预测和自然现象预测。上面按社会经济宏观及微观范围预测的内容都属社会经济现象预测。自然现象预测是指对气象、地质、矿产资源等变化的预测。

（4）按预测对象时间的长短可分为长期预测和短期预测。一般说来，预测 1 年内的变化状况叫短期预测，超过 1 年的预测叫长期预测。有时将时间段在 1～5 年内的预测称为中期预测，超过 5 年的预测为长期预测。

（5）按预测的性质可以分为趋势预测和回归预测。趋势预测是描述现象随时间变化而变化的发展趋势，根据一定趋势，对其未来的变化特征做出推断和预见。回归预测是根据现象之间的因果关系，通过一个或几个现象的变化情况来对另一个相关现象的变化特征进行推测。

三、统计预测的特点

（1）统计预测属于定量预测。统计预测主要是运用过去和现在的统计资料来预计和判断未来现象的数量特征。具体地说，统计预测就是从统计数据出发，运用一定的统计理论和方法，建立数学模型，然后根据所建模型推测现象未来的数据特征。因此，统计预测的定量分析特征是显而易见的。

（2）统计预测目的是判断和预见未来现象的数量特征。要达到这一目的，建立数学模型是手段，而统计数据的处理和分析又是建立数学模型的基础。可见，离开了统计方法的应用和数学模型的建立，统计预测将无法进行。

（3）统计预测的准确性可以通过预测误差进行检验和控制。这是其他预测方法所不能做到的。因此，只要统计资料正确，统计预测结果的准确性是可以估计和控制的。

四、统计预测基本原则

为保证统计预测的可靠性和实用性，进行统计预测应遵循如下四个原则。

（1）真实性原则。统计数据是进行统计预测的基础，只有正确的统计数据才能建立反映现象变化趋势和特征的数学模型，确保统计预测结果的科学性和可靠性。建立在虚假统计数据基础上的统计预测是毫无意义的。

（2）连续性原则。任何现象的发展都有一定的连贯性。正是现象发展的这种连贯性告诉我们，过去和现在的状况，或多或少会影响到将来。因此，收集预测数据时，就要求按照事物发展的这种惯性规律，用过去到现在的连续数据去推测未来。

（3）概率性原则。任何事物的产生和发展有一定的必然性和偶然性，必然性寓于偶然性之中，现象发展和变化结果也是如此。因此，进行统计预测时，在注意事物变化规律的同时，还要注意偶然性因素对事物变化的影响，通过分析研究，排除偶然性，才能揭示事物内部隐含的规律性。例如，要根据某企业近 10 年的产值数据，预测今后三年的产值（假设市场供求关系保持平衡），其中有一年因某个突发事件使产值大幅下降，那么在运用这一年的资料时应通过客观的分析，对数据做适当的处理后再用于统计预测。

（4）类比性原则。现象的产生、变化都有一定规律性，且由于事物间的联系使现象的出现有一定的相似性。如国家、地区、社区的发展模式，同一行业的经济活动规律等都或多或少地表现出共性模式。因此，进行预测时，有时可根据现象间的关联，通过类比来预测事物的发展规律。

五、统计预测的基本步骤

（1）确定预测目标。预测目标不同，需要的资料及采用的预测方法也会有区别。因此，进行预测前，必须确定具体的预测目标。如预测基本建设投资的取向、商品的市场销售状况等等。这样，才能有的放矢地选定适当的预测方法、搜集必要的资料。

（2）搜集统计资料。无论是定性预测，还是定量预测，都离不开对统计资料的分析，缺少资料或资料不准都会降低预测精度，甚至可能产生错误的预测。因此，在进行统计预测时，一定要搜集到准确、可靠、真实的统计数据和文字材料。这是进行准确预测的先决条件。

（3）加工整理资料。搜集来的资料在投入使用前，要对其做初步分析，做审核、订正；对有些指标的计算口径、计算方法、总体范围要进行调整；对历史资料要进行系统性、准确性、可比性的检验等。

（4）构建预测模型。模型是对现象的一种简化、模拟。由于它忽略了某些影响因素，因而对精确、客观地描述现象有重要的影响。同时，模型变量的确定、参数的求法，也会影响到预测精度。因此，预测时，要依据预测的目的，对被预测现象进行正确的简化，设计能满足预测目的的模型。

（5）估计模型参数，进行预测。模型确定后，就要根据整理过的统计资料，用正确的统计方法估计出模型中的参数，使模型具体化，然后用确定的模型做出预测。

（6）分析预测误差，改进预测。预测误差指实际值与预测值的离差。预测误差越小，说明预测的准确程度越高；如果误差很大，预测本身也就失去意义。因此，做出预测后，要遵循预测的基本原则，对误差进行分析，必要时要做出多种预测，分析比较误差的大小，据此选定或改进预测方法，尽可能地缩小误差。

第二节　时间序列预测

某些现象，尤其是某些社会经济现象随时间的延伸呈一定的递增或递减趋势。对这类现象变化的数量特征可采用时间序列法进行预测。本节介绍几种常用的时间序列预测模型。

一、移动平均法

移动平均法一般只适用于短期预测，它是用最近几期数据的算术平均值作为下一期的预测值。

设 y_1，y_2，…，y_t 表示时间序列 t 的实际值，用移动平均法计算下一期（第 $t+1$ 期）预测值的公式为：

$$\hat{y}_{t+1}=\frac{y_t+y_{t-1}+\cdots+y_{t-n+1}}{n} \qquad (10-1)$$

式中：n 为移动平均项数；$\hat{y}_{t+1}$表示第 $t+1$ 期的预测值；y_t 表示第 t 期的实际值，其余依此类推；y_{t-n+1}表示移动平均项最前面的一项实际值。

【例 10－1】 某商场2004年 1～5 月份的销售额如表 10－1 所示，现采用五期移动来估算 6、7 月份的销售额。

表 10－1 某商场 2004 年 1～5 月份销售额

月份	1	2	3	4	5
销售额（万元）	3.30	3.50	3.40	3.60	3.40

由式（10－1）可预测：

$$\hat{y}_6=\frac{y_5+y_4+y_3+y_2+y_1}{5}=\frac{3.40+3.60+3.40+3.50+3.30}{5}=3.44\text{（万元）}$$

同理

$$\hat{y}_7=\frac{3.44+3.40+3.60+3.40+3.50}{5}=3.468\text{（万元）}$$

移动平均法实际上是一种加权平均法，即给 n 个最近观察值以相同的权重 $1/n$ 加权后所得的平均数为预测值。这种预测方法简便，但并不合理。因为这种方法不考虑产生统计数据时的具体情况，所以只能用于条件变化不大、短期趋势的预测。

二、指数平滑法

指数平滑法是对移动平均法的一种改进，它给所有的观测值以不同的权重，其中近期观察值的权重比较大，而远期观测值的权重比较小。其预测值的计算公式为：

$$\hat{y}_{t+1}=\alpha\cdot y_t+(1-\alpha)\ \hat{y}_t \qquad (10-2)$$

式中：y_t 为第 t 期的观察值；$\hat{y}_t$ 为第 t 期的预测值；α 为平滑系数（$0\leqslant\alpha\leqslant1$）。

从式（10－2）看，似乎确定预测期的预测值仅需考虑上一期的观察值和预测值，而不是历期的观察值和与之相对应的权重。其实不然。因为第 1 期的预测值只是起点，从以后各期来观察，确定预测值实际上还是以过去发生的实际值为依据的，因为我们只要将式（10－2）展开就可以证明。

【例 10－2】 以表10－1资料为例，假设 $\alpha = 0.3$，又假设第 1 期预测值等于第 1 期的实际值，用指数平滑法可预测 6 月份的销售额。

表 10－2 指数平滑法预测值表 单位：元

月份	实际值 y_t	t 期预测值 $\hat{y}_t$	$0.3\times t$ 期实际值 $\alpha\cdot y_t$	$0.7\times t$ 期预测值 $(1-\alpha)\ \hat{y}_t$	$t+1$ 期预测值 $\hat{y}_{t+1}$
1	33 000	33 000	9 900	23 100	33 000
2	35 000	33 000	10 500	23 100	33 600
3	34 000	33 600	10 200	23 520	33 720
4	36 000	33 720	10 800	23 604	34 404
5	34 000	34 404	10 200	24 083	34 283

表 10－2 中，“$t+1$ 期预测值”栏，1 月份的数值即 2 月份的预测值，其计算过程如下：

$y_{1+1} = \alpha\cdot y_1 + (1-\alpha)\ \hat{y}_1 = 0.3\times 33\ 000 + 0.7\times 33\ 000 = 33\ 000$（元）

其余依此类推。6 月份的预测值为：

$y_{5+1} = 0.3\times 34\ 000 + 0.7\times 34\ 404 = 34\ 283$（元）

应用指数平滑法来计算预测值时，α 的取值是关键。一般来说，α 的取值范围在 0.3～0.7 间，得出的预测值比较平稳。该预测方法对于 α 值较易正确选定的短期趋势预测有较好效果，不宜用于长期趋势预测。

三、直线趋势法

某些现象随时间的延伸，呈直线向上或向下的趋势。采用直线趋势法可有效地预测现象未来的发展变化趋势。它适用于时间序列呈线性变化现象的中、长期预测。

采用这一方法预测时，首先应根据历史资料描述散点图。一般可以纵轴代表现象的变量值，横轴代表时间，构成一个直角坐标图。如果描出的散点，能够大致形成一条直线，就可以据此画出一条用直线表示的趋势线，并用回归法求出该直线的数学模型，据此模型可预测现象未来的发展趋势和数量特征。具体预测过程参见第五章第四节和第九章第三节。

四、二次抛物线趋势模型预测

二次抛物线趋势模型预测是非直线趋势模型预测的一种。当预测事件各期数值的逐期增长量的增长量（二级增长量）大致相同时，那么该事件的长期趋势则属于二次抛物线型。如果绘制曲线图，则长期趋势表现为一个弯曲的曲线。确定预测事件的长期趋势属于二次抛物线之后，即可配合曲线进行外推预测。配合二次抛物线的方法有平均法、最小平方法、指数平滑法、三点法。这里仅介绍其中的三点法。

用三点法配合二次抛物线和平均法很相似，不同之处是三点法以加权平均代替简单平均，它只用首、中、尾三段（三项或五项）资料，而不用全部资料。三点法的原理是：由于一般曲线方程有三个参数，所以在时间序列的首、中、尾分别取三项或五项，并由远到近以人为权数 1、2、3 或 1、2、3、4、5 进行加权平均，求出加权平均数。现以三项加权平均数为例，其平均数的计算公式为：

三项加权平均

$$\begin{cases} R=\frac{1}{6}\left(x_1+2x_2+3x_3\right) \\ S=\frac{1}{6}\left(x_{d_1}+2x_{d_2}+3x_{d_3}\right) \\ T=\frac{1}{6}\left(x_{n-2}+2x_{n-1}+3x_n\right) \end{cases} \qquad (10-3)$$

式中：R 为初期三项加权平均数；S 为中期三项加权平均数；T 为近期三项加权平均数；x_1，x_2，x_3 为数列初期三项统计值；x_{d_1}，x_{d_2}，x_{d_3} 为数列中期三项统计值；x_{n-2}，x_{n-1}，x_n 为数列近期三项统计值。

求得 R、S、T 值后，再按下列公式求二次抛物线的参数值。

$$\begin{cases} c=\frac{2(R+T-2S)}{(n-3)^2} \\ b=\frac{T-R}{n-3}-\frac{3n+5}{3}\cdot c \\ a=R-\frac{7}{3}b-6c \end{cases} \qquad (10-4)$$

将 a，b，c 值代入二次抛物线原模型 $\hat{x}=a+bt+ct^2$，即得所求的趋势方程，依此方程便可外推预测。

【例 10－3】 某地区1994—2004年棉布销售量如表 10－3。用三点法配合二次抛物线进行预测。

表 10-3 某地区 1994—2004 年棉布销售量

年 份	时期符号 t	销售量 x（km）	权数 w	xw
1994	1	41	1	41
1995	2	51	2	102
1996	3	59	3	177
1997	4	66	合计	320
1998	5	72	1	72
1999	6	77	2	154
2000	7	82	3	246
2001	8	85	合计	472
2002	9	86	1	86
2003	10	85	2	170
2004	11	82	3	246
			合计	502

解 已知 $R=\frac{320}{6}=53.3$；$S=\frac{472}{6}=78.7$；$T=\frac{502}{6}=83.7$

求参数 a，b，c：

$$c=\frac{2\times(53.3+83.7-2\times78.7)}{(11-3)^2}=-0.637\ 5$$

$$b=\frac{83.7-53.3}{11-3}-\frac{3\times11+5}{3}\times(-0.637\ 5)=11.875$$

$$a=53.3-\frac{7}{3}\times11.875-6\times(-0.637\ 5)=29.417$$

则：$\hat{x}=29.417+11.875t-0.637\ 5t^2$

依此方程预测 2005 年和 2008 年的棉布销售量，则 t 分别为 12 和 15，于是

$$\hat{x}_{2005}=29.417+11.875\times12-0.637\ 5\times12^2=80.12\text{（km）}$$

$$\hat{x}_{2008}=29.417+11.875\times15-0.637\ 5\times15^2=64.10\text{（km）}$$

第三节 因果关系预测

在日常生活中，现象间往往存在着一定的因果关系。例如，居民的收入变化会影响社会消费水平，商品的价格变化会影响商品的销售数量，企业流动资金数量的变化会影响产品的产量和产值等等。在互为因果关系的变量之间，必定有一个是因变量，另一个或几个是自变量。上例中，居民的收入、商品的价格、流动资金的数量是自变量，与之相对应的社会消费水平、商品销售量、产品的产量和产值是因变量。因果关系预测中，

"因"是自变量，"果"是因变量，自变量可以推算因变量，因变量不一定能反测自变量。若这种因果关系属一元线性相关，则可通过建立 $\hat{y}=a+bx$ 的线性回归模型来预测因变量的变化趋势。下面举例说明因果关系的预测步骤与方法。

【例 10－4】 假定某地区1995—2002年居民货币收入和地区消费支出水平的统计资料如表 10－4 所示。现要求：

（1）根据表 10－4 资料判定该地区居民货币收入与消费支出呈何种相关关系。

（2）若存在线性关系，建立反映两者关系的一元线性回归模型。

（3）预测该地区居民货币收入达到 60 亿元时的地区消费水平。

表 10－4 某地区居民货币收入与消费支出相关表 单位：亿元

年份	货币收入（x）	消费支出（y）	年份	货币收入（x）	消费支出（y）
1995	36	30.0	1999	42	34.8
1996	37	31.0	2000	44	36.5
1997	28	32.0	2001	47	39.0
1998	40	33.2	2002	50	41.6

解 （1）：

首先，根据表 10－4 的资料，绘制相关散点图（略）。从描制的草图可知，两者呈较密切的线性关系。

然后，根据表 10－4 的资料，编制简捷式相关系数计算表（表 10－5）。

表 10－5 简捷式相关系数计算表 单位：亿元

年份	货币收入（x）	消费支出（y）	x^2	y^2	xy
（甲）	(1)	(2)	(3)	(4)	(5)
1995	36	30.0	1 296	900.00	1 080.0
1996	37	31.0	1 369	961.00	1 147.0
1997	38	32.0	1 444	1 024.00	1 216.0
1998	40	33.2	1 600	1 102.24	1 328.0
1999	42	34.8	1 764	1 211.04	1 461.6
2000	44	36.5	1 936	1 332.25	1 606.0
2001	47	39.0	2 209	1 521.00	1 833.0
2002	50	41.6	2 500	1 730.56	2 080.0
$\sum$	334	278.1	14 118	9 782.09	11 751.6

最后，将表 10－5 的有关资料代入式（9－2），计算相关系数，确定变量间的相关关系。

$$r=\frac{n\sum xy-\sum x\sum y}{\sqrt{n\sum x^2-(\sum x)^2}\cdot\sqrt{n\sum y^2-(\sum y)^2}}$$
$$=\frac{8\times 11\ 751.6-334\times 278.1}{\sqrt{8\times 14\ 118-334^2}\cdot\sqrt{8\times 9\ 782.09-278.1^2}}=\frac{1\ 127.40}{1\ 128.25}=0.999\ 2$$

可见，该地区居民货币收入与消费支出水平呈高度线性相关。

(2)：

将表 10－5 的有关资料，代入式（9－5）和式（9－6）后，计算出参数 a 和 b，即可建立一元线性回归模型。

$$b=\frac{8\times 11\ 751.6-334\times 278.1}{8\times 14\ 118-334^2}=\frac{1\ 127.40}{1\ 388.00}=0.812\ 2$$

$$a=\frac{278.1-0.812\ 2\times 334}{8}=0.853\ 2$$

该地区居民消费水平的预测模型为：

$$\hat{y}=0.853\ 2+0.812\ 2x$$

(3)：

该地区居民收入达到 60 亿时，地区消费支出水平为：

$$\hat{y}=0.853\ 2+0.812\ 2\times 60=49.6\text{（亿元）}$$

第四节 统计预测误差分析

一、统计预测误差分析的意义

尽管统计预测是一种定量预测，但仍离不开预测者的主观判断，尤其是统计资料的收集、整理，根据统计资料选择预测模型、确定参数估计方法时，主观判断的成分很重。由此对未来事物发展前景的推测，其结果不可避免地会与客观实际存在一定的差距。而且，即使不受任何主观判断影响，根据统计预测建立的数学模型计算的数值与实际观察值之间也存在拟合差距。这些差距就是预测误差。预测误差的大小与预测结果的准确性有密切关系，预测误差愈小，准确性愈高；反之，准确性就愈低。如果预测值与实际值相差很远，就可能产生预测错误、决策失误。因此，计算、分析预测误差的程度，研究产生预测误差的原因，可以了解预测结果的准确性，及时采取各种措施，使预测尽可能接近实际，为正确编制计划、进行决策提供可靠的保障，也有利于改进预测工作，发展和完善预测理论。

二、统计预测误差分析的方法

预测误差是现象在某一时期的实际值与预测值之差。预测误差越小，说明预测模型越有效。测定预测误差的方法主要有：

（1）单个预测值的误差。它是计算某一实际值与其对应的预测值之差。其计算公式为：

$$d_t = y_t - \hat{y} \qquad (t=1, 2, \cdots, n) \qquad (10-5)$$

式中：d_t 为预测误差；$d_t=0$ 为准确预测，$d_t>0$ 为低估预测，$d_t<0$ 为高估预测。

（2）单个预测相对误差。它表明预测误差的相对幅度，其计算公式为：

$$R_t = \frac{d_t}{y_t} = 1 - \frac{\hat{y}}{y_t} \qquad (10-6)$$

（3）平均绝对误差。它是 n 个误差绝对值的平均数，可较全面地反映实际值与预测值的平均差距，计算公式为：

$$\text{MAD} = \frac{\sum_{t=1}^{n} |d_t|}{n} = \frac{\sum_{t=1}^{n} |y_t - \hat{y}|}{n} \qquad (10-7)$$

（4）均方根误差。它是实际值与预测值离差平方和的算术平均数的算术根，计算公式为：

$$S_{yx} = \sqrt{\frac{\sum_{t=1}^{n} (y_t - \hat{y})^2}{n}} \qquad (10-8)$$

均方根误差是检验回归模型拟合优劣状况的依据，下面将详细叙述。

三、回归直线模型的置信区间

回归直线模型的准确性是通过计算回归直线随机离差的均方根来检验的。它反映了以回归直线为中心的各观察值与其估计值之间的平均离差程度。这一用均方根表示的平均离差程度称作估计标准误差。其计算公式已在第九章中介绍，详见式（9-7）和式（9-8）。现在用估计标准误差的简捷公式来检验上例中某地区居民货币收入与消费支出水平回归直线模型的预测误差。

将表 10-5 有关资料及回归直线模型参数 a、b 值代入简捷式得：

$$S_{yx} = \sqrt{\frac{\sum y^2 - a\sum y - b\sum xy}{n-2}}$$

$$= \sqrt{\frac{978\,2.09 - 0.853\,2 \times 278.1 - 0.812\,2 \times 11\,751.6}{8-2}}$$

$$= \sqrt{\frac{0.165\,6}{6}} = 0.166\,1 \text{（亿元）}$$

前面，已建立了有效的一元线性回归模型，测算了估计标准误差，进而就可以运用抽样推断的方法，根据给定的自变量来预测因变量的置信区间。

【例 10-5】 仍以上面资料为例，假定2004年该地区居民货币收入达到 60 亿元，以 95.45% 的置信度预测 2004 年当地居民消费支出水平的估计范围（置信区间）。也就是：已知 $x_{2004}=60$ 亿元，$S_{xy}=0.1661$ 亿元，$1-\alpha=95.45\%$，查标准正态概率双侧临界值表得：$U_{\alpha/2}=2$。

由回归方程：$\hat{y}=0.8532+0.8122x$ 可知 2004 年该地区居民消费支出水平为：

$\hat{y}_{2004}=0.8532+0.8122\times60=49.585$（亿元）

置信度为 95.45% 时的置信区间为：

$\hat{y}_{2004}=(49.585\pm2)\times0.1661=(49.585\pm0.3322)$(亿元)

即：$\hat{y}_{2004}$在 49.2528～49.9172 亿元之间。

回归直线置信区间的上下限在直角坐标系中表现为与回归直线平行的两条直线（图 10－1 中虚线所示）。

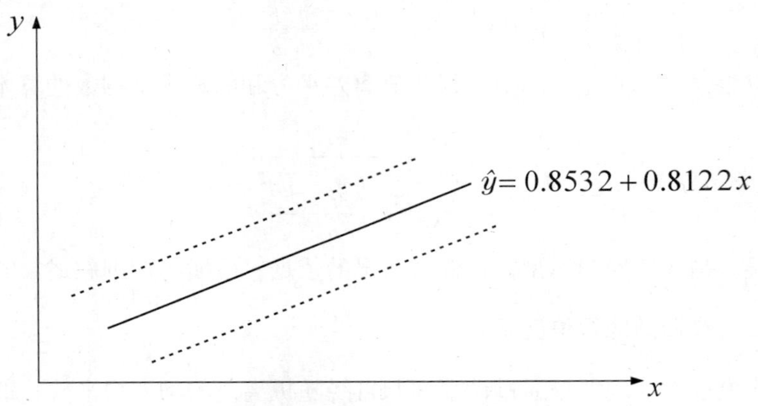

图 10－1 回归直线的置信区间

由图可以看出，反映该地区居民消费水平与居民收入的预测点落在以$\hat{y}=0.8532+0.8122x$ 直线为中心，以上、下两条虚线为界限这一范围的可能性达 95.45%。

四、运用回归分析应注意的问题

运用回归分析法对客观事物进行定量预测是一种科学的预测方法。为尽量缩小统计预测与实际状况的误差，保证预测模型的高度有效性，应注意以下几点：

（1）筛选影响因变量的自变量。在运用回归模型分析之前，一定要对自变量进行筛选，将那些影响因变量力度大的主要自变量纳入模型之中，筛掉那些影响人们对事物正确判断的自变量。筛选的方法可以采用理论分析、经验判断、制散点图、计算相关系数等多种手段。

（2）掌握回归模型的有效范围。一般来说，回归模型的有效性应限于建立时所依据资料的范围。如果现象的发展并未改变原来的变化趋势，即因变量与自变量的依存关系未发生质的变化，那么运用回归模型进行趋势外推是可行的。当现象在所收集资料范围之外发生结构性变化，如原来的线性相关变为曲线相关时，用原有的回归模型预测是无效的。

(3) 正确理解回归系数。回归系数可表明模型变动的方向和趋势，回归系数 b 表示自变量与因变量之间的变动比率，并不表示变量之间相关关系的密切程度。反映变量之间相关关系密切程度的指标是相关系数。

(4) 充分发挥电子计算机的作用。当变量较多、数据值较大的时候运用手工方法进行回归分析十分麻烦，有时甚至无法进行。电子计算机的应用与发展，为我们进行回归分析提供了优越条件。随着办公自动化的进展，统计预测中回归分析的应用范围愈来愈广泛、愈来愈深入，这将为日常管理和科学决策提供更多、更方便的有用信息。

五、预测中数据的修正与调整

统计预测需要充分利用大量的各种统计数据，配合各种统计方法，揭示现象的数量变动规律。但在实际预测中，常常会遇到有关数据的缺损或异常，如果确知个别数据明显不符合实际，应当对其进行修正，以保证预测的准确度。修正方法有线性插值法、算术平均值法和几何平均值法。

（一）线性插值法

当两个变量 y 与 x 存在线性相关时，可以根据两点确定惟一一个直线方程的原理，采用线性插值法估算或修正缺损或异常的数据。若所需估算或修正的数据点为（x_k，y_k），其中变量 x 的数值 x_k 为正常的，而变量 y 的数值 y_k 为缺损或异常。这时，可选点（x_k，y_k）两侧离它较近又正常的数据点（x_1，y_1）和（x_2，y_2），其中 $x_1 < x_k < x_2$，利用线性插值公式计算修正值 y_k'。线性插值公式为

$$y_k' = y_1 + \frac{(x_k - x_1)(y_2 - y_1)}{x_2 - x_1}$$

【例 10-6】 某工厂传动齿轮耗用量与工业总产值统计资料如表10-6所示。

表 10-6 某工厂传动齿轮耗用量与工业总产值统计表

年 份	齿轮消耗量（个）y	工业总产值（万元）x
1998	580	3 200
1999	700	3 840
2000	880	4 120
2001	800	4 380
2002	850	4 650
2003	920	5 030

从表 10－6 中数据可以看出，2000 年齿轮耗用量偏高，其他各年比较正常。工业总产值增加，使传动齿轮消耗量相应增加，通过计算相关系数，表明两个变量存在直线相关。以工业总产值为变量 x，传动齿轮为变量 y，可利用 1999 年和 2001 年的数据来估算 2000 年的传动齿轮消耗量的修正值：

$$y'_{2000}=y_{1999}+\frac{(x_{2000}-x_{1999})(y_{2001}-y_{1999})}{x_{2001}-x_{1999}}$$

$$=700+\frac{(4\ 120-3\ 840)(800-700)}{4\ 380-3\ 840}=752\text{（个）}$$

（二）算术平均值法

如果原有的统计数据较少，或异常数据较多，剔除异常数据后所剩数据太少，这不利于建立合适的预测模型。若变量为直线相关或预测对象本身随时间展延呈直线趋势变化，可用算术平均值对异常数据进行修正或对缺损的数据进行估算插补。

变量 y 与 x 呈直线相关时，算术平均修正值 y_k 的计算公式为：

$$y_k=\frac{y_1x_1+y_2x_2}{2x_k}$$

【例 10－7】 仍以例10－6统计数据为例，计算 2000 年齿轮耗用量修正值。

$$y_{2000}=\frac{y_{1999}\cdot x_{1999}+y_{2001}\cdot x_{2001}}{2x_{2000}}$$

$$=\frac{700\times3\ 840+800\times4\ 380}{2\times4\ 120}$$

$$=\frac{6\ 192\ 000}{8\ 240}=751\text{（个）}$$

（三）几何平均值法

当预测对象随时间的推移大致呈现非线性增长（或减少）时，可以用与异常数据或缺损数据相邻两个时间的正常数据的几何平均值为修正值或估计值。其计算公式为：

$$y_t'=\sqrt{y_{t-1}\cdot y_{t+1}}$$

式中：y_t'是异常数据或缺损数据 y_t 的修正值；y_{t-1}和 y_{t+1}是与 y_t 相邻的两个正常数据。

【例 10－8】 某地区化纤产量统计数据如表10－7 所示。

表 10－7 某地区化纤产量统计表 单位：万吨

年份	产量	年份	产量	年份	产量
1996	14.26	1999	18.98	2002	45.00
1997	15.48	2000	28.46	2003	52.70
1998	14.61	2001	32.60	2004	60.50

从表 10－7 中数据可以看出，1996 年至 2004 年间的逐年增长量不相等，差距较

大，所以不呈现直线变化趋势，因而对 1998 年过低的异常数据进行修正时，可以采用几何平均值法。

$$y'_{1998}=\sqrt{y_{1997}\cdot y_{1999}}=\sqrt{15.48\times18.98}=17.14\text{（万吨）}$$

【思考题】

1. 什么是统计预测？有何意义？
2. 什么是时间序列预测，主要有哪几种方法？
3. 什么是因果关系预测？通常采用什么方法预测？
4. 回归直线的置信区间如何确定？
5. 用线性回归法作预测应注意哪些问题？
6. 预测时遇到统计数据缺损或异常，一般可采用哪些修正与调整方法？

附录

附表一　正态分布概率表

$$F(z)=P(|x-\overline{x}|/\sigma<z)$$

z	$F(z)$	z	$F(z)$	z	$F(z)$	z	$F(z)$
0.00	0.000 0	0.35	0.273 7	0.70	0.516 1	1.05	0.706 3
0.01	0.008 0	0.36	0.281 2	0.71	0.522 3	1.06	0.710 9
0.02	0.016 0	0.37	0.288 6	0.72	0.528 5	1.07	0.715 4
0.03	0.023 9	0.38	0.296 1	0.73	0.534 6	1.08	0.719 9
0.04	0.031 9	0.39	0.303 5	0.74	0.540 7	1.09	0.724 3
0.05	0.039 9	0.40	0.310 8	0.75	0.546 7	1.10	0.728 7
0.06	0.047 8	0.41	0.318 2	0.76	0.552 7	1.11	0.733 0
0.07	0.055 8	0.42	0.325 5	0.77	0.558 7	1.12	0.737 3
0.08	0.063 8	0.43	0.332 8	0.78	0.564 6	1.13	0.741 5
0.09	0.071 7	0.44	0.340 1	0.79	0.570 5	1.14	0.745 7
0.10	0.079 7	0.45	0.347 3	0.80	0.576 3	1.15	0.749 9
0.11	0.087 6	0.46	0.354 5	0.81	0.582 1	1.16	0.754 0
0.12	0.095 5	0.47	0.361 6	0.82	0.587 8	1.17	0.758 0
0.13	0.103 4	0.48	0.368 8	0.83	0.593 5	1.18	0.762 0
0.14	0.111 3	0.49	0.375 9	0.84	0.599 1	1.19	0.766 0
0.15	0.119 2	0.50	0.382 9	0.85	0.604 7	1.20	0.769 9
0.16	0.127 1	0.51	0.389 9	0.86	0.610 2	1.21	0.773 7
0.17	0.135 0	0.52	0.396 9	0.87	0.615 7	1.22	0.777 5
0.18	0.142 8	0.53	0.403 9	0.88	0.621 1	1.23	0.781 3
0.19	0.150 7	0.54	0.410 8	0.89	0.626 5	1.24	0.785 0
0.20	0.158 5	0.55	0.417 7	0.90	0.631 9	1.25	0.788 7
0.21	0.166 3	0.56	0.424 5	0.91	0.637 2	1.26	0.792 3
0.22	0.174 1	0.57	0.431 3	0.92	0.642 4	1.27	0.795 9
0.23	0.181 9	0.58	0.438 1	0.93	0.647 6	1.28	0.799 5
0.24	0.189 7	0.59	0.444 8	0.94	0.652 8	1.29	0.803 0
0.25	0.197 4	0.60	0.451 5	0.95	0.657 9	1.30	0.806 4
0.26	0.205 1	0.61	0.458 1	0.96	0.692 9	1.31	0.809 8
0.27	0.212 8	0.62	0.464 7	0.97	0.668 0	1.32	0.813 2
0.28	0.220 5	0.63	0.471 3	0.98	0.672 9	1.33	0.816 5
0.29	0.228 2	0.64	0.477 8	0.99	0.677 8	1.34	0.819 8
0.30	0.235 8	0.65	0.484 3	1.00	0.682 7	1.35	0.823 0
0.31	0.243 4	0.66	0.490 7	1.01	0.687 5	1.36	0.826 2
0.32	0.251 0	0.67	0.497 1	1.02	0.692 3	1.37	0.829 3
0.33	0.258 6	0.68	0.503 5	1.03	0.697 0	1.38	0.832 4
0.34	0.266 1	0.69	0.509 8	1.04	0.701 7	1.39	0.835 5

续附表一

z	$F(z)$	z	$F(z)$	z	$F(z)$	z	$F(z)$
1.40	0.838 5	1.75	0.919 9	2.20	0.972 2	2.90	0.996 2
1.41	0.841 5	1.76	0.921 6	2.22	0.973 6	2.92	0.996 5
1.42	0.844 4	1.77	0.923 3	2.24	0.974 9	2.94	0.996 7
1.43	0.847 3	1.78	0.924 9	2.26	0.976 2	2.96	0.996 9
1.44	0.850 1	1.79	0.926 5	2.28	0.977 4	2.98	0.997 1
1.45	0.852 9	1.80	0.928 1	2.30	0.978 6	3.00	0.997 3
1.46	0.855 7	1.81	0.929 7	2.32	0.979 7	3.20	0.998 6
1.47	0.858 4	1.82	0.931 2	2.34	0.980 7	3.40	0.999 3
1.48	0.861 1	1.83	0.932 8	2.36	0.981 7	3.60	0.999 68
1.49	0.863 8	1.84	0.934 2	2.38	0.982 7	3.80	0.999 86
1.50	0.866 4	1.85	0.935 7	2.40	0.983 6	4.00	0.999 94
1.51	0.869 0	1.86	0.937 1	2.42	0.984 5	4.50	0.999 994
1.52	0.871 5	1.87	0.938 5	2.44	0.985 3	5.00	0.999 999
1.53	0.874 0	1.88	0.939 9	2.46	0.986 1		
1.54	0.876 4	1.89	0.941 2	2.48	0.986 9		
1.55	0.878 9	1.90	0.942 6	2.50	0.987 6		
1.56	0.881 2	1.91	0.943 9	2.52	0.988 3		
1.57	0.883 6	1.92	0.945 1	2.54	0.988 9		
1.58	0.885 9	1.93	0.946 4	2.56	0.989 5		
1.59	0.888 2	1.94	0.947 6	2.58	0.990 1		
1.60	0.890 4	1.95	0.948 8	2.60	0.990 7		
1.61	0.892 6	1.96	0.950 0	2.62	0.991 2		
1.62	0.894 8	1.97	0.951 2	2.64	0.991 7		
1.63	0.896 9	1.98	0.952 3	2.66	0.992 2		
1.64	0.899 0	1.99	0.953 4	2.68	0.992 6		
1.65	0.901 1	2.00	0.954 5	2.70	0.993 1		
1.66	0.903 1	2.02	0.956 6	2.72	0.993 5		
1.67	0.905 1	2.04	0.958 7	2.74	0.993 9		
1.68	0.907 0	2.06	0.960 6	2.76	0.994 2		
1.69	0.909 0	2.08	0.962 5	2.78	0.994 6		
1.70	0.910 9	2.10	0.964 3	2.80	0.994 9		
1.71	0.912 7	2.12	0.966 0	2.82	0.995 2		
1.72	0.914 6	2.14	0.967 6	2.84	0.995 5		
1.73	0.916 4	2.16	0.969 2	2.86	0.995 8		
1.74	0.918 1	2.18	0.970 7	2.88	0.996 0		

附表二　t 分布表

$$p\{(t(n)>t_\alpha(n))\}=\alpha$$

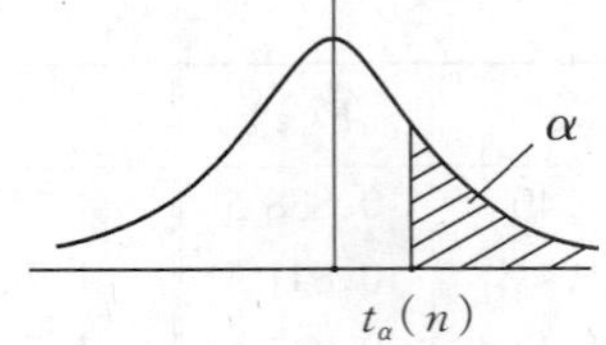

自由度 n	$\alpha=2.5$	0.10	0.05	0.025	0.01	0.005	自由度 n	$\alpha=2.5$	0.10	0.05	0.025	0.01	0.005
1	1.000 0	3.077 7	6.313 8	12.706 2	31.820 7	63.657 4	24	0.684 8	1.317 8	1.710 9	2.063 9	2.492 2	2.796 9
2	0.816 5	1.885 6	2.920 0	4.302 7	6.964 6	9.924 8	25	0.684 4	1.316 3	1.708 1	2.059 5	2.485 1	2.787 4
3	0.764 9	1.637 7	2.353 4	3.182 4	4.540 7	5.840 9	26	0.684 0	1.315 0	1.705 6	2.055 5	2.478 6	2.778 7
4	0.740 7	1.533 2	2.131 8	2.776 4	3.746 9	4.604 1	27	0.683 7	1.313 7	1.703 3	2.051 8	2.472 7	2.770 7
5	0.726 7	1.475 9	2.015 0	2.570 6	3.364 9	4.032 2	28	0.683 4	1.312 5	1.701 1	2.048 4	2.467 1	2.763 3
6	0.717 6	1.439 8	1.943 2	2.446 9	3.142 7	3.707 4	29	0.683 0	1.311 4	1.699 1	2.045 2	2.462 0	2.756 4
7	0.711 1	1.414 9	1.894 6	2.364 6	2.998 0	3.499 5	30	0.682 8	1.310 4	1.697 3	2.042 3	2.457 3	2.750 0
8	0.706 4	1.396 8	1.859 5	2.306 0	2.896 5	3.355 4	31	0.682 5	1.309 5	1.695 5	2.039 5	2.452 8	2.744 0
9	0.702 7	1.383 0	1.833 1	2.262 2	2.821 4	3.249 8	32	0.682 2	1.308 6	1.693 9	2.036 9	2.448 7	2.738 5
10	0.699 8	1.372 2	1.812 5	2.228 1	2.763 8	2.169 3	33	0.682 0	1.307 7	1.692 4	2.034 5	2.444 8	2.733 3
11	0.697 4	1.363 4	1.795 9	2.201 0	2.718 1	3.105 8	34	0.681 8	1.307 0	1.690 9	2.032 2	2.441 1	2.728 4
12	0.695 5	1.356 2	1.782 3	2.178 8	2.681 0	3.054 5	35	0.681 8	1.306 2	1.689 6	2.030 1	2.437 7	2.723 8
13	0.693 8	1.350 2	1.770 9	2.160 4	2.650 3	3.012 3	36	0.681 4	1.305 5	1.688 3	2.028 1	2.454 3	2.719 5
14	0.692 4	1.345 0	1.761 3	2.144 8	2.624 5	2.976 8	37	0.681 2	1.304 9	1.687 1	2.026 2	2.431 4	2.715 4
15	0.691 2	1.340 6	1.753 1	2.131 5	2.602 5	2.946 7	38	0.681 0	1.304 2	1.686 0	2.024 4	2.428 6	2.711 6
16	0.690 1	1.368 8	1.745 9	2.119 9	2.583 5	2.920 8	39	0.680 8	1.303 6	1.684 9	2.022 7	2.425 8	2.707 9
17	0.689 2	1.333 4	1.739 6	2.109 8	2.566 9	2.898 2	40	0.680 7	1.303 0	1.683 9	2.021 1	2.423 3	2.704 5
18	0.688 4	1.330 4	1.734 1	2.100 9	2.552 4	2.878 4	41	0.680 5	1.302 5	1.682 9	2.019 5	2.420 8	2.701 2
19	0.687 6	1.327 7	1.729 1	2.093 0	0.539 5	2.860 9	42	0.680 4	1.302 0	1.682 0	2.018 1	2.418 5	2.698 1
20	0.687 0	1.325 3	1.724 7	2.086 0	2.528 0	2.845 3	43	0.680 2	1.301 6	1.681 1	2.016 7	2.416 3	2.695 1
21	0.684 6	1.323 2	1.720 7	2.079 6	2.517 7	2.831 4	44	0.680 1	1.301 1	1.680 2	2.015 4	2.414 1	2.692 3
22	0.685 8	1.321 2	1.717 1	2.073 9	2.508 3	2.818 8	45	0.680 0	1.300 6	1.679 4	2.014 1	2.412 1	2.689 6
23	0.685 3	1.319 5	1.713 9	2.068 7	2.499 9	2.807 3							

附表三 χ^2 分布表

$$P\{(\chi^2)(n) > \chi^2_\alpha(n)\} = \alpha$$

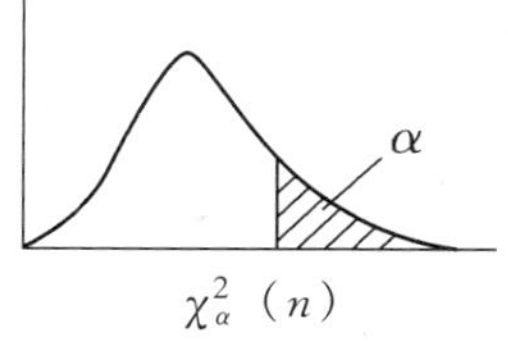

n	$\alpha=0.995$	0.99	0.975	0.95	0.90	0.75	0.25	0.10	0.05	0.025	0.01	0.005
1	—	—	0.001	0.004	0.016	0.102	1.323	2.706	3.841	5.024	6.635	7.879
2	0.010	0.020	0.051	0.103	0.211	0.575	2.773	4.605	5.991	7.378	9.210	10.597
3	0.072	0.115	0.216	0.352	0.584	1.213	4.108	6.251	7.815	9.348	11.345	12.838
4	0.207	0.297	0.484	0.711	1.064	1.923	5.385	7.779	9.448	11.143	13.277	14.806
5	0.412	0.554	0.831	1.145	1.610	2.675	6.626	9.236	11.072	12.833	15.086	16.750
6	0.676	0.872	1.237	1.635	2.204	3.455	7.841	10.645	12.592	14.449	16.812	18.548
7	0.989	1.239	1.690	2.167	2.833	4.255	9.037	12.017	14.067	16.013	18.475	20.278
8	1.344	1.646	2.180	2.733	3.490	5.071	10.219	13.362	15.507	17.535	20.090	21.955
9	1.735	2.088	2.700	3.325	4.168	5.899	11.389	14.684	16.919	19.023	21.666	23.589
10	2.156	2.558	3.247	3.940	4.865	6.737	12.549	15.987	18.307	20.483	23.209	25.188
11	2.603	3.053	3.816	4.575	5.578	7.584	13.701	17.275	19.675	21.920	24.725	26.757
12	3.047	3.571	4.404	5.226	6.304	8.438	14.845	18.549	21.026	23.337	26.217	28.299
13	3.565	4.107	5.009	5.892	7.042	9.299	15.984	19.812	22.362	24.736	27.688	29.819
14	4.075	4.660	5.629	6.571	7.790	10.165	17.117	21.064	23.685	26.119	29.141	31.319
15	4.601	5.229	6.262	7.261	8.547	11.037	18.245	22.307	24.996	27.488	30.578	32.801
16	5.142	5.812	6.908	7.962	9.312	11.912	19.369	23.542	26.296	28.845	32.000	34.267
17	5.697	6.408	7.564	8.672	10.085	12.792	20.489	24.769	27.587	30.191	33.409	35.718
18	6.265	7.015	8.231	9.390	10.865	13.675	21.605	29.989	28.869	31.526	34.805	37.156
19	6.844	7.633	8.907	10.117	11.651	14.562	22.718	27.204	30.144	32.852	36.191	38.582
20	7.434	8.260	9.591	10.851	12.443	15.452	23.828	28.412	31.410	34.170	37.566	39.997
21	8.034	8.897	10.283	11.591	13.240	16.344	24.935	29.615	32.671	35.479	38.932	41.401
22	8.643	9.542	10.982	12.338	14.042	17.240	26.039	30.813	33.924	36.781	40.289	42.796
23	9.260	10.196	11.689	13.091	14.848	18.137	27.141	32.007	35.172	38.076	41.638	44.181
24	9.886	10.856	12.401	13.848	15.659	19.037	28.241	33.196	36.415	39.364	42.980	45.559

续附表三

n	$\alpha=0.995$	0.99	0.975	0.95	0.90	0.75	0.25	0.10	0.05	0.025	0.01	0.005
25	10.520	11.524	13.120	14.611	16.473	19.939	29.339	34.382	37.652	40.646	44.314	46.928
26	11.160	12.198	13.844	15.379	17.292	20.843	30.435	35.563	38.885	41.923	45.642	48.290
27	11.808	12.879	14.573	16.151	18.114	21.749	31.528	36.741	40.113	43.194	46.963	49.645
28	12.461	13.565	15.308	16.928	18.939	22.657	32.620	37.916	41.337	44.461	48.278	50.993
29	13.121	14.257	16.047	17.708	19.768	23.567	33.711	39.087	42.557	45.722	49.588	52.336
30	13.787	14.954	16.791	18.493	20.599	24.478	34.800	40.256	43.773	46.949	50.892	53.672
31	14.458	15.655	17.539	19.281	21.434	25.390	35.887	41.422	44.985	48.232	52.191	55.003
32	15.134	16.362	18.291	20.072	22.271	26.304	36.973	42.585	46.194	49.480	53.486	56.328
33	15.815	17.074	19.047	20.867	23.110	27.219	38.058	43.745	47.400	50.725	54.776	57.648
34	16.501	17.789	19.806	21.664	23.952	28.136	39.141	44.903	48.602	51.966	56.061	58.964
35	17.192	18.509	20.569	22.465	24.797	29.054	40.223	46.059	49.802	53.203	57.342	60.275
36	17.887	19.233	21.336	23.269	25.643	29.973	41.304	47.212	50.998	54.437	58.619	61.581
37	18.586	19.960	22.106	24.075	26.492	30.892	42.383	48.363	52.192	55.668	59.892	62.883
38	19.289	20.691	22.878	24.884	27.343	31.815	43.462	49.513	53.384	56.896	61.162	64.181
39	19.996	21.426	23.654	25.695	28.196	32.737	44.539	50.660	54.572	58.120	62.428	65.476
40	20.707	22.164	24.433	26.509	29.051	33.660	45.616	51.805	55.758	59.342	63.691	66.766
41	21.421	22.906	25.215	27.326	29.907	34.585	46.692	52.949	56.942	60.561	64.950	68.053
42	22.138	23.650	25.999	28.144	30.765	35.510	47.766	54.090	58.124	61.777	66.206	69.336
43	22.859	24.398	26.785	28.965	31.625	36.436	48.840	55.230	59.354	62.990	67.459	70.616
44	23.584	25.148	27.575	29.787	32.487	37.363	49.913	56.369	60.481	46.201	68.710	71.893
45	24.311	25.901	28.366	30.621	33.350	38.291	40.985	57.505	61.656	65.410	69.957	73.166

参考文献

1 贾俊平等．统计学．北京：中国人民大学出版社，2003

2 陈珍珍主编．统计学．厦门：厦门大学出版社，2002

3 梁前德主编．基础统计．北京：高等教育出版社，2000

4 杨坚白等著．统计学原理．上海：上海人民出版社，1993

5 栗方忠主编．统计学原理．大连：东北财经大学出版社，2001

6 袁卫，庞皓，曾五一．统计学．北京：高等教育出版社，2000

7 曾五一主编．统计学概论．北京：首都经济贸易大学出版社，2003